BeckscheReihe

BsR 4008

BsR

Dieses Lesebuch möchte den Leser einladen in die Welt des Frühmittelalters. Es entfaltet anhand einer Vielzahl von ausgewählten Texten ein Epochenpanorama, das diese Jahrhunderte des „finsteren" Mittelalters als gar nicht so dunkles, sondern äußerst vielseitiges und durchaus farbiges Zeitalter erscheinen läßt.

Christina Lutter, Dr. phil, geb. 1970, ist Mitglied des Instituts für Österreichische Geschichtsforschung und Mitherausgeberin der FRÜHNEUZEIT-INFO.

Helmut Reimitz, Mag. phil., geb. 1965, ist Mitarbeiter eines Projekts des Österreichischen Bundesministeriums für Wissenschaft, Verkehr und Kunst am Institut für Österreichische Geschichtsforschung über Grenzen und Grenzüberschreitungen im frühmittelalterlichen Mitteleuropa.

Römer und Barbaren

Ein Lesebuch zur deutschen Geschichte von der Spätantike bis 800

Herausgegeben von
Christina Lutter und Helmut Reimitz

Mit einem Vorwort von
Herwig Wolfram

VERLAG C.H.BECK

Mit 3 Abbildungen

Die Deutsche Bibliothek – CIP-Einheitsaufnahme

Römer und Barbaren : Ein Lesebuch zur deutschen Geschichte von der Spätantike bis 800/hrsg. von Christina Lutter und Helmut Reimitz. Mit einem Vorw. von Herwig Wolfram. – Org.-Ausg., limitierte Sonderaufl. – München: Beck, 1997

(Beck'sche Reihe; 4008)

ISBN 3 406 412319

NE: Lutter, Christina [Hrsg.]; GT

Originalausgabe

ISBN 3 406 41231 9

Limitierte Sonderauflage

Umschlagentwurf: Uwe Göbel, München

Umschlagabbildung: Kaiserin Theodora mit ihrem Gefolge (Ausschnitt). Ravenna, S. Vitale. Apsismosaik, um 547. Archiv für Kunst und Geschichte Berlin

Gesamtherstellung: C. H. Beck'sche Buchdruckerei, Nördlingen

Gedruckt auf säurefreiem, alterungsbeständigem Papier (hergestellt aus chlorfrei gebleichtem Zellstoff)

Printed in Germany

Inhalt

Christliche Modelle und kirchliche Organisation

Wirtschaft und Gesellschaft

III. Der Aufstieg der Karolinger

Herrschaft und Mission: Die Karolinger und die Christianisierung östlich des Rheins

„Kaiser Karl, mit Recht von allen Völkern der Große genannt“ (768-814)

Editorischer Hinweis: Die Überschriften der einzelnen Beiträge wurden vom Herausgeber gewählt, die Texte teilweise gekürzt, Anmerkungen und Quellenhinweise gestrichen. Textkürzungen und Erklärungen des Herausgebers sind durch eckige Klammern kenntlich gemacht.

Vorwort

„Wir wollen nicht eine Anleitung zum historischen Studium im gelehrten Sinne geben, sondern nur Winke zum Studium des Geschichtlichen in den verschiedenen Gebieten der geistigen Welt." Diese Worte stehen am Beginn von Jacob Burckhardts *Weltgeschichtliche Betrachtungen* und eignen sich trefflich für das Motto eines Lesebuchs, das wie Horst Fuhrmanns gleichnamiges Werk eine „Einladung ins Mittelalter" (C. H. Beck, München 4. Auflage 1989), genauer ins Frühmittelalter sein will. Die Geschichte ist die Summe der Antworten einer Zeit auf ihre Fragen an die Vergangenheit. Allerdings funktioniert dieses Frage- und Antwortspiel nicht voraussetzungslos: Die Vergangenheit spricht nicht in der Sprache der fragenden Zeit, in die ihre Antworten erst mühsam und kaum mit letzter Sicherheit übersetzt werden müssen. Aber auch die Fragen dürfen nicht beliebig gestellt werden, sondern haben die vergangenen Wirklichkeiten und Möglichkeiten zu berücksichtigen. Oder mit anderen Worten: nur wer die richtigen Fragen stellt und das methodische Rüstzeug besitzt, die Antworten der Vergangenheit zu verstehen, wird Beschränktheit und Enge seiner Zeit überwinden und zusätzliche Dimensionen menschlicher Erfahrung gewinnen. Zwei junge, obgleich gut ausgewiesene Historiker, eine Frau und ein Mann, haben das Lesebuch zusammengestellt, indem sie nicht zuletzt für sie selbst wichtige Autoren vornehmlich des Verlags nach deren Einsichten und Darstellungen befragten, um daraus ihre Auswahl zu treffen. Vieles, was uns die Vergangenheit überliefert, ist typisiert und kodifiziert, und wir finden den Code nur dann, wenn wir die Menschen der Vergangenheit in dem erkennen und ernst nehmen, was ihnen ernst und wichtig war. Aber was macht überhaupt den frühmittelalterlichen Menschen aus, der im Mittelpunkt des Lesebuchs steht?

Selbst wenn einer einen Hundskopf hätte, kennzeichnen den Menschen im wesentlichen fünf Kriterien: erstens Abstammung von Adam; zweitens runder Kopf und Blick zum Himmel im Unterschied zu einem langgezogenen Schädel, der zur Erde blickt, sowie Sprache und Vernunft im Unterschied zum Bellen und der Instinkthaftigkeit des Tieres; drittens Ackerbau und Viehzucht, Aktivitäten, die Vernunft und daher Menschlichkeit voraussetzen; viertens Scham, so daß sich das Individuum mit Kleidern bedeckt, deren Herstellung ebenfalls menschliche Vernunft verrät; fünftens aber und in ganz besonderem Sinn die Kenntnis von den „Rechten der Gemeinschaft", das heißt die Beobachtung einer für das Zusammenleben in Dörfern und anderen menschlichen Gemeinschaften geeigneten sozialen Rechtsordnung. Mit diesen Worten beantwortet gegen 865 der Mönch Ratramnus des nordfranzösischen Klosters Corbie eine zweimal gestellte Anfrage Rimberts, des Erzbischofs von Bremen, bezüglich der Hundsköpfigen, die dieser in seinem Missionsgebiet vermutete.

Die beiden Herausgeber haben eine gute Auswahl getroffen, die zeigt, daß sie einen historischen Diskurs zu führen verstehen. Der Dialog mit der Vergangenheit kann zum Guten wie zum Bösen geschehen. Wer sich mit der Vergangenheit beschäftigt, will eben keine antiquarische Stoffhäufung, sondern motivierende Geschichte erhalten. Nur eine durch wissenschaftliche Historie geläuterte, die Zeithorizonte erhaltende und sich ihrer Voraussetzungen bewußte Geschichte darf motivieren, verdient den Namen zeitgenössische Geschichte, die alle angeht. Alles andere ist Fundamentalismus, der Ursprung alles falschen Denkens und Tuns.

Wien, Frühjahr 1996 *Herwig Wolfram*

Einleitung

Das Zusammenstellen des ersten Bandes einer Lesebuchreihe zu einer Geschichte Deutschlands stellte die Herausgeber vor das naheliegende Problem, daß es „Deutschland“ im fraglichen Zeitraum lange noch nicht gab. Insofern sich aber in der Geschichte von der Spätantike bis ins Frühmittelalter die Grundlagen Europas entwickelten, kann sie auch als eine Geschichte Deutschlands gelten. Es handelt sich also um eine Geschichte „Deutschlands vor Deutschland“, dessen räumliche Grenzen historisch fließend sind.

Mit der Transformation der Spätantiken Welt und der sogenannten „Völkerwanderung“, bei der es sich vielmehr um eine Vielzahl verschiedenartiger größerer und kleinerer, erfolgreicher und in Vergessenheit geratener Bewegungen handelt, kommt es zu einer allmählichen Schwerpunktverlagerung vom Mittelmeerraum zu den Gebieten nördlich und östlich des ehemaligen römischen Limes. Der Rhein wird von einer Grenze zu einer Achse des Kontinents.

Eine Geschichte „Deutschlands vor Deutschland“ hat unzählige Facetten. Sie kann etwa als eine Geschichte der Begegnungen beschrieben werden – zunächst zwischen Römern und Nichtrömern, dann zwischen jenen Gruppen, die im Zuge ihrer Beziehungen zueinander und der Konflikte miteinander entstanden und politisch erfolgreicher waren als andere, und deren Präsenz „nachhaltigere“ Spuren hinterließ: Goten, Awaren und Slawen, Merowinger und Karolinger.

Eine Geschichte dieser Begegnungen ist eine Geschichte der Brüche und Kontinuitäten, die sich ihrerseits in bestimmten Geschichtsbildern verfestigt haben, die oft mythische oder zumindest stereotype Züge aufweisen. So wurde vom „Untergang des Römischen Imperiums“ und der „dunklen Völkerwanderungszeit“ gesprochen, aber ebenso eine Kontinuität zwischen den Germanen des Tacitus und den Bewohnern eines Raumes beschworen, innerhalb dessen Grenzen erst Jahrhunderte später „Deutschland“ entstand. Die Wirklichkeiten waren wesentlich komplexer, als sie deterministische Betrachtungsweisen vermitteln könnten.

Neben den politischen Kräfteverhältnissen wurde daher versucht, bei der Auswahl der Beiträge charakteristische Bauformen und wirksame Modelle dieser Zeit vorzustellen. So spielt etwa die Übernahme römischer Verwaltungsstrukturen durch die Merowinger bei der Etablierung eines Großkönigtums eine äußerst wichtige Rolle. Die sozialen und wirtschaftlichen Verhältnisse der Merowingerzeit wiederum bilden die Grundlage für den Aufstieg der Karolinger. Das Christentum entwickelt sich zur neuen Klammer in der frühmittelalterlichen Welt. Tatsächlich institutionalisiert und gleichsam monopolisiert wird seine Idee jedoch erst in der Zeit Karls des Großen, entsprechend untermauert durch seinen politischen Willen und Erfolg.

Innerhalb des vom Humanismus geprägten Begriffs vom „finsteren Mittelalter“ müßte die im vorliegenden Lesebuch behandelte Zeit geradezu ein „schwarzes Loch“ sein. Daß dem nicht so ist, hoffen wir mit der vorliegenden Auswahl zeigen zu können. Die Finsternis äußerst sich allerdings in einer vergleichsweisen Quellenarmut. Vor allem bei der Suche nach möglichen Antworten auf die Frage „Wie lebten die Menschen?“ wird diese Problematik besonders deutlich: Die quantitativ auswertbaren Aufzeichnungen, denen für die Sozial- und Wirtschaftsgeschichte besondere Bedeutung zukommt, fehlen für Spätantike und Frühmittelalter mit wenigen Ausnahmen. Umso wichtiger sind daher historiographische Quellen, Heiligenlegenden und Rechts- bzw. Bußbücher. Sie geben einerseits Einblicke in Lebensräume und -bedingungen, indem sie etwa von Produktion und

Konsum, Armut und Krankheiten, Steuern und Strafen erzählen. Andererseits stellen sie gleichsam Fenster für den Blick auf potentielle Mentalitäten und eine frühmittelalterliche Volkskultur dar.

Hier hat die Textkritik, die methodische Interpretation durch den Historiker besondere Bedeutung. Gerade für die Kultur- und Mentalitätengeschichte könnte das Medium eines Lesebuchs eine Chance sein, Spuren in die Vergangenheit zu suchen: Thematisch überlappende Beiträge dienen auch dazu, unterschiedliche Auffassungen von Quellentexten und verschiedene Aspekte der Interpretation vorzustellen. Ebenso wird dem Leser auffallen, daß sich vorkarolingische Ereignisse nicht innerhalb der Grenzen des heutigen Deutschland vollzogen. Wesentliche Entwicklungen lassen sich gerade im Frühmittelalter nicht starr begrenzen, der heilige Severin von Noricum, der Geschichtsschreiber Gregor von Tours und Karl der Große sind keinen Nationalitäten zuzuordnen.

Dennoch zeichnen sich Tendenzen ab, die mit aller Vorsicht beschrieben werden können. In dieser Hinsicht versucht der erste Band einer Lesebuchreihe zur deutschen Geschichte Grundideen und Leitthemen herauszuarbeiten, die in den folgenden Epochen konkretere Konturen annehmen werden. Er möchte andererseits bewußt eine nicht in sich geschlossene, auch nicht abgeschlossene Geschichte anbieten, vielmehr einen von unzähligen möglichen Wegen durch eine bei näherer Ansicht gar nicht so dunkle, sondern äußerst vielseitige und durchaus farbige Welt, die es verdient betrachtet zu werden.

Wien, April 1996

Christina Lutter
Helmut Reimitz

I. Das Imperium und die Barbaren

Alexander Demandt

Die Deutungsgeschichte der Spätantike

Die Deutungsgeschichte der Spätantike beginnt bereits in den Stimmen der Zeitgenossen. Sie überliefern uns nicht nur das, was wir über die Geschehnisse und die Zustände der Zeit wissen, sondern bemühen sich auch um ein historisches Selbstverständnis der Zeit als ganzer. Die dafür verwendeten Denkansätze sind jedoch um Jahrhunderte älter als die Ereignisse, die mit ihrer Hilfe begriffen werden sollen. Das ist nicht ungewöhnlich: jede neue Erfahrung interpretieren wir zunächst einmal mit alten Schemata, und wenn diese verändert werden müssen, gibt es eine geistige Revolution.

In der Geschichte unseres Problems hat sich dies dreimal abgespielt: im Humanismus, der das Phänomen des Periodenwechsels in der Spätantike erkannte; in der Aufklärung, die hinter den Wechselfällen der politischen Macht die zivilisatorische Entwicklung entdeckte, und in jüngerer Zeit, seitdem die wissenschaftshistorischen und wissenschaftslogischen Bedingungen geschichtlicher Erkenntnis thematisiert werden. Der Historismus des 19. Jahrhunderts bedeutet demgegenüber bloß eine Vervielfältigung und Vertiefung bereits zuvor üblicher Ansätze, eine Verfeinerung der Kritik und eine Vermehrung des Materials. Zwischen Gibbon und Seeck liegt keine Denkwende.

Für das historische Selbstverständnis der Spätantike waren drei altüberlieferte Konzepte von besonderer Bedeutung: Das erste ist das klassische Dekadenzmodell, wonach harte Lebensumstände die inneren Kräfte entbinden, die dann zu Macht und Reichtum führen, bis das Leben im Luxus den Sittenverfall und schließlich den Zusammenbruch zur Folge hat. Das zweite Modell ist die Veranschaulichung dieses Zyklus an den Lebensaltern eines Menschen, übertragen auf das Staatsleben: der Staat entwickelt sich wie ein

Organismus, um endlich wie ein solcher zu altern und zu sterben.

Die dritte Vorstellung ist die Abfolge der Weltreiche, die aufgrund der eben genannten Gesetze stets nur eine vorübergehende Dauer besitzen. So wie die orientalischen und griechischen Reiche versanken, so drohe, meinte man, auch Rom der Untergang.

In der augusteische Euphorie wurde diese pessimistische Sicht jedoch durch einen optimistischen Ausblick verdrängt. Die Romideologie Vergils gewann Einfluß: *Roma aeterna* und *pax Romana, orbis Romanus* und *imperium sine fine* hießen die Leitbegriffe.

In der späteren Geschichtsauffassung haben sich diese Motive vielfältig vermischt und verschlungen. Die altgläubige Geschichtsliteratur blieb durch sie geprägt, wobei einer kleineren Gruppe von pessimistischen Autoren eine größere Anzahl von Stimmen gegenübersteht, deren Klage über den Abfall von den *mores maiorum* eher Besserung bewirken als Verzweiflung ausdrücken sollte. Zu den ersteren sind Aurelius Victor, die Historia Augusta und Zosimos zu zählen, zu den letzteren der Kaiser Julian, Ammianus Marcellinus, Rutilius Namatianus und die Panegyriker. Sie teilen die Ansicht der offiziellen Ideologie, daß Rom einer steten Erneuerung fähig sei und so auch die Krise der Völkerwanderung meistern werde.

Die christlichen Autoren waren demgegenüber zunächst durch die Erwartung des Weltengerichts geprägt, das mit dem Ende des Imperium Romanum stets in eins gesetzt wurde. Das war nicht nur die Auffassung des Neuen Testaments, sondern wurde ebenso durch die jüdisch-christlichen Sibyllenorakel verkündet. Unter den vorconstantinischen Kirchenvätern haben Tertullian, Cyprian und Lactanz die zeitgenössischen Wirren als Zeichen des Endes gewertet. Unter Constantin traten diese Stimmen zurück, erhoben sich aber wieder seit dem Einbruch der Goten 376. Untergangsahnungen haben wieder Ambrosius und Hieronymus,

Sulpicius Severus und Salvian ausgesprochen. Selbst Augustin war nicht frei davon.

Die offizielle Sicht Constantins und seiner Nachfolger war jedoch die „politische Theologie", die christianisierte Romidee. Sie sah bereits unter Augustus eine providenzielle Gleichzeitigkeit des himmlischen und des irdischen Friedensbringers und betrachtete das Imperium Romanum als die gottgewollte Ordnung der Menschheit. Auch diese Sicht wurzelt im Neuen Testament, wurde von Melito von Sardes und Origenes vertreten und fand dann in Eusebios von Caesarea ihren einflußreichsten Vertreter. Das darauf bauende Geschichtsbild der Romtheologie lieferte Orosius. Er gliederte die Weltgeschichte nach dem Vier-Reiche-Schema aus dem Buch Daniel und deutete die Ausbreitung des Christentums als Grund und Zeichen eines allgemeinen Fortschritts. Die gegenwärtigen Übel verstand er als Strafe der Sünder und als Mahnung an die Gerechten, und selbst der Völkerwanderung gewann er das Gute ab, daß sie die Barbaren mit dem wahren Glauben bekannt mache.

Die Selbsteinordnung des Mittelalters ist durch das Weltreichsschema geprägt und daher auf Kontinuität gestimmt. Das Bewußtsein vom politischen Ende Roms wurde im byzantinischen Selbstverständnis durch den Gedanken einer Affiliation überwunden. Der gealterten Roma im Westen stellte man die ewig junge Tochter am Goldenen Horn gegenüber. Justinian sah sich als gottgewollten Herrscher des Imperium Romanum und betrachtete es als sein Amt, die durch die Nachlässigkeit der Vorgänger verlorenen Westprovinzen zurückzuerobern. Dieselbe Vorstellung, daß Byzanz das Römerreich und dieses die letzte Ordnung vor dem Weltuntergang verkörpere, blieb das politische Axiom in Konstantinopel bis zum Fall der Stadt 1453. Das Erbe dieses Anspruchs übernahmen die Zaren von Moskau. Für diese Geschichtsauffassung blieben die Folgen der Völkerwanderung im Westen von bloß marginaler Bedeutung.

Die Kirche hingegen predigte zunächst den nahen Weltuntergang, zu dem die Goten- und Langobardenkriege das Vorspiel schienen. Im selben Maß, in dem die Päpste die weltlichen Herrschaftsaufgaben des westlichen Kaisertums übernahmen, stellte sich auch bei ihnen das Gefühl einer Tradition ein, einer *translatio* der Gewalt von den Kaisern auf die Päpste. Ausdruck fand diese Theorie im ‚Constitutum Constantini', jener Ende des 8. Jahrhunderts in der Curie gefälschten Schenkungsurkunde, wonach Constantin bei seinem Umzug nach Konstantinopel die Kaisergewalt des Westens den Päpsten übertragen habe, *usque in finem mundi.* Innocenz IV erklärte 1245 sogar, Christus habe die höchste weltliche Gewalt bereits Petrus übertragen, so daß Constantin den Päpsten nur zurückgegeben hätte, was ihnen eigentlich zustand.

Ebenfalls auf Kontinuität abgestellt war die historische Selbsteinschätzung der Germanen. In der Regel nahmen sie eine Fortdauer der Institutionen der römischen Herrschaft bei einem Wechsel der Träger an. Schon Athavulf und Odovacar, Theoderich und Chlodwig haben sich als Hüter des römischen Erbes gefühlt, das Gott ihnen anvertraut habe. Im Prolog zur ‚Lex Salica', der aus der Kanzlei Pippins des Kurzen stammt, erscheinen die Frankenkönige als die gottgeliebten Nachfolger der christenverfolgenden Kaiser, so als ob es gar kein christliches Kaisertum im Westen gegeben hätte. Mit der Krönung Karls des Großen wurde die *translatio imperii* offenkundig, die Zäsur in der Kaiserfolge des Westens war überbrückt.

Die Ideologie des Mittelalters verlangte die Dauer des Römerreiches bis zum jüngsten Tag. Otto von Freising, Engelbert von Admont und Dante hielten an dieser Auffassung fest. Sie war die herrschende Meinung, denn die Mächte des Mittelalters gründeten ihre Legitimität auf die imperiale Tradition: Der byzantinische Basileus, der römische Papst und der deutsche Kaiser verkörperten die Kontinuität des Reichsgedankens über die Spätantike hinweg.

Auf der anderen Seite aber waren die Ruinen Roms für jeden Besucher der ewigen Stadt unübersehbar. In die Klage über die einstige Herrlichkeit mischt sich eine Ahnung davon, daß Rom eben doch nicht bis zum jüngsten Tage ungeschmälert fortlebe. Alkuin, Eugenius Vulgarius und Hildebert von Lavardin verraten in ihren Gedichten ein Bewußtsein davon, daß Rom der Vergangenheit angehört. Es wurde zum Standardexempel der Vergänglichkeit. Die von Marcellinus Comes getroffene Feststellung vom Ende des Westreiches 476 wurde übernommen von Jordanes, Beda, Paulus Diaconus und Otto von Freising. Einzelne Autoren wie die beiden Notker und Sigebert von Gembloux bestritten sogar die Kontinuität des vierten Danielreiches und rechneten die *res publica Romana* der Geschichte zu.

Mit dem Erwachen des Humanismus setzte sich diese Ansicht durch. Für Petrarca, Leonardo Bruni und Flavius Blondus lag zwischen der römischen Größe und der Gegenwart ein langer Verfallsprozeß, ein „finsteres Mittelalter", das es nun zu beenden gelte. Die mittelalterliche Überlieferung wurde zum Gegenstand ästhetischer, philosophischer und historischer Kritik.

Die bis an die Schwelle zur eigenen Zeit ausgedehnte Spätantike erschien den Humanisten nicht mehr als Brücke zwischen der heidnischen und der christlichen Phase ein und desselben Römerstaates, sondern als Kluft zwischen der antiken Hochkultur und der Gegenwart. Diese Deutung kam verschiedenen Denkströmungen entgegen: dem heimlichen Republikanismus von Petrarca und Machiavelli, die nun das Kaisertum mit der Verfallszeit in Verbindung brachten, dem Germanenstolz der deutschen Humanisten, die in ihren Vorfahren die Überwinder einer dekadenten Zivilisation erblickten, und der Romfeindschaft der Reformatoren, die über die constantinische Zeit zurückgreifend in der Urkirche das Wesen des Christentums unverfälscht verwirklicht fanden. Die Spätantike wurde als Phänomen erkannt und als Problem empfunden. Mit Machiavelli und Erasmus beginnen die säkularen Erklärungsversuche für den Fall Roms. Er wurde zum Musterbeispiel für die *vicissitudo rerum,* für jene zyklische Zeitenfolge, die für das Geschichtsdenken der Humanisten bezeichnend ist. Die Antike, aus der das Modell stammt, gedieh selbst zum vornehmsten Beispiel.

In der Aufklärung dominierten lineare Vorstellungen. Den Fortschritt, den man an sich selbst erlebte, betrachtete man als das Gesetz der Geschichte. Für diese Konzeption war das Ende der antiken Kultur und das Auseinanderbrechen des römischen Reiches eine Herausforderung, auf die in verschiedener Weise geantwortet wurde. Auf der einen Seite wollte man in praktischer Absicht aus dem Falle lernen, auf der anderen suchte man ihn in theoretischem Interesse mit dem optimistischen Weltbild in Einklang zu setzen. Der pragmatische Aspekt dominiert bei Montesquieu, dessen ‚Considérations' 1734 das klassische Dekadenzmodell an Rom exemplifizierten: die strengen Grundsätze hätten Rom groß gemacht, aber die Größe hätte dann die Prinzipien aufgeweicht. Voltaire benannte in seinem ‚Essai' 1756 zwei individuelle Faktoren: das Christentum als innere und die Germanen als äußere Destruktionskraft. Adam Smith suchte den Schlüssel 1776 in der Arbeitsteilung: die in der Frühzeit Roms verbundenen Berufe des Bauern und Kriegers hätten sich in der Kaiserzeit getrennt. Indem die Römer sich ganz auf die Produktion verlegten und das Waffenwerk zunehmend den Germanen überließen, seien sie in deren Abhängigkeit geraten.

Edward Gibbon schloß sich in seiner ‚History' (1776) Montesquieu und Voltaire an, doch tröstete er sich damit, daß die technische Errungenschaften – wenigstens überwiegend – die Völkerwanderung überstanden hätten. Herder begriff 1791 in seinen ‚Ideen' (Kap. XIV) den Fall Roms als Fortschritt, weil dadurch die von Rom geknechteten Völker befreit worden seien. Ähnlich dachte auch Schlözer (1789); er begrüßte es, daß die naturverbundenen Germanen mit der dekadenten Großstadtgesellschaft und ihrem korrumpierenden Luxus aufgeräumt hätten. Der von den Humanisten in der Spätantike erkannte Kulturbruch blieb in der Aufklärung als solcher bewußt, wurde jedoch teils moralisiert, teils minimalisiert, so daß er mit einem optimistischen Geschichtsbild vereinbar schien.

Die Geschichtsphilosophen des 19. Jahrhunderts haben die älteren Deutungen zum Fall Roms teils aufgegriffen, teils abgewandelt. Eine progressivistische und eine zyklische Interpretation stehen nebeneinander. Die Fortschrittstheorie fand ihren einflußreichsten Vertreter in Hegel. Er hielt wie Voltaire Christen und Germanen für die entscheidenden Faktoren, sah in ihnen aber nicht Zerstörer der Kultur, sondern Träger der Freiheit. Die auch von Hegel nicht geleugneten dunklen Seiten des Mittelalters sind für ihn bloße Bedingungen für weiteren Fortschritt der Freiheit. Eine ähnlich optimistische Sicht findet sich bei Karl Marx und Friedrich Engels. Sie sahen in der Ablösung der Sklaverei durch die Hörigkeit eine neue Entwicklungsstufe der Produktivkräfte, ohne die weder Revolution noch Kapitalismus möglich gewesen sei.

Als Beweis für eine zyklische Folge von Aufstieg und Verfall diente das Ende der Antike der kulturmorphologischen Geschichtstheorie. Spengler erblickte im Untergang der alten Welt eine quasibiologische Gesetzmäßigkeit, glaubte allerdings, daß bereits unter Augustus die antike Entwicklung zum Abschluß gekommen sei. Toynbee hielt an der herkömmlichen Auffassung fest, wonach die Spätantike die Zäsur bildet, und führte das Ende der Antike auf ein moralisches Versagen zurück, auf eine schicksalhafte Verkettung von Hybris und Nemesis. Während in den progressiven Geschichtstheorien der Untergang Roms oft zu Unrecht verharmlost wird, um die Linearität nicht zu beeinträchtigen, wird er in den zyklischen Kulturphilosophien meist verallgemeinert und als Muster für das Schicksal aller Zivilisationen hingestellt, vorab unsrer eigenen.

Stets liegt das Deutungsproblem in der Wechselbeziehung zwischen der gedeuteten Geschichte und der Geschichte des Deutenden. In der Regel wird eine Strukturverwandtschaft angenommen, die Spätantike erscheint als vorweggenommene Gegenwart, die Gegenwart als sich wiederholende Spätantike. Das verleiht dem Ende der Alten Welt eine dauernde Aktualität, birgt aber die Gefahr einer Übertreibung des Gemeinsamen zuungunsten der Unterschiede. Der Historiker hat das Verbindende und das Trennende in gleicher Weise zu würdigen.

Josep Fontana

Der Spiegel der Barbaren

Im Gegensatz zur idealen Darstellung des „Römers" gesehen, boten die „Barbaren" ein durchweg stereotypes Abbild, so wie wir dies dem schreckensüberladenen und von Unwahrheiten entstellten Gemälde entnehmen können, das uns Ammianus Marcellinus von den Hunnen zeichnet. In gewisser Weise wurden die „Barbarenvölker" von den Römern selbst erfunden, wobei diese ihnen Züge einer ethnischen und territorialen Einheit zuschrieben, die jenen keineswegs eigen waren: Cäsars Gallien und Tacitus' Germanien waren Frucht der Phantasie ihrer Autoren. (Die „Germanen" brauchten mehr als tausend Jahre, um sich selbst als Kollektiv unter einem gemeinsamen Namen zu identifizieren). Erst nachdem die Barbaren an den fernsten Grenzen des Reiches auf die militärischen Stützpunkte gestoßen waren, ließen sie sich in deren Umkreis nieder, und erst diese Entwicklung begünstigte ihren Zusammenschluß zu diversen Schutz- und Trutzbündnissen. Die Möglichkeiten, Handel zu treiben, der Dienst im römischen Heer und später dann auch die Notwendigkeit einer organisierten Verteilung der vom Reich geleisteten Hilfsgelder festigten diese Bündnisstrukturen und verliehen ihnen bleibenden Charakter. Auf diese Weise trugen die Römer dazu bei, daß die von ihnen erdachten Gespenster plötzlich handgreifliche Wirklichkeit wurden.

Die ersten europäischen „Barbaren", auf die die Römer trafen, waren die Kelten. Dieser Name wurde zunächst für die verschiedensten Volksgruppen eingeführt, angefangen von den Galliern im äußersten Westen Europas, die Anfang des 4. vorchristlichen Jahrhunderts in Italien eingefallen waren und dann „niedergeschmettert von der sie umfangenden Einsamkeit" durch die menschenleeren Straßen Roms irrten –, bis hin zu den als Soldaten und Banditen bekannten Galatern Kleinasiens. Allein schon in Anbetracht der großen Unterschiede zwischen jenen Kelten Norditaliens, von denen Polybios zu berichten weiß, daß sie in Orten ohne Mauern lebten und „auf Lagern aus Blättern schliefen", und den Erbauern der großen befestigten *oppida,* die sich von Gallien aus bis ins Donautal zogen, fällt es schwer zu entscheiden, ob die sie verbindenden kulturellen Ähnlichkeiten – die einzig wesentliche dürfte wohl die Verwandtschaft ihrer Sprachen gewesen sein – tatsächlich bestanden, oder nur auf dem römischen Vorurteil beruhten.

Die zweite große Gruppe europäischer Barbaren stellten die Germanen dar. Für die Römer waren sie alle gleich, und so rechneten sie die verschiedenen Stämme auch einer „reinen Rasse" zu. Für Tacitus hatten alle „die gleiche körperliche Erscheinungsform: harte, blaue Augen, rote Haare, große, nur für Ungestüm geeignete Körper (bei Arbeit und Mühsal zeigen sie nicht die gleiche Zähigkeit)". Vierhundertfünfzig Jahre später sagt Prokopios annähernd Gleiches über die Goten: „Sie alle unterscheiden sich voneinander [...] dem Namen nach, im übrigen aber gar nicht. Alle haben sie eine weiße Hautfarbe, blonde Haare, sind groß von Gestalt und schön von Gesicht. Sie befolgen die gleichen Gesetze, haben die gleichen religiösen Überzeugungen und sprechen eine einzige, gemeinsame Sprache." Es kommt hier nichts anderes zum Ausdruck als die übliche Kurzsichtigkeit gegenüber allem Fremden: Neger oder auch Chinesen etwa schienen dem Durchschnittseuropäer aufgrund mangelnden Umgangs lange Zeit äußerlich durchweg gleich auszusehen und zu sein.

Nicht gegeben war die politische Einheit, die sich in den Epen der großen barbarischen Befehlshaber, Herrscherhäuser und Königreiche anzudeuten scheint. Bei den in der Schlacht auf den katalaunischen Feldern kämpfenden Heerscharen Attilas stellten die Hunnen nur eine Minderheit im Rahmen eines Konglomerats „zahlreicher Völker und verschiedener Nationen" dar, die sich in einem sehr lockeren Verbund zusammengefunden hatten. Nach Attilas Tod brach diese Allianz bald wieder auseinander, und die Hunnen selbst gingen in anderen germanischen oder slawischen Völkern unter, um schließlich vollends aus der Geschichte zu verschwinden. Auch die Ost- und Westgoten, die beständigere politische Einheiten darstellten, scheinen kaum mehr als eine Ansammlung von verschiedenen Stämmen und kriegerischen Gruppen mit eigenen (später als gotischer Adel bezeichneten) Befehlshabern gewesen zu sein, welche sich ohne eine eigentliche Verschmelzung zu jenen größeren Einheiten zusammengeschlossen hatten, die von den Römern dann als Monarchien gedeutet wurden.

Andererseits ist der alte Gemeinplatz, wonach die Eroberung des Westreichs durch die Barbaren einen entscheidenden Bruch herbeigeführt hatte, nicht aufrechtzuerhalten. Es muß daran erinnert werden, daß die Beziehungen zwischen Barbaren und dem Reich nicht immer von kriegerischen Auseinandersetzungen geprägt waren; es hatte vielmehr die verschiedenartigsten Formen in den Beziehungen gegeben – sie reichten vom Handel bis hin zur Erpressung, vom Einzug von Geldern für geleistete Dienste bis zur Entrichtung von Ausgleichszahlungen für ein passives Stillhalten gegenüber dem Reich, wobei es bisweilen schwerfällt, hier wirkliche Unterschiede auszumachen.

Der größte Teil der die Grenzen überschreitenden Barbaren tat dies nicht als Invasoren, sondern als Einwanderer, die sich mit behördlicher Erlaubnis im Reich niederließen und hier als Soldaten im Dienste des Kaisers (zunächst eingegliedert in das römische Heer, später dann als unabhängige Kampftruppen mit eigenem Oberbefehl) ihr Dasein fristeten. Sie beabsichtigten somit also keineswegs eine Zerstörung der bestehenden politisch-verwaltungsrechtlichen Ordnung, sondern waren im Gegenteil daran interessiert, diese aufrechtzuerhalten, kamen sie hierdurch doch in den Genuß der zum Unterhalt des Heeres eingezogenen Steuern.

Was die im Jahr 376 in großer Zahl über die Donau gekommenen Goten zu einem Aufstand veranlaßte, war auf die Haltung der römischen Beamten zurückzuführen, die sie in die ertragsmäßig ärmsten Gebiete des Reichs abdrängten, um sie auf diese Weise durch den Hunger zu unterdrücken. Selbst nach der Schlacht von Hadrianopolis im Jahr 378 (bei der der römische Ansturm zunächst durch einen Kreis von Wagen abgebremst und das kaiserliche Heer dann durch die gotische Kavallerie niedergemacht wurde) oder der Eroberung Roms durch Alarich im Jahr 410 forderten die Sieger nicht mehr als eine simple Anerkennung ihrer Stellung „innerhalb des Reiches“. Nach einem vor kurzem über das Weströmische Reich erschienenen Buch war das, was im 5. Jahrhundert wirklich geschah, nicht mehr als die Ablösung der römischen Administration durch die Verwaltung verschiedener Barbarenvölker, die mit mehr oder weniger legitimen Mitteln seßhaft geworden waren, wobei dieser Vorgang jedoch keineswegs das Ende des Reiches, sondern einzig und allein dessen Umgestaltung bedeutete. Ob sich das Leben der Menschen im damaligen Italien durch die Absetzung von Romulus Augustulus im Jahr 476 wirklich veränderte, ist wiederholt bezweifelt worden.

Im Westen brach dieses System wechselseitiger Beziehungen nun schließlich zusammen (im Gegensatz zum Osten, wo sich das Reich weitere tausend Jahre halten konnte). Und während hier der Druck der Barbaren ständig größer wurde, sah sich die römische Wirtschaft einem fortschreitenden Verfall ausgesetzt, im Zuge dessen sie sich immer weiter auf sich selbst zurückzog. Parallel hierzu schwand auch zunehmend die Bereitschaft der Bevölkerung, für die wachsenden Kosten eines Systems aufzukommen, das ihr kaum mehr nützte, und dies um so mehr, als sich die internen Gegensätze innerhalb der römischen Gesellschaft schließlich als weit schwerwiegender erwiesen als der Konflikt, der von „äußeren Feinden" drohte.

Wer waren also die „Barbaren", denen man die Zerstörung des Reichs anlastet? Dem russischen Geschichtswissenschaftler Rostovtzeff zufolge – besessen von der Idee der sowjetischen Revolution, die ihn zur Emigration zwang – erklärt sich der Zusammenbruch Roms dadurch, daß es, unfähig einer „Zivilisation" der ländlichen Massen, tatenlos zusehen mußte, wie die Kultur der höheren Bevölkerungsschichten immer mehr vor der der Bauern zurückwich. Zunächst „begann die Barbarei des Landes die Bevölkerung der Städte zu überschwemmen"; später dann wurde diese „von den von außen her vordringenden barbarischen Elementen, teils durch Zuwanderung, teils durch Eroberung, vollends ertränkt".

Es liegt auf der Hand, daß das Reich nach dieser Erklärung sowohl von innen – durch die nicht romanisierten Bauern – wie von außen her zerstört wurde. Dies wiederum macht klar, daß die Bezeichnung „Barbar" nicht allein zur Umschreibung für die von jenseits der Grenzen kommenden Invasoren gebraucht wird, sondern gleichermaßen auch für all jene, die, aus welchem Grund auch immer, die soziale Ordnung des Reiches nicht akzeptierten und folglich nicht dazu bereit waren, diese zu verteidigen. Dies bezieht sich vor allem auf jene Bauern, die die lateinische Kultur nicht zu integrieren vermochte und die dann die Initiatoren dessen waren, was Rostowtzeff als den typischen Wesenszug der römischen Dekadenz herausstellt: „das fortschreitende Aufsaugen der kultivierten Klassen durch die Massen".

Dies wiederum illustriert die Mehrdeutigkeit des Begriffs des „Barbaren", ebenso aber auch die Gründe für den Erfolg dieses zu einem Gemeinplatz gewordenen „Falls des Römischen Reiches". Das traditionelle Bild eines Roms, das aufgrund des Zusammenbruchs seiner dem Ansturm der Barbaren nicht gewachsenen herrschenden Klassen zerfiel, erfüllte in der Vergangenheit und erfüllt auch heute noch eine überaus nützliche „moralisierende" Funktion. Für viele Intellektuelle und Politiker der Gegenwart sieht sich unsere heutige Gesellschaft der Bedrohung anderer Barbaren ausgesetzt, nämlich die der „Massen", die in Schach zu halten sind, damit sie unsere Zivilisation nicht zerstören. Unter Übergehung der Probleme unserer eigenen Welt das alte Gespenst vom Niedergang des Römischen Reichs hervorzukramen, ist für sie weit bequemer als eine Analyse der damals in Rom gegebenen internen Gegensätze, so wie sie sich etwa in einer zunehmenden Ungleichheit in bezug auf die Vermögensverteilung oder die vielfältige Beschneidung der Freiheit äußerten.

Wenn von einigen heutigen Geschichtswissenschaftlern behauptet wird, daß die eigentliche Ursache für den Zerfall des römischen Spätreichs in dessen politischer Praxis zu suchen sei, nämlich einer Bevorzugung der Privatinteressen auf Kosten der Interessen der Allgemeinheit, dann darf es nicht verwundern, wenn sie damit auf Widerstand stoßen, wirft eine derartige Einstellung doch unbequeme Vergleiche mit anderen Situationen unserer Gegenwart auf. Eine geschichtliche Interpretation, die den Akzent auf die internen Probleme der römischen Gesellschaft setzt, könnte die Krise des Reiches auch ohne Rückgriff auf die Barbaren erklären, und die Anhänger der herkömmlichen Theorie sähen sich urplötzlich in eine Situation versetzt, wie sie Kavafis in einem seiner Gedichte aufzeigt: Nach einem vergeblichen Warten auf die Barbaren und angesichts der Nachricht, daß diese nirgends mehr zu sehen seien, ziehen sich Kaiser und Senatoren beklommen zurück und klagen:

> Was soll aus uns nun ohne Barbaren werden?
> Denn ohne Zweifel haben diese Männer ein Problem gelöst.

Hansjörg Küster

Neue Linien in der Landschaft Mitteleuropas

Die Kolonien nördlich der Alpen bekamen von Anfang an eine feste Grenze. Diese hatte es in Mitteleuropa zuvor noch nicht gegeben. Die Römer legten die Grenze quer durch das heutige Deutschland. Rhein und Donau mußten als wichtige Verkehrswege zum Reich gehören, also hatten die Grenzen jeweils am jenseitigen Flußufer zu verlaufen. Militärisch besonders verletzbar war die Grenze im Gebiet zwischen Rhein und Donau, über die europäische Hauptwasserscheide hinweg. Mal am Ufer kleinerer Flüsse entlang, dann wieder andere Flüsse und Täler querend, über die Gebirge, aber zum Teil entlang eines klimatischen Gradienten (das klimatisch begünstigte Neckarland wurde Teil des Römischen Reiches, das rauhere Hohenlohe nicht) legten die Römer eine aufwendige Grenzbefestigung an, den Limes. Er ist heute noch an vielen Stellen als deutlich sichtbarer Wall zu erkennen. Damals wurden im Abstand von einigen Kilometern entlang des Limes, aber auch in dessen Hinterland wehrhafte Kastelle errichtet; in Rufweite voneinander standen Limestürme. Nachrichten konnten von Turm zu Turm, von Kastell zu Kastell verbreitet werden.

Trotz aller Befestigungen konnte der Limes zwischen Rhein und Donau nicht allen Angriffen von außen standhalten; er mußte während der römischen Besatzungszeit schließlich verlegt werden. Zunächst bestand der Obergermanisch-raetische Limes zwischen der Wetterau und der Donau südlich von Regensburg. Später riegelte der Donau-Iller-Rhein-Limes das Römische Reich nach Norden ab; er wurde zwischen dem Ostende des Bodensees und der Illermündung in die Donau (bei Ulm) errichtet.

Zur Sicherung der Grenzen wurde eine große Anzahl Soldaten an die Nordgrenze des Imperiums verlegt. Zu ihrer Versorgung brauchte man Zivilpersonal. Soldaten und Zivilpersonal wurden unmittelbar am Limes und im Hinterland angesiedelt. Zum ersten Mal in Mitteleuropas Geschichte lebten damit große Menschenmassen nördlich der Alpen auf engem Raum zusammen, die sich zudem nicht direkt mit der Produktion von Nahrung befaßten. Sie mußten mit Agrargütern versorgt werden; auch in Mitteleuropa entwickelte sich ein Abhängigkeitsverhältnis zwischen Menschen, die Agrargüter produzierten, und anderen, die damit versorgt wurden.

Damit verbunden ist die Entstehung einer ganzen Reihe von Strukturen innerhalb der Landschaft, die sich gegenseitig voraussetzen und bedingen: stadtartige Siedlungen, Häfen, Straßen, Furten und Brücken, Villen, weitere Kulturen landwirtschaftlich genutzter Pflanzen, intensivere Viehhaltung, Gewinnung von besseren Baustoffen usw. Man kann kaum entscheiden, welche dieser Charakteristika der römischen Kulturlandschaft in Mitteleuropa zuerst da waren; wenn sie im folgenden aufgezählt werden, muß klar sein, daß damit nicht nacheinander, sondern gleichzeitig aufkommende Phänomene beschrieben werden.

Militärpersonal und städtische Bürger hatten ganz andere Denkstrukturen als Bauern. Sie wählten ihre Siedelplätze nach anderen Kriterien als ein agrarisch wirtschaftender Mensch. Der Siedelplatz des Dorfes am halben Hang einer

Talflanke ist für Städter und Militär nicht praktisch. Orte auf leicht geneigten Hängen sind nur schwer zu befestigen, man kann sie leicht angreifen, und von ihnen aus kann kaum eine wirksame Verteidigung gegenüber Angreifern erfolgen. Sie haben keinen direkten Zugang zum Wasser, dem wichtigen Transportweg für Güter, mit denen die Siedlungen versorgt werden müssen. Trinkwasser ist nicht unmittelbar in der Siedlung vorhanden, die Abwasserentsorgung ist problematisch. Und in einer Siedlung am halben Hang läßt sich keine Wasserkraft zum Betrieb einer Mühle nutzen, in der das Mehl für die Stadtbevölkerung gemahlen werden muß.

Zur Gründung einer städtischen Siedlung oder eines Kastells wählte man eine andere Geländesituation. Die Siedlung entstand möglichst direkt am Fluß. Weil man wußte, daß dort Überschwemmungsgefahr herrschte, wählte man die Steilhänge, oft die Prallhänge oberhalb der Flüsse als Siedelplatz. Steile Straßen oder Gassen verbanden das Flußufer mit den hochwassersicheren Teilen der Stadt, die dennoch dicht am Fluß lagen. Auf dem Steilhang baute man dicht bei dicht Häuser, wobei es notwendig war, die Häuser vor dem Abrutschen zu sichern, was aufwendigere Bauweise voraussetzte, mit Fachwerk, mit Stein; Häuser aus Holz, mit Lehm beworfen, wie sie in ländlichen Siedlungen nach wie vor standen, waren für die Lage am instabilen Steilhang nicht robust genug.

Wege mußten in die Stadt hineinführen. Wege aus dem nahen und fernen Umland, auf denen Stadt und Kastell von außen mit Wasser, Nahrung, Baustoffen, Heizmaterial versorgt werden mußten. Von Natur aus bestehende Versorgungswege waren die großen Flüsse, in Mitteleuropa vor allem Rhein und Donau. Auf ihnen konnten Güter aus dem Zentrum Europas heraus mit der Strömung in die Peripherie gebracht werden, aber es gelang auch, Güter auf weite Strecken gegen den Strom zu transportieren, am Niederrhein, am Oberrhein, auf dem Bodensee und auf der Donau, überall, wo das Gefälle gering war. Versorgungsgüter wurden aus dem Mittelmeergebiet durch den mitteleuropäischen Grabenbruch an der Rhône bis an die Oberläufe von Rhein und Donau geschafft. Güter des täglichen Bedarfs und Luxusprodukte gelangten so zum Teil auf dem Wasser, zum Teil über Land bis ans Basler Rheinknie, nach Augst, wo die Römer einen wichtigen Stützpunkt unterhielten. Von dort aus ging der Transport auf dem Wasser weiter, stromabwärts nach Mainz, Köln, Xanten, ins Rheinmündungsgebiet, ja sogar nach Britannien.

Wo Güter angelandet werden sollten, mußte es eine Schiffslände oder einen Hafen geben. In einem Hafen durfte keine starke Strömung herrschen, die das Be- und Entladen der Schiffe behindert hätte, oder es mußte flache Gestade geben, auf die man die Schiffe ziehen konnte. Eine stadtartige Siedlung am Fluß konnte nur in der Nähe eines Platzes aufblühen, an dem sich ein Hafen oder eine Schiffslände einrichten ließ. Man konnte die Schiffe auf den Gleithang des Flusses ziehen, der dem Prallhang mit der Stadt gegenüberlag. Dann mußte der Fluß durch eine Furt gequert oder mit einer Brücke überspannt werden, und Hafen wie Brükke mußten militärisch gesichert werden. Wo der Fluß sich in mehrere Äste aufspaltete, war die Lage für Stadt und Hafen besonders günstig. Dort ließ sich der Fluß am besten überqueren. Denn es ist einfacher, einen Fluß durch mehrere kleine Furten zu queren, als eine einzige breite Furt zu wählen. Und es ist ebenfalls einfacher, zwei oder drei kurze Brücken über die Inseln zu legen, als eine lange Brücke von Ufer zu Ufer zu spannen. Die Strömung in den verschiedenen Flußarmen ließ sich beeinflussen. Man konnte den einen Flußarm anstauen, die Hauptmasse des Wassers in einen anderen Flußarm lenken. Die Strömung wurde in dem Flußarm verlangsamt, in dem der Hafen lag.

Häfen konnte man auch in Altwasserarmen anlegen, die vom strömenden Wasser sowieso schon abgeschnitten waren. Dann aber versandeten und verlandeten die natürlichen

Hafenbecken, so daß sie nach kurzzeitiger Nutzung wieder aufgegeben wurden. Oder man gründete Hafen und Stadt oder Kastell am Zusammenfluß zweier oder mehrerer Ströme. Die Gewässer stauen sich dort gegenseitig auf. Das Wasser fließt vor dem Erreichen der Flußmündung ruhiger als unterhalb davon. Gut zu sehen ist dies in Koblenz und Passau, wo die Schiffsländen und Häfen unmittelbar oberhalb der Stellen lagen, wo Rhein und Mosel beziehungsweise Donau und Inn aufeinandertreffen. Heute noch liegen die Häfen der Städte dort.

Die stadtartige Siedlung der Römer entwickelte sich also idealerweise hoch über dem Fluß, aber direkt in seiner Nähe und möglichst dicht bei einem Hafen, am Zusammenfluß von Strömen oder an Stromspaltungsgebieten, oft dort, wo auch im Mittelalter und bis auf den heutigen Tag Städte zu finden sind.

Nicht alle Siedlungen der Kolonialmacht lagen an Flüssen. Güter mußten im Römischen Reich auch über Land transportiert werden. Ein Straßennetz war notwendig, das einerseits die Geländesituationen optimal ausnützen, andererseits Wege umfassen sollte, die die militärischen und zivilen Zentren verbanden. Römische Straßen wurden möglichst schnurgerade angelegt, zum Beispiel quer über die Münchner Schotterebene, die ehemalige Sanderfläche aus eiszeitlichem Schotter, die im Gletschervorfeld entstanden war. Straßen führten am Rand breiter eiszeitlich geformter Täler entlang, dort, wo die Kante des Hochufers verlief und wo niemals Hochwasser zu erwarten war: Diese Geländesituation prägte den Verlauf der römischen Straßen an Donau und Lech. Die Straßen folgten auch dem Verlauf des europäischen Grabenbruches in der Oberrheinebene. Sie querten die Flüsse dort, wo die Städte lagen. Dort befanden sich auch die Stromspaltungsgebiete mit ihren Furten oder Brücken: Salzburg an der Salzach, Augsburg an der Wertachmündung in den Lech, Straßburg und Augst am Rhein, Trier an der Mosel. Die Straßen sollten die Gebirge mit minimalen Steigungen überwinden. Sie wurden daher über möglichst flache Sattel geführt, wie zum Beispiel östlich vom Kinzigtal im Schwarzwald, durch das sich eine Straße vom Straßburger Raum bis weit nach Osten führen ließ. Östlich vom Tal war nur ein kleiner Sattel zwischen Schiltach und Waldmössingen zu überwinden. Die Schwäbische Alb ließ sich am bequemsten dort überschreiten, wo die Täler ehemaliger Donauzuflüsse verlaufen, denen der Rhein und seine Nebenflüsse vor Urzeiten das Wasser abgegraben hatten. Die Täler der früheren Donauzuflüsse sind breit, und sie führen nur noch wenig Wasser. Das Gefälle zwischen ihnen und den Tälern der Rheinzuflüsse ist kurz und geringer als dort, wo das gesamte westliche Kliff des Juragebirges erklommen werden muß. Ideale Bedingungen für die Aufnahme und Anlage von römischen Straßen boten die Täler von Rems, Kocher und Brenz, von Fils und Lone oder zwischen Rottweil und der Umgebung von Tuttlingen.

Auch über Mitteleuropas Hochgebirge, die Alpen, führten die Römer Straßen. Die Senken im Faltengebirge verlaufen von West nach Ost, dieser Richtung folgen auch die meisten Flüsse. Wo ein Fluß nach Norden oder Süden an den Rand der Alpen durchbricht, waren die Voraussetzungen für die Verkehrserschließung des Hochgebirges gegeben. Römerstraßen nutzten also die Täler von Alpenrhein, Etsch und Eisack. Flache Sattel zwischen den Flußtälern wurden zu den Leitlinien der Paßstraßen, zum Beispiel am Brenner und am Fernpaß.

Bei der Schaffung ihres Straßennetzes folgten die Römer sicher oft dem Verlauf von Vorgängerwegen, die es vielleicht schon seit Jahrtausenden gab. Sie machten aus nur gelegentlich miteinander verbundenen Einzelwegen ein Verkehrsnetz, das in seinen Grundzügen in vielen Fällen Jahrhunderte überdauerte. Seine Grundideen wurden vor allem wieder aufgegriffen, als in Mitteleuropa Eisenbahnen gebaut wurden. Schienengebundener Verkehr erfordert größtmögliche Geradlinigkeit der Trassen; große Gefälle kann er nicht überwinden. Daher ähneln sich die Verläufe vieler Römerstraßen und Eisenbahnlinien, wie auch das Netz der Römerstraßen dem Eisenbahnnetz des 19. und 20. Jahrhunderts sehr ähnlich sieht.

Massimo Montanari

Produktion und Konsum bei Römern und Barbaren

1. Barbaren und Römer

Die Römische Kultur hatte, wie die griechische, der unbearbeiteten Natur keine große Wertschätzung entgegengebracht. In dem von griechischen und römischen Gelehrten aufgestellten Wertesystem war sie kaum berücksichtigt. Sie war vielmehr die Wahre *Antithese* zur *Zivilisation* – ein Begriff, der seinerseits auch etymologisch mit dem der Civitas – oder: der *Stadt* – verbunden ist. Eine Antithese auch zu einer vom Menschen künstlich geschaffenen Ordnung, durch die er sich von der Natur unterschied und abgrenzte. Unter dem Gesichtspunkt der Produktivität betrachtet, hatte diese Kultur den eigenen ideellen Raum, der ordentlich organisiert das Umfeld der Städte bildete, von der wilden Natur abgegrenzt. Die Lateiner nannten die Gesamtheit des bearbeiteten Landes *ager*, den sie strikt vom *saltus*, dem jungfräulichen, nichtkultivierten Boden unterschieden. Doch als Randerscheinung existierte auch die Nutzung der unkultivierten Flächen. Die Bewirtschaftung der Wälder und Sümpfe war sicherlich verbreiteter, als die überlieferten Quellen vermuten lassen. Aber es war eben doch nur eine nebensächliche und in gewissem Maß „verschleierte“ Realität; verschleiert von einer Literatur, die sich aus ideologischen Gründen mit anderen Dingen befaßte, wie etwa der Zivilisation, der Stadt, den landwirtschaftlichen Produkten für den städtischen Markt und den in der Stadt lebenden Verbrauchern. Für die römische Kultur hatte der Begriff des unbebauten Landes also eine ausgesprochen negative Konnotation. Wald war das Synonym für das abseits Liegende, das Ausgeschlossene. Und nur die Randexistenz, der Ausgeschlossene, der Außenseiter, bediente sich seiner bei der Nahrungsbeschaffung. Der Jäger, nach dem Dion von Prusa eines seiner Werke benennt, ist einer von ihnen. Deutlich unterscheidet sich davon das Bild der kaiserlichen Jagden. Aber auch sie bewegen sich in einer exotischen, fremdartigen Umgebung, die weit entfernt ist vom alltäglichen Leben. Und so dient die Jagd eher dem Sammeln von Trophäen als der Versorgung der Tafeln.

Die Bearbeitung des bereits kultivierten Bodens hatte also klare Priorität. Landwirtschaft und Baumzucht waren die Grundlage der griechisch-römischen Wirtschaft und Kultur (zumindest wenn wir uns auf die vorherrschende Gewohnheit beziehen). Korn, Wein und Ölbäume waren die wichtigsten Nahrungsquellen, eine Triade produktiver und kultureller Werte, die diese Zivilisation zum Symbol ihrer eigenen Identität gemacht hatte. [. . .]

Daneben spielten vor allem der Obst- und Gemüseanbau sowie die Schafzucht eine gewisse Rolle – die einzige Nutzungsform natürlicher Ressourcen, der die griechischen und lateinischen Autoren echte Aufmerksamkeit und Sympathie entgegenbrachten. Die Fischerei hatte natürlich vor allem in den Küstenregionen einige Bedeutung. Vor diesem Hintergrund entwickelte man eine Ernährungsweise – wollen wir sie „mediterran“ nennen? –, die stark vegetarisch ausgerichtet war und auf Mehlbrei und Brot, auf Wein, Oliven und Gemüse basierte. Ein wenig Fleisch und vor allem Käse ergänzten diesen Speiseplan, denn Schafe und Ziegen wurden überwiegend ihrer Milch wegen und als Wollieferanten gehalten.

Ganz anders waren dagegen die Anbaumethoden und kulturellen Werte der „Barbaren“, wie Griechen und Römer sie nannten. Die keltischen und germanischen Völker, seit Jahrhunderten gewohnt, die großen Wälder Nord- und Mitteleuropas zu durchstreifen, hatten eine große Vorliebe für die Nutzung der unberührten Natur und der unkultivierten Landstriche entwickelt. Die Jagd und die Fischerei, das Sammeln wilder Früchte sowie die Zucht wildlebender Tiere in den Wäldern (hauptsächlich Schweine, aber auch Pferde und Rinder) waren für ihre Lebensweise charakteristisch. Nicht Brot oder Polenta, Fleisch war ihr Hauptnahrungsmittel. Sie tranken keinen Wein, der ohnehin nur in den Grenzregionen ihres Herrschaftsgebietes bekannt war, sondern die Milch weiblicher Lasttiere und die säuerlichen Flüssigkeiten, die sie daraus gewannen. Getrunken wurde auch Obstwein aus vergorenen Wildfrüchten oder Bier – dort nämlich, wo man auf kleinen, dem Wald abgerungenen Lichtungen Getreide anbaute. Nicht Öl, die einzige Art von Fett, die in dem Apicius Caelius zugeschriebenen Handbuch der römischen Küche vorkommt, verwendete man zum Einfetten und Kochen. Vielmehr benutzte man dazu Butter und Speck.

Doch darf man es nicht allzu eng sehen. Auch die Germanen aßen Getreide, Haferbrei oder Fladen aus Gerste, nicht jedoch Weizenbrot; das wahre Symbol der mediterranen Ernährung. Andererseits kannten die Römer auch Schweinefleisch, das die Kaiser zusammen mit Brot an die Bewohner der Hauptstadt verteilen ließen. [. . .]

Zu Beginn des 2. Jahrhunderts unterrichtet uns Tacitus darüber, daß zumindest die in der Nähe des Rheins siedelnden Germanen auch Wein kauften. Doch ihr gewohntes Getränk sei „ein Saft aus Gerste oder Weizen, der durch Gärung eine gewisse Ähnlichkeit mit Wein erhält“: das Bier – oder nennen wir es besser Cervisia, wenn wir den Unterschied zwischen dieser dicken dunklen Flüssigkeit und dem klaren Bier festhalten wollen, das man erst ein Jahrtausend später durch die Beimischung von Hopfen erzeugen wird. „Die Kost ist einfach: wildes Obst, frisches Wildbret oder geronnene Milch.“ Einige Jahrhunderte darauf, die germanischen Völker haben auf dem Territorium des Römischen Reiches bereits Fuß gefaßt und behaupten mit Waffengewalt ihre Macht, werden auch über andere, „am Rande der Welt“ lebende Völker analoge Berichte verfaßt. Über die Lappen schreibt Prokop im 6. Jahrhundert, sie „trinken auch keinen Wein und kennen keine Feldfrüchte [...] Männer und Frauen widmen sich vielmehr einzig und allein der Jagd.“ Wie uns Iordanes versichert, ist den Kleingoten dagegen der Wein durch den Handel mit benachbarten Völkern bekannt, doch bevorzugen sie noch immer Milch. Iordanes (wir befinden uns noch immer im 6. Jahrhundert) erwähnt skandinavische Völker, die ausschließlich von Fleisch leben. Über die Hunnen schreibt er, sie würden keine andere Beschäftigung kennen als die Jagd. Die Lappen, so Paulus Diaconus, der im 8. Jahrhundert davon erfährt, äßen außerdem „nichts anderes als das rohe Fleisch wilder Tiere“ – ein zusätzlicher Hinweis auf die Wildheit der Ernährungssitten, die wir, ohne zu zögern, als einen Topos betrachten können. Allerdings reichen die überlieferten Gebräuche in der Landwirtschaft noch nicht aus, um ein Volk in den Bereich der „Zivilisation“ einzuordnen. In einem Traktat über die Mauren schreibt Prokop, daß sie sich sehr wohl von Getreide ernähren (Weizen und Gerste), doch „ungekocht und ungemahlen und nicht anders wie die Tiere“. Darauf nämlich kommt es an: sich aktiv in die Nahrungsproduktion einzuschalten; die Nahrung künstlich zu erzeugen; sie zu „erfinden“ und sich nicht darauf zu beschränken, nur das zu empfangen, was die – auch durch den Menschen beeinflußte – Natur zu bieten hat.

Man darf nicht glauben, daß der Stolz auf die eigene Ernährungskultur lediglich auf einer Seite vorhanden war. Auch die Kelten und Germanen waren sich der eigenen Errungenschaften stolz bewußt. Doch werden wir bei diesen Völkern vergeblich die Pflanze der Zivilisation suchen (um den schon berühmten Ausdruck Braudels zu benutzen), die eine ähnliche Rolle spielt wie der Weizen in der griechischen oder römischen Welt, der Mais in Amerika oder der Reis in Asien. Allenfalls werden wir ein „Zivilisationstier“ entdecken, das Schwein, eine omnipräsente Realität der keltischen Welt und möglicherweise als einziges in der Lage, deren produktive und kulturelle Errungenschaften zum Ausdruck zu bringen: denn die Mythologie dieses Volkes ist durchwoben von Ereignissen, in deren Mittelpunkt immer das Schwein steht, die erste und unentbehrliche Nahrungsgrundlage des Menschen. [. . .]

Ein besonders kritischer Augenblick bei dieser Begegnung unterschiedlicher Kulturen scheint sich um die erste Hälfte des 3. Jahrhunderts abzuzeichnen, als neue gesellschaftliche Kräfte und Völker die Bühne des Römischen Reiches betreten und als es während der raschen, durch die tiefgreifende institutionelle Krise bedingten Kaiserwechsel sogar Persönlichkeiten „barbarischer“ Herkunft gelingt, den Thron zu erobern. Sehr bezeichnend sind hierfür die in der sogenannten *Historia Augusta* wahrscheinlich im 4. Jahrhundert vereinigten Biographien, in denen sich auch hinsichtlich der Ernährung ganz deutlich die unterschiedlichen Wertvorstellungen begegnen. Unsere in traditionellen ideologischen Vorstellungen fest verankerten Texte beharren oftmals auf dem „römischen“ Charakter der kaiserlichen Nahrungswahl, vor allem, wenn es darum geht, positive Schlüsselfiguren zu präsentieren. [. . .]

Das „barbarische“ Kulturmodell, das viele römische Gelehrte lange und vergebens einzudämmen versuchen, taucht mit Maximinus Thrax auf, dem ersten Soldatenkaiser, „Sohn barbarischer Eltern; der Vater war, so heißt es, Gote, die Mutter Alanin“. Es hat den Anschein, schreibt sein Biograph Iulius Capitolinus mit Verachtung, daß er bis zu einer Amphore Wein täglich trank (was ungefähr 20 Litern entspricht) und daß er „vierzig Pfund Fleisch verzehrt hat“, wenn nicht sogar sechzig; weiters soll er sich anscheinend, und dies wäre für einen echten Römer undenkbar gewesen,

„des Gemüses stets enthalten“ haben. Sein Sohn, Maximinus der Jüngere, stand ihm darin nicht nach. Er hatte „einen starken Appetit, besonders auf Wildbret; so verzehrte er nur Schwarzwild, Enten, Kraniche und alle Wildarten“. Ein großer Trinker und Fleischesser war auch Firmus, über den geschrieben wird, er verspeiste „täglich einen Strauß“. Derartige Porträts und Beschreibungen sind offensichtlich mit Vorsicht zu behandeln. Aber es geht nicht darum, sie als wahr anzuerkennen, sondern darin kulturelle Spannungen einer extrem kritischen Epoche der europäischen Geschichte zu erblicken. Dies trifft auch für die verschiedenen Ernährungsmodelle zu.

Eine tiefe Kluft trennte die „römische“ Welt von der „barbarischen“. Gegensätzlich waren die Wertvorstellungen, die Weltbilder, die Wirtschaftsverhältnisse. Unmöglich schien es, diese Kluft zuzuschütten, und tatsächlich müssen wir eingestehen, daß zwei Jahrtausende gemeinsamer Geschichte nicht ausgereicht haben, ihre Spuren zu beseitigen. Europas Charakter ist selbst heute noch tief davon gezeichnet. Dennoch kam es zu einer bestimmten, auf einem doppelten Integrationsprozeß beruhenden Annäherung, einer Art reziproker Kulturübernahme, die zwischen dem 5. und 6. Jahrhundert ihren Anfang nahm und in den darauffolgenden Jahrhunderten heranreifte.

2. Das Fleisch der Starken

Das erste Instrument zur Integration war, ganz einfach, die Macht. Das politische und soziale Durchsetzungsvermögen der germanischen Stämme, die – unter unterschiedlichen Bedingungen und in verschiedenerlei Ausmaß – überall zur herrschenden Schicht des neuen Europa geworden waren, führte zu einer weiten Verbreitung ihrer Kultur und Geisteshaltung. Mit ihnen verbreitete sich auch ein – im Vergleich zur griechisch-römischen Tradition – neues Verhältnis im Umgang mit der unkultivierten Natur, die nicht mehr als störendes Hindernis und eine den erzeugerischen Aktivitäten des Menschen gesetzte Grenze angesehen wurde, sondern vielmehr als *Nutzungsraum.* Nichts drückt diese Veränderungen besser aus als die Gewohnheit, die Ausdehnung der Waldgebiete nicht in abstrakten Oberflächenbegriffen zu berechnen, sondern anhand der Menge an Schweinen, die mit Eicheln, Bucheckern und anderen Waldfrüchten gefüttert und gemästet wurden. Üblich wurde diese Berechnungsart etwa vom 7./8. Jahrhundert an in Gebieten mit stark germanischer Kulturprägung wie England, Deutschland, Frankreich und Norditalien. [...] Die Menge an Schweinen war die wichtigste Berechnungsgrundlage, die man vornehmen konnte, die Angabe, die am nützlichsten schien [...]

Parallel dazu wurde das Fleisch zu dem Nahrungsmittel schlechthin. Während ein römischer Arzt wie Cornelius Celsus noch keinen Zweifel hatte, daß Brot das absolut beste Nahrungsmittel sei, weil es „mehr nahrhafte Bestandteile enthält als jede andere Nahrung", widmeten die nach dem 5. Jahrhundert erschienenen Diätbücher dem Fleisch die mit Abstand größte Aufmerksamkeit. So in der Epistel *De observatione ciborum,* die der aus Griechenland stammende Arzt Anthimos, der am Hofe des Gotenkönigs Theoderich in Ravenna lebte, im 6. Jahrhundert einem anderen Theoderich, König der Franken, widmete, bei dem er zeitweilig die Funktion eines Botschafters bekleidete. Er verdankt den griechischen und römischen *auctores,* die er auch ausdrücklich in der Vorrede zu seinem Werk zitiert, viel, doch begegnet man hier ebenfalls einer gewissen Originalität, zumindest aber einer Anpassung jener griechischen Tradition – die die Grundlage der beruflichen Ausbildung des Anthimos war – an das andersartige kulturelle Umfeld, in dem er jetzt lebt. Daher versetzt die besondere Aufmerksamkeit, die er dem Schweinefleisch zuwendet, nicht in Erstaunen – der einzige Fall, bei dessen detailgenauer Beschreibung aller

Zubereitungsarten Anthimos sich aufhält: gebraten, gekocht, gebacken, geschmort. Es nimmt nicht wunder, daß das längste Kapitel des Werkes dem Speck gewidmet ist, für den „die Franken eine unbezwingliche Vorliebe" haben. [...]

Alexander Demandt
Stadt und Staat

Die Bevölkerung der spätrömischen Städte bietet ein buntes Bild. Die Mehrzahl der Bewohner hatte zumeist dieselbe Sprache und Religion, doch treffen wir allenthalben Minderheiten: griechische und syrische Händler im Westen, lateinisch sprechende Veteranen im Osten, kleinere oder größere Gruppen von Heiden, Häretikern und Juden. Die höchste soziale Schicht bildeten jeweils die ansässigen Angehörigen des Reichsadels *(honorati)*, gefolgt von den grundbesitzenden Curialen, dem Ratsherrenstand. Darunter rangierten die wohl größenteils in Zünften organisierten Händler und Handwerker, und schließlich kommt die *plebs urbana*, deren Angehörige als Tagelöhner ihr Brot verdienten, und die Sklaven.

Die Funktionen der spätantiken Städte sind im Wesentlichen die der Principatszeit. In jeder Stadt befand sich ein Markt, der von den umwohnenden Bauern und von den städtischen Handwerkern beliefert wurde. Auch in der Spätantike waren die Städte noch Mittelpunkte von Handel und Gewerbe, doch gewannen die eigenständigen Villen der Senatoren an Bedeutung.

Neben der ökonomischen ist die kulturelle Funktion der Städte zu nennen. Hier konzentrierte sich das künstlerische Schaffen, das Bildungswesen und das religiöse Leben. Die Stadt war der Wohnort der reicheren Bürger. Im Unterschied zum Mittelalter gab es im griechisch-römischen Altertum bis ins 4. Jahrhundert keinen Landadel. Jeder Bauer, der zu Wohlstand kam, zog in die Stadt, alle wohlhabenden Stadtbürger besaßen auf dem Lande Güter und ließen dort Kolonen für sich arbeiten. In den Städten sammelte sich der Reichtum, und dies spiegelte sich in ihrem Erscheinungsbild.

Zur Versorgung der Kranken hatten die Städte Ärzte angestellt. Sie genossen ähnliche Privilegien wie die Lehrer, indem sie von Steuern und Frondiensten befreit waren. Die Zahl dieser steuerfreien Mediziner hatte nach der Größe der Städte schon Antoninus Pius festgelegt. Justinian ordnete für Karthago fünf Ärzte an. Die berühmteste medizinische Hochschule befand sich auch in der Spätantike in Alexandria, im übrigen bildeten die Ärzte Lehrlinge aus. Vielfach ging der Beruf vom Vater auf den Sohn über. [...]

Die Beamten der Städte entsprachen denen des republikanischen Rom, und wie diese arbeiteten sie ehrenamtlich. Wir finden Quaestoren, Aedilen, Praetoren und, statt der Konsuln, *duoviri* oder *duumviri* als die eigentliche Spitze der Stadtverwaltung. Im allgemeinen wurden sie aus dem Kreise der Curialen von ihren jeweiligen Amtsvorgängern nominiert. Nach ihrem Amtsjahr gehörten sie weiterhin der Curie an.

Ein zusammenfassendes Dokument zu den Honoratioren einer africanischen Stadt aus der Zeit Julians ist das sog. ‚Album von Timgad'. Diese Inschrift nennt an der Spitze zehn *viri clarissimi*, Männer senatorischen Ranges. Fünf von ihnen werden als *patroni* der Stadt bezeichnet. Danach kommen zwei *viri perfectissimi*. Diese zwölf zählen zur Reichsaristokratie. Es folgt die Munizipalaristokratie mit zwei ehemaligen Provinzialpriestern *(sacerdotales)*, dem *curator* und den beiden *duoviri*. Anschließend werden 32 Männer mit Priesterämtern genannt *(flamines, augures)*, dann wieder amtierende Beamte, nämlich *aediles* und *quaestores*, und zum Schluß die gewesenen *duoviri*, *aediles* und *quaestores*. Darunter stehen die Namen der *curiales*, etwa 100.

Die *curiales* (oder *decuriones)* bildeten den Stadtrat (βουλή) und damit die wichtigste Körperschaft. Er entsprach dem Senat in Rom. Ursprünglich bestand die *curia* aus den wohlhabendsten und angesehensten Bürgern. Der Sitz war lebenslang, neue Mitglieder kamen über die kommunale Ämterlaufbahn oder durch Zuwahl hinein. Als Zeichen ihrer Würde trugen die *curiales* die weiße Toga, verdiente Männer erhielten Ehrenstatuen und Porträtgemälde. Curialen, die alle Ämter und Aufgaben hinter sich hatten, wurden als *ex comitibus* in den Beirat des jeweiligen Statthalters aufgenommen.

Der Staat gewährte den Curialen eine Reihe von Vorrechten. Als *honestiores* waren sie und ihre Angehörigen von *munera sordida* befreit, doch mußten sie im 5. Jahrhundert an Arbeiten zur Verteidigung mitwirken. Weiterhin blieben sie von Leibesstrafen verschont, durften zwar enteignet und verbannt, nicht aber geprügelt, in die Bergwerke geschickt oder hingerichtet werden. Die Curialen waren für das gesamte Stadtgeschehen verantwortlich. Ihnen oblag die Verteilung der kommunalen Lasten und Leistungen *(munera)* auf die Einwohner. Dazu zählten die notwendigen Bau- und Transportarbeiten, die Sorge für Sauberkeit und Ordnung, Nahrung und Vergnügen, Kult- und Bildungswesen. Grundsätzlich waren alle Bürger verpflichtet, an diesen Aufgaben mitzuwirken. Die wichtigste war die Sorge für die Lebensmittel und die Preisüberwachung.

Neben der Versorgung war auch das Vergnügen Sache der Curialen. Es gehörte zu den kommunalen Liturgien der Reichen, Wagenrennen und Tierhetzen zu stiften. Für die Versorgung des Hippodroms mit Pferden waren große Ländereien Antiochias von staatlichen Steuern befreit. Der Zirkus war der Mittelpunkt des öffentlichen Lebens, wo immer es einen solchen gab; die Zirkusparteien hatten ihre Ableger in allen größeren Städten. Welches Interesse der Vergnügungswert der Städte besaß, lehrt Junior: neben den Handelsartikeln nennt er in seiner Weltbeschreibung die Rennbahnen der Städte, die Herkunftsorte der besten Wagenlenker, Pantomimen, Chorflötisten, Schauringer, Seiltänzer und Gaukler. Libanios, der als Mann von Bildung das Zirkuswesen verabscheute, bezeugt, daß es sehr reiche Rennfahrer gab, nicht nur in Konstantinopel. Viele Unruhen und Aufstände gingen vom Zirkus aus.

Abgesehen vom kaiserlichen, kirchlichen und senatorischen Landbesitz war die Curialenschicht die landreichste Gruppe im Imperium, darum besaß sie für das Naturalaufkommen des Reiches erhebliche Bedeutung. Das, was der Staat an Geld, Waren und Rekruten brauchte, wurde von den Reichspräfekten auf die Provinzen, und von den Statthaltern auf die Städte umgelegt. Die Forderungen landeten somit schließlich in den Curien, und diese waren verantwortlich dafür, daß die Lieferung erfolgte. Das führte mitunter dazu, daß manche Curialen so lange gepeitscht wurden, bis sie, um zahlen zu können, Land verkauften, verarmten, ausschieden und die übriggebliebenen Curialen desto mehr belasteten. Aus diesem Teufelskreis zeigte sich kein Ausweg. Für Steuerschulden verlassener Güter haftete nach einer dreijährigen Schonfrist die ganze Curie.

Im Verlaufe des 4. Jahrhunderts verwandelte sich die Ehre, zur Curie zu gehören, in eine Last. Das Curialenproblem entstand. Einzelfälle kennt schon Ulpian, doch wurden sie häufiger. Der Grund liegt darin, daß einerseits die kommunalen und staatlichen Forderungen stiegen und andererseits immer mehr Dienstpflichtige sich durch Erwerb von Privilegien zu entziehen wußten, so daß die übrig bleibenden desto stärker herangezogen wurden. Es kam zu einer regelrechten Flucht aus dem Curialenstande. Die Kaiser bestimmten, daß bei den Ratsverhandlungen *(gesta municipalia)* wenigstens drei Curialen anwesend sein müßten.

Den Pflichten der Curie entkam, wer in den Reichsdienst aufstieg. Dies waren sicher nicht wenige, denn das gebildete Stadtbürgertum stellte auch noch in der Spätantike großenteils den Nachwuchs für Zivil- und Hofverwaltung. Wer den Perfectissimat oder die Comitiva errang, so bis etwa 350, wer *vir clarissimus, spectabilis* oder gar *illustris* wurde, war von den Curienpflichten befreit. Dasselbe galt für Männer, die 10, später 5 Jahre Heeres- oder 30 Jahre Hofdienst aufweisen konnten, für Priester und Professoren. Da diese Würden bisweilen durch Bestechung zu haben waren, konnten sich gerade die Reichsten den Curialenpflichten am leichtesten entziehen. Der Anteil dieser freigestellten *honorati* nahm offenbar zu.

Neben dieser Flucht nach oben gab es dann die Flucht nach unten. Manche Curialen heirateten die Tochter eines Bauern und unterstellten sich dem Schutz von dessen Patronus. Als Abhängige im Patrocinium waren sie nicht mehr zu greifen. Andere veräußerten ihr Gut und pachteten Staatsland, um den Stand eines *colonus rei privatae* zu genießen. Wieder andere ließen sich in die Erbzünfte der Schiffer oder Purpurschneckensammler einschreiben. Viele Curialen zogen aufs Land oder in andere Städte, wo man ihre Besitzverhältnisse nicht kannte, und ließen sich ihre Einkünfte dorthin nachschicken.

Libanios bezeugt, daß ein Teil der Curialen keine ehelichen Kinder mehr haben wollte, allenfalls von Sklavinnen, so daß sich die Curialität nicht vererbte. Töcher verheiratete man nicht mehr im Curialenstande, sondern an Militärs und andere Privilegierte, auch damit entzog man den Besitz den curialen Lasten. Als dann die Pflicht an den Grundbesitz gebunden wurde, weigerten sich die Angehörigen des Reichsadels, Töchter von Curialen zu heiraten.

Die Folge war eine bedrohliche Ausdünnung der Curialenschicht. Libanios beklagt den Rückgang von 600 auf 60 Curialen in Antiochia, Ammian spricht von Städten, die nicht einmal mehr drei besäßen, 339 und 429 wird die geschrumpfte Zahl der Curialen in Africa gesetzlich festgestellt. Kaiser Leo rechnete damit, daß es in manchen Städten keine Magistrate mehr, nur noch einen *defensor* gebe. [. . .]

Das Christentum hat sich in den spätantiken Städten seit Constantin rasch ausgebreitet. Die Popularität dogmatischer, liturgischer und religionspolitischer Fragen spricht aus den häufigen Krawallen um solche Streitpunkte. Manche Städte christianisierten sogar ihren Namen: aus Apollonias wurde Sozopolis, die „gerettete Stadt", aus Pythia (Pityus) Soteropolis, die „Heilandstadt" usw. Nahezu alle Städte im griechischen Osten und die meisten im lateinischen Westen erhielten einen Bischof, die Provinzhauptstädte (Metropolen) einen Erzbischof, Landbischöfe *(chorepiskopos)* gab es daneben auch, doch blieben sie unkanonisch.

Mit dem Rückgang der Curialenschicht und der bürgerlichen Selbstverwaltung gewannen die Bischöfe allmählich die Leitung in der Kommunalpolitik. So wie dies in der Stadt Rom im 5. und 6. Jahrhundert zu beobachten war, hat es sich auch in vielen anderen Städten beider Reichsteile abgespielt. Constantin hatte bereits den Bischöfen eine Sonderstellung verliehen. Sie waren nicht nur von Steuerpflichten und Wehrdienst befreit, sondern auch der weltlichen Gerichtsbarkeit entzogen. Darüber hinaus erhielten sie selbst Urteilsbefugnis in Zivilsachen und bei Freilassungen und konnten auf kirchlichem Boden den von der Staatsgewalt Verfolgten Asyl gewähren. Die Macht wuchs mit dem Besitz der Kirche. Athanasios schrieb, man traue ihm zu, daß er die Getreideflotte für Konstantinopel in Alexandria zurückhalten könne. Zur Zeit des Sidonius war der Bischof der wichtigste Mann seiner Stadt.

Bischöfe hatten die erste Stimme, wenn es um die Wahl eines *defensor* oder eines *sitona* ging, dem die Getreideversorgung oblag. Seit dem 5. Jahrhundert mehren sich die Beispiele dafür, daß Stadtbischöfe sogar die Verteidigung gegen die Barbaren organisieren. Justinian unterstellte die städtischen Finanzen dem jeweiligen Bischof und drei angesehenen Bürgern. In zunehmendem Maße erscheinen Bischöfe als Bauherren säkularer Bauwerke, von Bädern und Wasserleitungen. Auch darin kündigt sich das Mittelalter an.

Die Städte des Westens sind im frühen Mittelalter zwar erheblich geschrumpft, zeitweise wohl auch ganz verlassen gewesen, dann aber langsam wieder aufgeblüht. An die Stelle der römischen Ortsnamen traten vielfach die alten Stammesnamen (*Parisiis* statt *Lutetia*), aber auch ein Großteil der römischen und keltischen Namen hat überlebt (Köln, Mainz). Sei dem 10. Jahrhundert wurden auch von den Deutschen nach römischem Vorbild Städte gegründet. Das Städtewesen Europas verdankt sein Bild den Römern.

Peter Brown

Christentum und Imperium

Im Jahre 325 versammelte Konstantin alle christlichen Bischöfe seines Reichs in Nicäa (einer Stadt an einem stillen See unweit des Marmarameers und der kaiserlichen Straßen, die aus dem Osten kamen, heute im Besitz der Türken und von diesen Iznik genannt) zu einem „ökumenischen", nämlich „weltweiten" Konzil, dem auch Vertreter der Bischöfe Persiens beiwohnten. Damit gestattete er der christlichen Kirche, sich selbst, von Angesicht zu Angesicht, zum ersten Mal als privilegierte Trägerin eines universalen Gesetzes zu sehen. Konstantin starb im Jahre 337. Er hatte viel länger gelebt als Diokletian und sogar länger als der Kaiser Augustus. Seine Wahl eines neuen Gottes als Beschützer seines Reichs und der glänzende Erfolg seiner Regierung hätten im Jahre 300 nicht vorhergesagt werden können. Wir müssen nun einen Blick auf die christlichen Kirchen des römischen Reiches werfen, um die Bedeutung der Entscheidung Konstantins, ihren Gott zu verehren, zu verstehen.

Im Jahre 312 war das Christentum keine neue Religion mehr. Sie bestand vielmehr schon seit über 250 Jahren. Die Zeit Jesu und die Zeit des Apostels Paulus war den älteren

Zeitgenossen Konstantins schon so entlegen wie uns das Jahrhundert Ludwigs XIV. Die Christen behaupteten, daß ihre Kirche von jeher in unverändert andauerndem Konflikt mit dem heidnischen römischen Reich gestanden habe. Tatsächlich war aber nach 250 eine neue Lage entstanden. Sowohl die Kirche als auch das Reich hatten sich geändert. Das Reich machte sich nun allenthalben geltend. Die Kaiser griffen unmittelbar in lokale Angelegenheiten ein. Das Christentum wurde im ganzen römischen Reich zum Problem. Sporadische örtliche Gewaltausbrüche und Verurteilungen durch Provinzgouverneure hatte es schon früher gegeben. Jetzt folgten kaiserliche Edikte gegen die Kirche insgesamt. Die erste dieser Verordnungen wurde 250 erlassen. Die letzten Maßnahmen gegen die Christen, deren die Christen als der Großen Verfolgung gedenken, wurden im Jahre 303 von Diokletian angeordnet und dauerten in Teilen Kleinasiens, Syriens und Ägyptens elf Jahre lang an. Mit der Großen Verfolgung gelangten sowohl das neue Reich als auch die christliche Kirche zur Reife.

Auch die christliche Kirche hatte sich verändert. Sie hatte nun eine erkennbare Hierarchie mit prominenten Führern. Im Jahre 303, wie zuvor schon in den Jahren 257 und 250, griff die Regierung christliche Bischöfe, Priester und Diakone an. Die Bischöfe als Autoritätspersonen galten als besonders schuldig. So wurde 250 Cyprianus von Karthago als „Standartenträger" einer christlichen „Parteiung" hingerichtet. Wenn der Bischof nachgab, konnte man hoffen, die Loyalität einer ganzen christlichen Gemeinde zu erschüttern.

Die Kirche besaß auch ihr eigenes, universale Gültigkeit beanspruchendes Gesetz. Dies wurde ebenfalls angegriffen. Die christlichen Schriften wurden aus den Kirchen geholt und verbrannt. Man kannte sie als die eifersüchtig bewachten heiligen Schriften der Sekte. Die Dringlichkeit eines neuen Zeitalters war selbst am Format dieser Schriften schon abzulesen. Man schrieb nicht länger auf die unhandlichen Rollen der klassischen Ära. Man schrieb in *codices*,

Bücher, wie wir sie kennen, deren Form sich in jener Epoche der Reorganisation schnell durchgesetzt hatte. Sie waren kompakt und leicht mitzuführen. Die Bindung machte den Inhalt dieser Bücher einerseits – von der ersten bis zur letzten Seite – endgültig und andererseits dem in ihm Blätternden leicht zugänglich. Die *codices* waren geeignete Vehikel für das neue „Gesetz", das aus einer noch erhabeneren Quelle floß als die Edikte des Kaisers. Man konnte dieses Gesetz, so geschrieben, überall zu Rate ziehen und überall anwenden. Während die *religio* der Götter den Irrungen lokaler Erinnerung unterworfen war, brauchte man nur einen *codex* des göttlichen Gesetzes aufzuschlagen, um zu lesen, daß wer *immer anderen Göttern opfert, soll gänzlich zerstört werden.*

Endlich zerstörten die Behörden auch christliche Kirchen. Die Christen der Zeit sprachen von ihren Kirchen, als seien diese bereits höchst ansehnliche und aufsehenerregende Stätten des Gottesdienstes gewesen, „große Versammlungen, die sich in jeder Stadt drängten". Diese Vorstellung scheint ihren Wünschen aber mehr als den Tatsachen entsprochen zu haben. Die christlichen Kirchen des 3. Jahrhunderts sind wahrscheinlich meist verhältnismäßig bescheidene Räumlichkeiten gewesen, in bereits vorhandenen Bauten eingerichtete Versammlungssäle etwa. Die in den dreißiger Jahren des 3. Jahrhunderts auf diese Weise eingerichtete Kirche in Dura Europos am Euphrat faßte kaum mehr als 70 Gläubige, während die von dieser Kirche nur hundert Schritte weit entfernte jüdische Synagoge ein großes Gebäude war, mit Fresken geschmückt, welche die Taten des Moses und andere Helden Israels zeigten, und Sitze für wenigstens 120 Beter hatte.

Die spätere christliche Basilika in Aquileia maß 37,4 × 20,4 Meter und hatte Platz für eine Gemeinde von 750 Personen. Zur gleichen Zeit wurde die Synagoge von Sardes errichtet, ein prächtiges Gebäude über einem Grundriß von 80 × 120 Metern, in dem mindestens 1500 Gläubige Platz fanden. Das Gebäude bewies die Existenz einer alteingesessenen jüdischen Gemeinde, aus deren Sicht die Christen nur als entfremdete, arme Verwandte zu würdigen waren. Worauf es aber ankam, war, daß in den Augen der Christen die christlichen Kirchen Orte des Wachstums der Gemeinde waren. Die Kirchen hießen Konvertiten willkommen und erwarteten, daß diese treu blieben. Wer ihre Wände niederlegte, suchte also eine Institution zu zerstören, die sich nicht nur durch ihre innere Festigkeit und ihre Exklusivität auszeichnete, sondern überdies, wie weithin wahrgenommen wurde, in rasantem Wachstum begriffen war.

Die Kirche, der im Jahre 312 Konstantin Frieden brachte, war eine komplexe Körperschaft. Es läßt sich nicht feststellen, wie viele Christen es zu dieser Zeit im römischen Reich gab. Man hat aber angenommen, daß damals schon zehn Prozent der Bevölkerung des Reichs dieser exklusiven Religion angehörten, die vornehmlich in Syrien, in Kleinasien und in den Großstädten des Mittelmeerraumes lebten. Jedenfalls entspricht der spätere romantische Mythos, demzufolge die Christen eine ständig verfolgte und buchstäblich in den Untergrund getriebene Minderheit waren, nicht den damaligen Tatsachen. Auch der moderne Mythos, der die Ausbreitung des Christentums als den Aufstieg einer Religion der Unterprivilegierten beschreibt, hat in den Tatsachen wenig Rückhalt.

Jedenfalls waren die christlichen Kirchen des 3. Jahrhunderts keine Orte, wo das Unterste zuoberst gekehrt wurde. Den Zeitgenossen kam es auf die Botschaft an, die in ihnen gepredigt und durch sie durchgesetzt wurde. Diese betraf Erlösung und Sünde. Und in dieser Hinsicht erwies sich das Christentum als ungewöhnlich demokratische und zukunftsträchtige Bewegung. Es fällt uns heutzutage (da unsere Vorstellungen von Jahrhunderten christlicher Sprache geprägt sind) nicht mehr leicht zu begreifen, wie neu einst die Anschauung war, daß jeder Mensch dem gleichen universalen Gottesgesetz untergeben und zur Erlösung durch die triumphierende oder bemühte Überwindung der Sünde kraft der dauernden und exklusiven Mitgliedschaft in einer einzigartigen religiösen Gruppe gleichermaßen befähigt sei.

Anders als die rücksichtslos individualistische Selbstreinigung des Philosophen war das Verfahren gegen die „Sünde" ein gemeinschaftliches Anliegen. Sünde konnte in Gerechtigkeit verwandelt werden durch Gott geleistete Wiedergutmachung. Und diese Wiedergutmachung war keine rein persönliche Angelegenheit. Es war vielmehr die kleine christliche Gemeinde, häufig vereint in den engen Räumen ihrer Kirche, die mit ihren Gebeten für jeden einzelnen bei Gott Fürsprache einlegte und die praktisch darüber befand, wie, wann und sogar ob überhaupt eine solche Wiedergutmachung möglich sei. Man erwartete, bei jeder christlichen Versammlung ergreifende Szenen moralischer Exorzismen zu erleben, wenn notorische Sünder Buße taten. So mochte etwa ein Ehebrecher „mitten unter die Brüder geführt werden und sich in Sack und Asche niederwerfen, ein Bild der Schande und des Schreckens [...] jedermanns Tränen erbettelnd, die Fußspuren der Brüder leckend und ihre Knie umklammernd". Wenn auch solche Schauspiele vielleicht nur selten vorkamen, zeigten sie doch, daß hinsichtlich der Sünde die Christen keinen Spaß verstanden.

In den meisten Kirchen wurde mangels eines anderen Kandidaten der Bischof mit der Behandlung der Sünde betraut. Die Anwendung des christlichen Begriffs moralischen Wandels auf so verschiedenartige Gemeinschaften, deren Angehörige aus so vielen verschiedenen Vergangenheiten kamen, steigerte das Bedürfnis nach einem einzigen und maßgebenden Richter der Sünde. Und unterstützt von seiner Geistlichkeit nahm der Bischof das Amt eines solchen auf sich. Er war die personifizierte ermittelnde Gnade Gottes: „Zuvor richte streng, und sodann empfange [...]. Befehle dem Sünder hereinzukommen [...], prüfe ihn [...] und schreibe ihm Fasttage vor."

Von ihrem Bischof beurteilt und durch die Gebete ihrer Glaubensgenossen unterstützt, konnten die einzelnen Christen ermessen, welche Wiedergutmachung sie Gott schuldig waren für die vielen Schwächen, die sie noch an die Welt fesselten, das heißt an die außerhalb der Kirche noch mächtige Gegenwart einer Gesellschaft, die noch im dunklen Schatten der Dämonen lag. *Deine Buße soll bei dir sein, und du sollst Macht haben über sie.*

Buße erforderte konkrete und öffentlich sichtbare Taten der Wiedergutmachung. Die Christen hatten aus dem Judentum die Übung übernommen, „für die Vergebung der Sünden" Almosen zu geben. Der Begriff des Almosengebens als eines Beweises der Reue erlaubte den Gebrauch weltlicher Güter im Rahmen eines neuen Systems religiöser Welterklärung und sorgte auf diese Weise dafür, daß „in der Welt" gewonnener Reichtum ohne unangebrachte Bedenken von der Kirche genutzt werden konnte. Selbst die ärmsten Mitglieder der christlichen Gemeinde waren an dieser Mobilisierung des Reichtums beteiligt. Die Christen waren wie die Juden überwiegend fleißige Städter. Ihre schwer verdienten Münzen „sammelten Schweiß in der Handfläche", ehe sie für verdienstliche Zwecke gespendet wurden. Aber jeder Gläubige war verpflichtet zu geben. Wie ein Rabbi bemerkt, war der durch Almosen erworbene „Brustpanzer der Gerechtigkeit" nach Art der Schuppenpanzer der Reiterei des 3. Jahrhunderts zusammengesetzt aus den zahllosen kleinen Münzen, die häufig von gewöhnlichen Gläubigen gegeben wurden. So waren im Gegensatz zu den Städten und ihren stolzen Tempeln die christlichen Kirchen nie gänzlich abhängig von wenigen reichen Spendern, die jederzeit ihr ganzes Vermögen verlieren konnten, wie es im Laufe der Krise des 3. Jahrhunderts vielen heidnischen Schreinen geschah.

Das Almosengeben war in jener Zeit keine kalte Finanztransaktion, sondern sprach tiefbegründete Strukturen des Imaginären an, die es als vollkommenen Ausdruck der Buße erscheinen ließen. Wenn das Almosen den Elenden am äußersten Rande der Gemeinschaft zukam, vergegenwärtigte der Akt des Almosengebens die allumfassende Sorge Gottes für die gesamte Menschheit. Die völlige Uneigennützigkeit einer Gabe an solche, die, wie die Bettler, zu keiner Gegenleistung fähig waren, setzte die großartige Transzendenz Gottes ins hellste Licht: „Diejenigen, die den Menschen unnütz sind, sind Gott nützlich." Man glaubte, daß die dem Armen gnädig dargebotene Hand die Gebärde nachahmte und anregen mochte, die der Sünder vor allem von Gott erhoffte – daß auch seine Hand ihm, dem Sünder, mit der höchsten Gabe der Vergebung dargeboten werden möchte. Solche Almosen wurden regelmäßig gegeben, weil Sünden regelmäßig begangen wurden. Denn Reichtum und Sünde wurden in den gleichen Begriffen verstanden, beide wurden aufgefaßt als ein stilles Wachstum des Überflüssigen. Überschüssiger Reichtum sammelte sich bei einem Christen im Laufe der Erfüllung seiner gewöhnlichen Pflichten „in der Welt" fast so unmerklich an, wie Staub sich in den Ecken eines Hauses sammelt. Ein solcher Überschuß konnte nicht besser verwendet werden als zur Wiedergutmachung für jene „Sünden des Fleisches", die gleichfalls auf kaum wahrnehmbare Weise wie das Barthaar am rasierten Kinn aus der Schwäche der menschlichen Natur nachwuchsen.

Dank der Vorstellungen, die das Geben in den Mittelpunkt der alltäglichen Religionsausübung der christlichen Gemeinde rückten, waren die Kirchen gegen Ende des 3. Jahrhunderts bemerkenswert solide und wohlhabende Körperschaften. Man wußte, daß Christen für ihresgleichen sorgten. Die Kirchen hatten Einrichtungen zur Betreuung der Menge der schutzlosen und vom Unglück verfolgten Glaubensgenossen geschaffen, die sich wie eine dicke Borke um jede christliche Gemeinde legten. Im Jahre 304 stellte eine kaiserliche Untersuchungskommission fest, daß die verhältnismäßig kleine christliche Kirche von Cirta (einem Ort in der Nähe von Constantine im heutigen Algerien) einen Vorratsraum besaß, in dem 16 Hemden für Männer, 38 Schleier, 82 Kleider und 47 Paar Pantoffeln für Frauen sowie 11 mit Wein und Öl gefüllte Behälter verwahrt gefunden wurden. Da die Christen Almosen mit Vorliebe Personen am äußersten Rand ihrer eigenen Gemeinschaft gaben, mochte man wohl annehmen, daß die Kirche bestrebt war, die gesamte örtliche Gesellschaft zu umfassen, einschließlich der Fremdlinge und Bettler. Im Jahre 251 unterhielt die christliche Kirche in Rom von den Gaben der Gläubigen 154 Angehörige der Geistlichkeit (von denen 52 Exorzisten waren) und versorgte 1500 Witwen, Waisen und mittellose Personen. Die Mittellosen allein waren zahlreicher als die gesamte Mitgliedschaft der meisten Berufsverbände der Stadt, und die Geistlichkeit bildete eine Körperschaft, die so groß und selbstbewußt war wie der *rondo,* der Stadtrat, einer beliebigen kleineren Stadt.

In dieser einen, jedoch entscheidenden Hinsicht hatte die christliche Kirche schon damals eine Stellung inne, die in keinem angemessenen Verhältnis zu dem Anteil der Christen an der Gesamtbevölkerung des römischen Reiches stand. Die polytheistische Gesellschaft bestand aus unzähligen kleinen Zellen, und obwohl alter Brauch sie stützte, war sie doch so empfindlich und brüchig wie eine Bienenwabe. Im Gegensatz dazu brachte die christliche Kirche Aktivitäten, die unter dem alten System der *religio* voneinander getrennt gehalten worden waren, auf eine Weise in Zusammenhang, daß sie einer kompakten und sogar massiven Verbindung von Verpflichtungen zu entsprechen schienen. Moral, Philosophie und Ritual wurden als innig miteinander verbundene Gegenstände behandelt. Alle waren Teil der „Religion". Alle waren in ihrer einzig wahren Form nur innerhalb der christlichen Kirche anzutreffen. In der polytheistischen Welt dagegen sah man diese als durchaus voneinander getrennte Tätigkeitsbereiche. Selbstvervollkommnung und die Suche nach Wahrheit hatten in einer deutlich bestimmten sozialen Nische ihren Ort. Mit dergleichen beschäftigten sich vor allem vornehme Leute. Weder Philosophie noch Moral schuldete den Göttern viel. Es handelte sich dabei vielmehr um rein menschliche Aktivitäten, die von Menschen gelehrt und von Menschen durchgesetzt wurden. In den christlichen Kirchen aber war Philosophie von der Offenbarung abhängig, und die Moral ging in der *religio* auf. Die Verpflichtung zur Wahrhaftigkeit und moralischen Besserung galt als bindend für alle Gläubigen ohne Rücksicht auf deren Klassenzugehörigkeit oder Bildungsstand.

Die Geldzirkulation hielt bei den Christen zudem einen rein religiösen Prozeß von Sünde und Wiedergutmachung in Gang. Reichtum wurde auf einer Basis von nie zuvor gesehener Breite verteilt zum Aufbau einer einzigen religiösen Gemeinschaft. Er wurde an den Rändern der Kirche verteilt auf eine Weise, die vermuten ließ, daß die christliche Gemeinschaft imstande sein mochte, sich bis in die fernsten Bereiche der römischen Gesellschaft auszudehnen.

Als also nach 312 ein Strom von Verordnungen und persönlichen Briefen zugunsten der Christen sich aus Konstantins Palast ergoß, wurden diese von der fraglichen religiösen Gruppe, die ihren Vorteil stets zu ergreifen wußte, auf das Nutzbringendste verwendet. Wenn, wie das Sprichwort meint, Gott denen hilft, die sich selbst helfen, so hatte allerdings die christliche Kirche, die sich im Laufe des 3. Jahrhunderts entwickelt hatte, das „Wunder“ an der Milvischen Brücke mehr als verdient.

Herwig Wolfram

Die Wanderung der germanischen Völker oder die Umgestaltung der römischen Welt

Spätestens seit den Humanisten und der Renaissance werden die Germanen, unter ihnen vor allem Goten, Vandalen,

Franken und Langobarden, für die Eroberung, Zerstörung, ja Ermordung des Römerreiches verantwortlich gemacht. Um dieses Phänomen zu beschreiben, wurde am Ende des 18. Jahrhunderts mit Hilfe der humanistischen Wortschöpfung *migratio gentium* der Begriff „Völkerwanderung" geprägt. Damit verbunden war die Vorstellung von katastrophalen Barbareninvasionen unter der Führung von Heerkönigen, wie dem Westgoten Alarich I. (391/95–410), dem Ostgoten Theoderich den Großen (471–526), dem Vandalen Geiserich (428–477), dem salfränkischen Merowinger Chlodwig (481–511) oder dem Langobarden Alboin (560/61–572), die auf dem Boden des zerfallenden Römerreichs ihre barbarischen Regna gründeten. Angenommen, wir wüßten nichts von den tatsächlichen Vorgängen und kennten bloß die ungefähren Zahlen der römischen Bevölkerung wie der ins Imperium eingedrungenen Germanen. Der Schluß müßte lauten: 100 000 bis 120 000 Westgoten, von denen ein Fünftel das Heer ausmachten, hätten ein römisches Territorium von einer Dreiviertel Million Quadratkilometern und 10 Millionen Einwohnern unterworfen. Eine Kriegerschar von höchstens 25 000 aus insgesamt höchstens 150 000 Ostgoten hätte sich der italischen Präfektur bemächtigt, die zwar an Umfang kleiner als die gallische war, aber eine Bevölkerungszahl von 10–12 Millionen Menschen besaß. 80 000 Menschen umfaßte der Stammesbund, den Geiserich nach Afrika führte; davon hätten etwa 15 000 Krieger das städtereiche römische Afrika erobert, das ohne Ägypten damals wohl noch 3 Millionen Einwohner hatte. In Gallien machten nach den Eroberungen durch Chlodwig und seine Nachfolger die Franken etwa 2 Prozent der Gesamtbevölkerung aus, was ein Verhältnis von 6 oder 7 Millionen Römern zu 150 000 bis höchstens 200 000 Franken bedeutete.

Rein der Zahl nach sind solche Inbesitznahmen als Eroberungen heute unvorstellbar geworden, mögen auch die Barbarenheere, was sicher nicht überall der Fall war, in einem bestimmten Raum die einzige reguläre bewaffnete Macht dargestellt haben. Außerdem waren die germanischen Heere in Wirklichkeit weit mehr damit beschäftigt, einander zu bekämpfen als die Römer zu unterwerfen. Die Franken haben Gallien nur zu einem kleinen Teil den Römern abgenommen. Theoderich der Große errang seine größten Siege ausschließlich über germanische Konkurrenten und konnte zeit seines Lebens keiner einzigen energisch geführten römischen Armee standhalten. Das gleiche gilt von Alarich und Geiserich, von Alboin und den meisten anderen Germanenkönigen.

Hat daher der Deutungsversuch, der den Germanen die zentrale Bedeutung für den Untergang Roms zuschrieb, schon seit langem viel von seiner Überzeugungskraft eingebüßt, so sind wir heute als Zeitzeugen des Zerfalls einer kolonialen Weltmacht umso eher in der Lage, einen vermeintlichen Untergang als Umgestaltung, Transformation, ja als noch so schmerzliche Neuordnung zu begreifen. Oder mit anderen Worten, ebensowenig wie Litauen oder die drei baltischen Republiken zusammen die Sowjetunion erobern und zerstören konnten, war dies den Goten gegenüber dem Imperium Romanum möglich gewesen. Aber die verhältnismäßig kleinen politischen Einheiten haben heute wie damals an der Umgestaltung der Reiche ihrer Zeit maßgeblich mitgewirkt.

Zweifellos ist die Geschichte der Goten, Vandalen, Franken und Langobarden vielfach eine Geschichte von Krieg, Blutvergießen und Verwüstung gewesen. Trotzdem waren die Beziehungen des Römerreichs mit den Barbaren viel eher eine Geschichte von Verträgen als eine der militärischen Konfrontation. Die barbarischen Königreiche wurzelten zwar in außerrömischen Traditionen, aber sie waren vertraglich festgelegte, römische Institutionen, deren Inhaber – mit vizekaiserlicher Macht ausgestattet – römische Militärfunktionen ausübten. Daher waren die Barbarenheere auf römischem Boden für gewöhnlich auch römische Föderatenheere. Als Nachfolger der römischen Armee besaßen sie das Recht auf Machtübertragung, allerdings unter der Einschränkung, daß germanische Kriegsvölker keinen Kaiser, dafür aber einen König erhoben. Vom Standpunkt der spätrömischen Verfassung stellten daher die barbarischen Königreiche den – zumindest zeitweise gelungenen – Versuch dar, Theorie und Praxis der spätantiken Staatlichkeit zu versöhnen. Selbst ein spätantiker Geschichtsschreiber, mag er auch noch so sehr über *The Decline and Fall of the Roman Empire* (so der Titel des berühmten Buches von Edward Gibbon, 1737–1794) geklagt haben, hätte niemals daran gezweifelt, daß die barbarischen Königreiche zum politischen System des Reiches gehörten. Sie waren keine in das Imperium verlagerten barbarischen Staatsgefüge, sondern nur innerhalb der römischen Reichsgrenzen möglich. Mag ihre Dauerhaftigkeit auch verschieden und ihr Rang niederer gewesen sein, so waren sie doch in gleicher Weise wie Byzanz die Erben des einzigen Imperium Romanum. Zu diesen Erben gestellten sich im 5. und 6. Jahrhundert die Slawen und die Araber, die sowohl die Barbarenreiche wie Byzanz bedrängten und regional verdrängten.

Man fragt sich mit Recht, wieso die westliche Reichsregierung ihr Spiel verlor, während der Osten erstaunliche Überlebenskraft bewies. Quantifizieren ist heute eine beliebte Beschäftigung, die mitunter tatsächlich erstaunliche Einsichten bietet. Die Quellengrundlage ist freilich für die Frühzeit sehr dürftig. Nach derselben Methode und vor allem aus denselben Quellen erzielte Ergebnisse lassen sich jedoch miteinander vergleichen und besitzen daher einen relativen Erkenntniswert. Schätzt man das Konstantinopel der Zeit um 500 auf 300000 bis 500000 Menschen, so nimmt man für das gleichzeitige gotische Toulouse bloß 15 000 Bewohner an. Das heißt aber mit anderen Worten, daß in der Hauptstadt des Westgotenreichs und damit des Großteils der einstigen gallischen Präfektur weniger Menschen wohnten, als das auf etwa 20 000 Mann geschätzte Gotenheer betrug. Hingegen lebten in Konstantinopel mehr Menschen, als die gesamte römische Streitmacht zu irgendeinem Zeitpunkt umfaßte.

Diesem demographischen Beispiel entspricht eine ökonomische Beobachtung. Nach Theoderichs des Großen Tod erbte seine Tochter Amalasuintha – abzüglich des zurückgegebenen westgotischen Königsschatzes – 40000 Goldpfund. Diese Summe entsprach zwei Jahresbudgets des weströmischen Reiches der Mitte des 5. Jahrhunderts. Den 20 000 Goldpfund des Westens standen jährliche Einnahmen des Ostreichs von geschätzten 270000 Goldpfund gegenüber, wovon 45000, also weit mehr als doppelt so viel wie das gesamte westliche Jahresbudget und mehr als Theoderichs Erbe, für die Erhaltung der Armee verwendet werden konnte. Daher nimmt sich auch die Summe von 40000 Goldpfund, die Theoderich der Große in 33 Jahren ungestörter italischer Herrschaft erwirtschaftete, gegenüber dem achtfachen Betrag, den 320000 Goldpfund, die sein Zeitgenosse, Kaiser Anastasius I., nach 27jähriger Herrschaft hinterließ, mehr als bescheiden aus.

Zahlen dieser Art erklären selbstverständlich nicht alles, aber sie veranschaulichen, warum der Westen während des späten 4. und im Verlauf des 5. Jahrhunderts zum territorialen wie institutionellen Juniorpartner Konstantinopels herabsank. So wären um 450 etwa 60 Prozent des jährlichen Steueraufkommens des Westreichs, aber nicht einmal 5 Prozent des östlichen Budgets für die Erhaltung von 30000 Elitesoldaten auszugeben gewesen. Mit einer Armee dieser Stärke hätte aber das Westreich – mit Aussicht auf Erfolg – entweder nur in Gallien oder in Afrika eingreifen können. Beides gleichzeitig wäre nicht möglich gewesen.

Hätte die westliche Reichsregierung den für 30000 Mann nötigen Betrag von zwölfeinhalbtausend Goldpfund aufgebracht, so wären ihr jedoch bloß die gleichen Mittel zur Verfügung gestanden, die drei reiche, jedoch keineswegs superreiche italische Senatoren jährlich von ihren Gütern erwarten konnten. Das Mißverhältnis von öffentlicher Armut – verschuldet durch eine falsche Wirtschaftspolitik – und unverändert hohem privaten Reichtum (Alexander Demandt) zwang daher das Westreich, neue Formen der Staatlichkeit anzuerkennen. Am Beginn dieser Entwicklung stand die Abtretung der provinzialen Steuerleistung in denjenigen Gebieten, in denen die Barbarenheere unter Führung ihrer Könige angesiedelt wurden. [...]

Die Ostgoten

Von den einen Quellen König der Greutungen, von den anderen König der Ostrogothen genannt, beherrschte um die Mitte des 4. Jahrhunderts Ermanerich ein riesiges Reich, dessen Kerngebiet in der Ukraine lag und das von dort die Weiten des russischen Raumes bis in das Baltikum und zu den Goldbergen des Urals in mehr oder weniger loser Abhängigkeit hielt. Ermanerich gab sich selbst den Tod, als er dem Einbruch der Hunnen (375) nicht widerstehen konnte. Die Mehrheit der Ostrogothen unterwarf sich den Hunnen; doch dauerte es ungefähr noch ein Jahr, bis die letzten freien Ostrogothen entweder ebenfalls unterjocht oder abgezogen waren.

Allerdings wurde auch das von den Hunnen abhängige Volk nach Westen in Marsch gesetzt und nahm wahrscheinlich die von den Vesiern (= westlichen Goten) weitgehend geräumten Gebiete am linken Ufer der unteren Donau und im südlichen Siebenbürgen ein. Unter Attila (gestorben 453) zogen Ostgoten unter der Führung der Vatergeneration Theoderichs des Großen gegen Gallien und nahmen an der Völkerschlacht auf den Katalaunischen Feldern (451) teil. Einer der Verwandten Theoderichs soll den Speer geworfen haben, der den Westgotenkönig Theoderid, der auf römischer Seite unter dem Feldherrn Aetius kämpfte, tötete.

Nach dem Zusammenbruch des Hunnenreichs (456/57) gelang es auch den Ostgoten, als Föderaten ins Römerreich aufgenommen zu werden und an Save und Drau ein, obgleich kurzlebiges Königreich zu gründen. Spätestens hier in Pannonien wurde der Großteil der Ostgoten Arianer. Noch in der Hunnenzeit kam Theoderich der Große im Jahre 451 zur Welt.

Zwischen seinem achten und achtzehnten Lebensjahr lebte Theoderich als Geisel am Kaiserhof zu Konstantinopel. Kurz nach seiner Rückkehr im Jahre 469 zogen die Ostgoten aus Pannonien ab und versuchten, in der Nähe Konstantinopels ein dauerhaftes Föderatenreich zu errichten. Nach dem Tod seines Vaters im Jahre 474 wurde Theoderich zum König erhoben; doch ließ der durchschlagende Erfolg lange auf sich warten. Die Jahre von 474 bis 488 sind voller Wirren und Kämpfe, voller scheinbar sinnloser Kriegszüge durch die gesamte Balkanhalbinsel, voller leerer Versprechungen und gebrochener Verträge. Am 1. Jänner 484 trat er in Konstantinopel den Konsulat an, wurde Heermeister und *patricius* und schloß im Sommer 488 mit Kaiser Zenon den folgenschweren Vertrag, wonach er Odoaker, der 476 den letzten weströmischen Kaiser gestürzt und vom italischen Föderatenheer zum König erhoben worden war, aus Italien vertreiben und dort für den Kaiser so lange herrschen sollte, bis dieser selbst ins Land käme. Dieser Vertrag bildet die Grundlage des italischen Ostgotenreichs, der glanzvollsten, obgleich wenig dauerhaften gotischen Staatsgründung.

Als Theoderich am 30. August 526 an der Ruhr starb, waren alle Versuche gescheitert, von Byzanz aus eine dauerhafte vertragliche Sicherung der amalischen Herrschaft zu erreichen. Die Folge war, daß die Nachfolger Theoderichs aus der Amaler-Familie (Amalasuintha, Athalarich, Theodahad) den Krieg mit Konstantinopel nicht verhindern konnten. Im Jahre 536 wurde Vitigis als erster Nicht-Amaler zum König gewählt, um die drohende Vernichtung der Ostgoten abzuwenden. Vier Jahre später mußte auch Vitigis sein Scheitern durch die Kapitulation vor dem kaiserlichen Feldherrn Belisar eingestehen. Der Krieg zwischen dem Reich und den Ostgoten war jedoch damit noch lange nicht beendet. Der wohl 542 zum König erhobene Totila konnte – mit Ausnahme Ravennas – fast das gesamte Herrschaftsgebiet Theoderichs zurückerobern. Aber Ende Juni, Anfang Juli 552 verlor er auf der Hochebene der Busta Gallorum Schlacht und Leben gegen die zahlenmäßig überlegenen und auch taktisch besser geführten Truppen des kaiserlichen Feldherrn Narses. Darauf folgte ein kurzes Nachspiel, das im Oktober 552 zwischen Salerno und Neapel sein Ende fand. Hier, am „Milchberg", verlor der letzte Ostgotenkönig Teja die letzte Schlacht seines Volkes gegen Narses. Die meisten Ostgoten unterwarfen sich dem kaiserlichen Feldherrn, der sie auf ihre Güter entließ, sofern sie treue Untertanen des Kaisers zu werden versprachen. Man erfährt nichts davon, daß sie ihr Versprechen gebrochen hätten. Das ostgotische Königreich erlosch und konnte nicht mehr erneuert werden; Mythos und Sage nahmen sich seiner an.

Peter Brown

Severinus von Norikum

Überall in Westeuropa brach im Laufe des 5. Jahrhunderts die Militärgrenze des römischen Reichs zusammen. Ein Heiligenleben aus dieser Zeit gibt nebenher etliche farbige Einzelheiten dieses Vorgangs. Das Leben des hl. Severinus, von dem dessen Hagiograph berichtet, hatte Noricum zum Schauplatz, das Ostalpengebiet östlich vom Inn: „Zu der Zeit, als das römische Reich noch bestand, wurden die Soldaten vieler Städte mit öffentlichen Geldern besoldet, um den Schutz der Grenze zu versehen. Als diese Einrichtung erlosch, wurden die militärischen Verbände aufgelöst, und die Grenze verschwand. Die Garnison in Passau jedoch hielt noch aus. Einige der Männer waren nach Italien gereist, den letzten Sold für ihre Kameraden zu holen. Aber niemand wußte, daß diese unterwegs von Barbaren getötet wurden. Eines Tages, da er eben lesend in seiner Zelle saß, schloß der hl. Severinus plötzlich das Buch und begann zu seufzen [. . .]. Der Fluß [sagte er] war nun rot von Blut. Und in diesem Augenblick kam die Nachricht, daß der Strom die Leichen der Soldaten ans Ufer geschwemmt hatte."

Severinus war ein Heiliger der offenen Grenze. Als Einsiedler kam er nach Noricum um das Jahr 454, ein geheimnisvoller Fremder, dessen Herkunft niemand kannte. Manche hielten ihn für einen flüchtigen Sklaven. Doch er sprach lateinisch wie ein Römer der Oberschicht. Bis zu seinem Tode im Jahr 482 wanderte er an den Ufern der Donau von einer kleinen, ummauerten Stadt zur anderen, rief zur Buße, organisierte Abgaben zur Unterstützung der Armen und prangerte Leute an, die in Zeiten der Hungersnot Getreide horteten.

An der Donau lebte der *Romanus* hinter Stadtmauern. Die Städte waren klein und hatten kleine Christengemeinden. Die Kirche in Lorch hatte kaum für zweihundert Gläubige Platz, die Kathedralen in Gallien waren fünfmal so groß. Für die Bewohner dieser Städte gehörte das römische Reich schon einer ziemlich entlegenen Vergangenheit an. Was ihr Leben mehr als der Untergang des römischen Reiches verändert hatte, war der Zusammenbruch des Reichs der Hunnen. Denn die Macht der Hunnen hatte die nördlich der Donau wohnenden Stämme in Schach gehalten. Das Ende ihrer Herrschaft über dieses Gebiet gab kleinen barbarischen Stämmen die Freiheit, über den Fluß in die „römischen" Gebiete südlich der Donau einzuwandern.

Die Beziehungen der *Romani* zu diesen Einwanderern waren zwiespältig. Wie man im 19. Jahrhundert von den Berghäuptlingen im östlichen Anatolien sagte, daß sie die Dörfer des Flachlands als ihr „Essen" ansähen, ließen sich auch diese Stämme – so in der Gegend von Lorch die Rugier – auf ehemals römischem Gebiet nieder, um von dessen Städten zu „essen". Sie wollten diese Städte keineswegs zerstören, vielmehr boten sie deren Bewohnern gegen Tribut und gelegentliche Dienstleistungen einen gewissen, allerdings nur sehr willkürlich und unzuverlässig gewährten Schutz. Die Bewohner dieser Städte waren „ihre" Römer. Wenigstens waren sie bestrebt zu verhindern, daß diese von einem anderen, mit ihnen rivalisierenden Stamm „gegessen" wurden.

Severinus blieb den Bewohnern der römischen Städte an der Donau in gutem Andenken, weil er es verstand, dafür zu sorgen, daß diese Vereinbarung auch eingehalten wurde. Er konnte bei den miteinander rivalisierenden Königen Autorität geltend machen. Gibuldus, König der Alemannen, zitterte vor ihm: „Der König erklärte seinen Bewaffneten, daß er nie zuvor, weder in der Schlacht noch in sonst einer Gefahr, von so heftigem Zittern ergriffen worden sei."

Sie trauten dem unheimlichen Eremiten Macht über ihre Geschicke zu. Er sagte den Aufstieg eines der germanischen Krieger, die ihm in Noricum begegneten, zur Herrschaft voraus. Tatsächlich sollte jener Odoaker, dem er das verhieß, später als General den letzten weströmischen Kaiser, Romulus Augustulus, absetzen und dann, von 476 bis 493, Italien beherrschen: „Damals war er ein junger Mann, hochgewachsen und ärmlich gekleidet. Er bückte sich, um nicht an die Decke seiner [des Severinus] Zelle zu stoßen [. . .] ‚Geh nach Italien' [sagte der Heilige], ‚geh jetzt in gemeine Häute gehüllt, bald wirst du vielen reiche Geschenke machen.'"

An der Grenze zählten religiöse Unterschiede, die den Stadtbevölkerungen des Mittelmeerraumes so wichtig waren, wenig. Severinus gewährte seinen Segen allen Stammeshäuptlingen, gleichviel ob diese katholisch, arianisch oder heidnisch waren. Was mehr zählte, war Sicherheit. Da es ihnen stets an Arbeitskräften, zumal an tüchtigen Handwerkern fehlte, bemächtigten sich die jenseits der Grenze verbliebenen Barbaren der benötigten Gastarbeiter bei den *Romani.* Das Leben der Zivilisierten an jener Grenze stand unter der ständigen Furcht vor den Einfällen germanischer Menschenräuber. Die *Romani*, von denen man „aß“, als Sklaven zu verkaufen oder sie in die Wälder Mährens zu verschleppen galt als der frevelhafteste Bruch des stillschweigenden Übereinkommens zwischen den Bewohnern der Städte an der Donau und ihren barbarischen Beschützern. Die Rugierkönigin Giso machte sich dieses Frevels schuldig. Sie wurde schnell dafür bestraft. Ihr Sohn Friderichus verirrte sich in ein Blockhaus, wo gefangene ausländische Handwerker Schmuck für die königliche Familie fertigten. Sie ergriffen ihn und hielten ihn als Geisel, um die Freilassung zu erzwingen.

Die Anekdote gestattet einen Blick auf den hohen Preis, den viele für die brüchigen neuen Gesellschaften zu zahlen hatten, die entstanden, als die „römische“ und die „barbarische“ Seite der Grenze sozusagen implodierten, um neue kulturelle und soziale Einheiten zu bilden. Der Verfasser der Biographie des Severinus konnte sich selbst diesen Blick schon aus sicherer Entfernung gestatten. Denn als Eugippius, ein Flüchtling aus Noricum, im Jahre 511 das *Leben des Severinus* schrieb, war er bereits der Abt eines Klosters am Golf von Neapel. Ein vornehmer Nachbar und Gönner des Klosters war kein anderer als der einstige Kaiser Romulus Augustulus, der jetzt eine reichliche Pension verzehrte, übrigens in einer Villa, die noch den Namen eines früheren Besitzers trug, nämlich des berühmten Feinschmekkers des augusteischen Zeitalters Lucullus. Eine Erzählung vom Ende römischen städtischen Lebens an der fernen Donau konnte hier dazu dienen, das Gefühl der Sicherheit zu steigern, die in Italien noch herrschte.

Tatsächlich waren nur die wohlhabenderen Städter aus den Grenzgebieten nach Italien emigriert. Noch jahrhundertelang wurden bei der Kirche des Severinus in Lorch christliche *Romani* geringen Standes begraben. Ihr Christentum, der klerikalen Führung beraubt, wurde eine Volksreligion in so starkem Maße, daß Erinnerungen an spezifisch frühchristliche und spätrömische Bräuche – wie die öffentliche Buße – in slowenischen Volksliedern bis in die neueste Zeit überlebten. Im alpinen Hinterland Noricums, fern der gefährlichen Ufer der Donau, wurden große Basiliken, flankiert von Pilgerhospizen und Wallfahrtsschreinen, die exotische Reliquien enthielten, noch lange nach dem Tod des Severinus gebaut. Auf der schmalen Kuppe des Hemmabergs, an der Save in Kärnten, standen nicht weniger als fünf große Kirchen. Dort befand sich ein vielbesuchter Wallfahrtsort, vielen anderen ähnlich, die es im späten 5. Jahrhundert überall in der christlichen Welt gab, vom Schrein des hl. Albanus in Britannien über den des hl. Martin in Tours bis zu den damals noch neuen Schreinen des hl. Symeon Stylites im nördlichen Syrien und des hl. Menas in Ägypten, Römer und Barbaren, vermutlich auch Katholiken und Arianer trafen sich an solchen Orten, um Reliquien zu verehren, die dort über alten Heilquellen ausgestellt waren.

Herwig Wolfram

Die Burgunder

1. Was heißt Burgund?

„Uns ist in alten maeren wunders viel geseit“, so beginnt das Nibelungenlied, dessen Stoff noch um 1200 an der österreichischen Donau einen unbekannten Dichter derart fesselte, daß er die „alten herrlichen Geschichten“ von der „Nibelunge Not“ in epische Form brachte. In der zweiten Strophe des Liedes heißt es: „Ez wuohs in Burgonden ein vil edel magedîn, [. . .] Kriemhilt geheizen.“

Als die Dichtung entstand, waren nahezu sieben Jahrhunderte vergangen, seitdem der letzte Burgunderkönig fränkischer Übermacht zum Opfer gefallen war, und fast acht Jahrhunderte, seitdem das Königsgeschlecht der Gibikungen (Nibelungen?) seinen Untergang gefunden hatte. Und dennoch war Burgund nicht bloß ein Begriff der Sage geworden, sondern eine Wirklichkeit geblieben, deren Ende um 1200 nicht abzusehen war.

Burgund wurde 534 Teil des fränkischen Merowingerreiches, bildete schon bald darauf neben Neustrien und Austrasien eines der „Drei Reiche", auf die sich die spätmerowingische Herrschaft im 7. Jahrhundert mehr und mehr reduziert hatte, und blieb eines dieser drei Kernlande, in denen sich der Aufstieg der Karolinger zum Königtum vollzog. Burgund sollte das Seine dazu beitragen, daß dem neuen Herrschergeschlecht die glanzvolle Wiederherstellung und Ausbreitung des Frankenreiches gelang, bis Karl der Große zum Kaiser gekrönt wurde.

Als die späten Karolinger ihrerseits den Weg der merowingischen Vorgänger gehen und die Herrschaft an Stärkere abgeben mußten, teilten sich nicht nur das karolingische Imperium, sondern auch die burgundische Tradition und das burgundische Territorium: Das Herzogtum Burgund mit der Hauptstadt Dijon bildete eines der „territorialen Fürstentümer", der *principautés territoriales*, aus denen das westfränkisch-französische Königreich bestand. An der Rhône und der Saône breitete sich dagegen ein Königreich Burgund aus, das zwischen 888 und 1032 als selbständiges Regnum seine alte Staatlichkeit als Alternative zwischen West und Ost fortzusetzen und auszubreiten suchte. So kam es im Jahre 933 zur Vereinigung mit dem Arelat. Von nun an spricht man von Hochburgund an der oberen und von Niederburgund an der unteren Rhône. Dieses Zwischenreich umfaßte auch Arles, die letzte römische Kaiserstadt Galliens. Unter Kaiser Konrad II. 1032 das dritte Regnum des mittelalterlichen Imperiums geworden, reichte das hochmittelalterliche Königreich Burgund vom Rheinknie bei Basel bis zur Mündung der Rhône ins Tyrrhenische Meer.

Das „deutsche“ Imperium konnte Burgund gegen die französische Krone nicht behaupten. Immer größere Gebiete gingen an den Westen verloren. Der Glanz Burgunds verblaßte deswegen noch lange nicht. Im Gegenteil, im 14. Jahrhundert erstrahlte sein Stern über dem französischen Herzogtum, das die jüngeren Valois zum Mittelpunkt eines Herrschaftskomplexes gemacht hatten, der zwar sowohl vom Reich wie von der Krone Frankreichs zu Lehen ging, zugleich aber die burgundische Tradition mit der des lothringischen Zwischenreiches verband. Nun verlegte Burgund seinen Schwerpunkt von der Rhône zum Rhein, vom Tyrrhenischen Meer zur Nordsee.

Burgund hieß ebenso wirtschaftlicher Fortschritt und Reichtum wie Schaukelpolitik im Hundertjährigen Krieg zwischen Frankreich und England, hieß glanzvolles Rittertum und dessen Untergang in den Schlachten von Crécy 1346 und Azincourt 1415, hieß Goldenes Vlies und Auslieferung der ‚Hexe‘ Jeanne d’Arc an die Engländer. Burgund war aber auch das Traumland, in das noch der junge Weißkunig Maximilian zog, um seine Braut Maria, die Tochter Karls des Kühnen, des letzten burgundischen Valois, zu freien und gegen die ‚Mächte der Finsternis‘ zu schützen. Und nicht zuletzt bestimmte Burgund die Politik des Maximilian-Enkels Karls V., der in vier langen Kriegen die Entlassung Flanderns aus der französischen Lehenshoheit erreichte und damit die Entstehung einer *Germania inferior*, der habsburgischen Niederlande, erkämpfte, die in den Benelux-Staaten fortleben sollten.

Burgund ist in seltener Weise Traum und Wirklichkeit europäischer Geschichte gewesen. Aber die machtpolitischen Grundlagen seiner eigenen Geschichte wirken erstaunlich schwach. Drei Generationen staatlicher Selbständigkeit, fast ununterbrochen von Rückschlägen bis zur Vernichtung bedroht, das war es, was den Burgundern seit ihrer Überschreitung des Rheins beschieden war. Kann sein, daß die Beständigkeit der burgundischen Tradition gerade darin lag, daß ihre Träger innerhalb Galliens eine glaubwürdige Alternative verkörpern mußten, um den mächtigeren Reichen in West und Ost zu widerstehen. Und so mag es mehr als ein Zufall sein, daß die glanzvollen Zeugen des späten Burgunds heute noch die Schatzkammer des Wiener Kunsthistorischen Museums zieren, in der Hauptstadt eines Landes, in dem man unter zwei Möglichkeiten die dritte zu wählen gelernt hat.

2. Das „Wormser" Burgunderreich am Mittelrhein (413–436)

Im Jahre 407 hatte ein römischer Usurpator mit Alamannen und Burgundern Verträge geschlossen, um die beiden Völker zum Schutz der Rheingrenze zu gewinnen. Vier Jahre später usurpierte der gallische Hochadelige Jovinus das Kaisertum; eine gentile Koalition unter burgundisch-alanischer Führung bildete 411 den machtpolitischen Hintergrund seiner Entscheidung.

Der monarchische König der daran beteiligten Burgunder war Gundahar, der Gunther der Nibelungensage. Im Jahre 413 erlaubte Jovinus den Burgundern Gundahars die Gründung eines linksrheinischen Reiches, dessen Mittelpunkt wohl in Worms lag. Gundahar war der erste Burgunderkönig seiner Sippe, von dem geschichtliches Handeln bekannt ist. Aber eine um hundert Jahre jüngere gentile Memoria erwähnt Gundahar erst als vierten einer Reihe von Königen, deren Namen nicht bloß durch Stabreim und Variation auf Verwandtschaft ihrer Träger deuten, sondern die auch ausdrücklich als Verwandte bezeichnet werden. Ihr Stammvater war Gibica, den auch die Sage als Stammvater der Gibikungen in Erinnerung behielt. Des weiteren enthält diese Liste einen Gundomar und einen Gislahar, den Giselher des Nibelungenliedes.

Gundahar und seine Burgunder behielten ihren Föderatenstatus auch nach dem Ende des Usurpators. Erst als sie am Beginn der dreißiger Jahre aus der ihnen zugewiesenen obergermanischen Provinz in die Belgica I vorzustoßen drohten, schlug sie der römische Heermeister Aetius 435 zurück und bereitete gleichzeitig ihre Vernichtung vor. Im Jahre 436 griffen seine hunnischen Söldner, die vielleicht eine Scharte auszuwetzen hatten, die Burgunder an; Gundahar und fast sein ganzes Volk wurden ausgelöscht, tausende Burgunder getötet.

Gundahars und der Seinen Untergang im Kampf mit den Aetius-Hunnen bildete den geschichtlichen Kern der „Nibelungen Not". Freilich ist nicht dieser römische Feldherr Aetius, sondern der Hunnenkönig Attila der Etzel des Liedes geworden. War auch die historische Katastrophe schwer genug, die burgundische Geschichte ging anders als in der Sage weiter. Es wird zwar in den zwei Jahrzehnten nach 436 kein einziger burgundischer Königsname überliefert; doch kann der 456 erwähnte Gundiok-Gundowech mit dem 436 gefallenen Gundahar durchaus verwandt gewesen sein. Allerdings sprechen mehr Argumente gegen eine direkte Verwandtschaft als für den Übergang der Königsherrschaft von den unmittelbaren Gibica-Nachkommen auf eine Seitenlinie, die starke gotische Verbindungen besaß. So wußte man noch im Gallien der Mitte des 6. Jahrhunderts zu erzählen, daß eben dieser Gundiok aus dem Geschlecht Athanarichs, des donaugotischen Richters und Christenverfolgers, stamme. Ja, zum Jahre 457 behauptete man sogar die Abhängigkeit der Burgunder von den tolosanischen Goten.

3. Das Reich an der Rhône (443–534)

Im Jahre 443 veranlaßte Aetius die Übersiedlung der schwer geschlagenen Burgunder vom Rhein in die östliche Maxima

Sequanorum oder Sapaudia, das heißt ins Gebiet südlich des Genfer Sees und an dessen Nordufer bis Lausanne. „Den Überresten der Burgunder wird (diese Provinz) zur Teilung mit den Einheimischen übertragen." Damit ist die Ansiedlung zu den gleichen Bedingungen gemeint, unter denen die Westgoten im Jahre 418 weite Teile Südfrankreichs erhalten hatten: Zwei Drittel des ordentlichen Steueraufkommens gingen an die Neuankömmlinge, denen an einer gefährdeten Stelle Galliens die Grenzverteidigung gegen die Alamannen übertragen wurde.

4. Burgundische Besonderheiten

Das Nibelungenlied wie die reale Verfassung kennen eine Beteiligung der jüngeren, jedoch als Könige geltenden Brüder an der Herrschaft des ältesten Bruders, der den Rang und die Machtstellung eines Oberkönigs besitzt. Dieser residierte der Sage nach in Worms, tatsächlich aber in Lyon. Ohne daß wie bei den Merowingern eine Realteilung des Reiches erfolgt wäre, wurden die jüngeren Könige mit bestimmten Territorien und Residenzen – immer wieder ist Genf bezeugt, Vienne und Valence sind zu erschließen – ausgestattet. Eine solche Verfassung ist bei den Westgoten, wenn überhaupt, nur in Ansätzen, bei den Ostgoten in ähnlicher Form – die jüngeren Brüder waren keine Könige – bloß in der Vatergeneration Theoderichs des Großen erkennbar. Sollte diese Ordnung auf hunnischen Einfluß zurückgehen, dann wurde sie jedenfalls sehr stark modifiziert. Allerdings kannten die gallischen Burgunder der ersten Generation als einzige Germanen westlich des Rheins die hunnische Sitte der künstlichen Schädeldeformation.

Mit einiger Verzögerung gegenüber den Westgoten entstanden auch bei den Burgundern zwei Rechtskodifikationen: Vor oder um 500 erließ König Gundobad das Burgunderrecht, das als *Lex Gundobada* in die Überlieferung einging. In den Jahren 517/18 wurde unter König Sigismund die heute erhaltene Redaktion dieses Stammesrechts angefertigt, das germanische mit römischen Elementen vereinigte. Ungefähr gleichzeitig entstand die *Lex Romana Burgundionum,* das Gegenstück zum westgotischen Römerrecht.

Trotz dieser anscheinend so klaren Scheidung der beiden Völker lebten Burgunder und Römer gleichberechtig miteinander, besaßen das gleiche Wergeld und waren den gleichen Bußen unterworfen, dienten beide im Heer des Königs und kannten kein Eheverbot. So wurde im Burgunderreich die übliche soziale Differenzierung durch kein ethnisches Element zusätzlich belastet. Auf burgundischer Seite gab es die dreifach gegliederte Gruppe der Freien, die als *faramanni* die „Teilnehmer der Heerfahrt, die zur Landnahme geführt hatte", bildeten und aus dem Adel, *optimates,* dem gehobenen Kriegertum der *mediocres personae* und den einfachen Leuten, *leudes,* bestanden. Halbfreie und Unfreie machten selbstverständlich die Mehrheit der Bevölkerung aus. Die römischen Senatoren besaßen den gleichen Rang wie der burgundische Adel, und die unteren Schichten der Römer galten ebenso viel wie die Burgunder gleichen Ranges.

Wie die Reiche der Goten, so bestand auch das burgundische Regnum aus *civitates,* die sich jedoch kaum noch von den Ordnungen des ländlichen Raums, der *pagi,* unterschieden. Diese Gaue deckten sich mit den bischöflichen Diözesen ebenso wie mit den Mandatsgebieten je eines burgundischen und eines römischen Comes. Keine andere zeitgenössische Verwaltungsstruktur kannte eine derart ausgeprägte barbarisch-römische Parität. Und das gleiche gilt von der Rolle, die das katholische Christentum gleichberechtigt mit dem burgundischen Arianismus spielte. Angeblich waren die rechtsrheinischen Burgunder alle Katholiken geworden, um einer hunnischen Bedrohung mit Erfolg zu begegnen. Aber in Gallien bekannte der Großteil des Volkes samt der regierenden Linie des Herrscherhauses den „gotischen Glauben“, den Arianismus. Sigismund war der erste Oberkönig, der Katholik wurde.

Was an seiner Konversion Antwort auf die Bekehrung Chlodwigs, was Überzeugung war, läßt sich schwer sagen. Wahrscheinlich hätte diese Frage zu beantworten auch die Zeitgenossen überfordert. Sigismunds Ende machte ihn zum katholischen Märtyrer und bewirkte, daß er der Ehre der Altäre teilhaftig wurde. Jedenfalls ließ der König schon am Beginn seiner Herrschaft im Jahre 517 eine Reichssynode einberufen; auch wurden nachweisbar mehrere Provinzialsynoden abgehalten. Mit Unterstützung König Gundobads hatte Bischof Avitus von Vienne im Jahre 499 ein Papstprivileg erwirkt, wodurch der burgundische Metropolit gegenüber dem Bischof des gotischen Arles, wenn auch nur für kurze Zeit, den gallischen Primat errang.

In den siebziger Jahren hatte sich der Arverner Sidonius Apollinaris über die Burgunder und das Burgundische lustig gemacht und darüber geklagt, wie sehr ihm die riesigen, verfressenen, nach Knoblauch, Zwiebel und ranziger Butter riechenden Bundesgenossen auf die Nerven gingen. Wer könne auch sechsfüßige Hexameter dichten, wenn solche sieben Fuß großen Kerle zu singen anfangen. Und in einem anderen Brief spöttelte er über seinen Freund Syagrius-Burgundio, der die burgundische Sprache so gut beherrsche, daß sich die Barbaren fürchteten, in ihrer eigenen Sprache Barbarismen zu begehen. Allerdings war es diesem Syagrius von Lyon, einem „neuen Solon der Burgunder“, geglückt, als römischer Rechtsgelehrter und Kenner des barbarischen Gewohnheitsrechts sie mit der im Lande üblichen lateinischen Sprache und Gesinnung vertraut zu machen, den Burgundern gleichsam ein „lateinisches Herz“ einzupflanzen.

Den Sprachwissenschaftlern galten die Burgunder lange Zeit als Ostgermanen; heute sind sich die Linguisten dessen nicht mehr so sicher. Die Burgunder werden zwar mitunter zu den „gotischen Völkern“ gezählt, wohl weil die meisten von ihnen lange Zeit Arianer waren. Aber für den Gallier Sidonius Apollinaris kamen sie aus dem Lande östlich des Rheins und waren daher Germanen, eine Zuordnung, die kein spätantiker Ethnograph für gotische Völker vorgenommen hätte.

Ihre geringe Zahl und der Wunsch, in Gallien heimisch zu werden, bestimmten die Burgunder, als Alternative zu den gallischen Regna eine uneingeschränkt offene Gesellschaft zu bilden. Schon im 4. Jahrhundert und noch weit vom Rhein entfernt im Inneren Germaniens waren die Burgunder davon überzeugt, mit den Römern verwandt zu sein. Wie immer man diese Geschichte verstehen mag, die Burgunder handelten danach, als sie ihr südgallisches Reich errichtet hatten. Sie gaben den römischen Provinzen, aus denen dieses Regnum bestand, ihren Namen. Und obwohl sie gemeinsam mit den einheimischen Großen nur drei Generationen lang die Eigenständigkeit behaupten konnten, ging die burgundische Identität nicht zugrunde, ist der Name Burgund bis heute nicht erloschen.

II. Das Land zwischen den Großmächten – Franken und Awaren

Patrick J. Geary

Franken und Römer

„Viele erzählen aber, die Franken seien aus Pannonien gekommen und hätten sich zunächst an den Ufern des Rheins niedergelassen, dann seien sie über den Rhein gegangen und nach Thoringien gezogen, dort hätten sie nach Gauen und Stadtbezirken gelockte Könige über sich gesetzt, aus ihrem ersten und sozusagen adligsten Geschlecht."

„Über die ältesten Frankenkönige schrieb der heilige Hieronymus, was schon vorher die Geschichte des Dichters Vergil berichtet: Ihr erster König sei Priamus gewesen; als Troja durch die List des Odysseus erobert wurde, seien sie von dort fortgezogen und hätten dann Friga als ihren König gehabt; sie hätten sich geteilt, und der erste Volksteil wäre nach Mazedonien gezogen, der andere hätte unter Friga – sie wurden als Frigier bezeichnet – Asien durchzogen und sich am Ufer der Donau und am Ozean niedergelassen; dann hätten sie sich nochmals geteilt, und die Hälfte von ihnen sei mit ihrem König Francio nach Europa gezogen. Sie durchwanderten Europa und besetzten mit ihren Frauen und Kindern das Ufer des Rheins; nicht weit vom Rhein versuchten sie eine Stadt zu erbauen, die sie nach Troja benannten." [Colonia Traiana, das heutige Xanten].

Die erste Version über die Herkunft der Franken verfaßte Gregor von Tours im späten 6. Jahrhundert, die zweite der fränkische Chronist Fredegar im 7. Jahrhundert. Sie gleichen einander insofern, als beide offenbaren, daß die Franken wenig über ihre Herkunft wußten und daß sie gegenüber anderen Völkern der Antike, die einen alten Namen und eine ruhmreiche Tradition besaßen, ein gewisses Minderwertigkeitsgefühl empfunden haben dürften. Die erste

Legende verbindet die Franken mit der großen Pannonischen Tiefebene, der Heimat des Martin von Tours, der zum höchsten Schutzpatron der Franken aufsteigen sollte, und dem ungefähren Ursprungsort der Goten, des Stammes mit der größten Erfolgsgeschichte der Völkerwanderungszeit. Damit gibt die Legende zu verstehen, daß die Franken den Goten in ihrem Ursprung und infolgedessen in ihrer Ehre ebenbürtig sind. Die zweite, spätere Legende verbindet die Ursprünge der Franken mit denen der Römer; und wenn sie gleich alt waren und aus derselben Heldenstadt stammten, konnten die Franken und die Römer Galliens eine gemeinsame Abstammung als Grundlage für die Schaffung einer gemeinsamen Gesellschaft für sich in Anspruch nehmen.

Die fränkische Ethnogenese

Natürlich sind beide Legenden Phantasieprodukte, denn noch weniger als die meisten anderen barbarischen Völker besaßen die Franken eine gemeinsame Geschichte, Abstammung oder Tradition aus einer heroischen Wanderungszeit. Wie ihre alemannischen Nachbarn waren sie im 6. Jahrhundert eine ziemlich neue Gründung, ein Zusammenschluß rheinischer Stammesgruppen, die lange Zeit unterschiedliche Identitäten und Institutionen bewahrten. Der Name „Franke" erscheint zum ersten Mal um die Mitte des 3. Jahrhunderts in römischen Quellen. Er bezeichnete eine Vielfalt sogenannter istwäonischer Stämme, die so lose miteinander verbunden waren, daß es einige Forscher gänzlich abgelehnt haben, in ihnen eine Gemeinschaft zu sehen, während andere, ohne ihre Einheit kategorisch zu bestreiten, lediglich von einem „Stammesschwarm" sprechen. Diese Gruppen umfaßten die Chamaven, Chattuarier, Brukterer, Amsivarier und Salier und wahrscheinlich andere wie Usipeter, Tubanten, Hasier und Chasuarier. (Der Name Ripuarer ist übrigens viel jünger; er erscheint erst im 8. Jahrhundert. Der Name Sigambrer, der von Gregor von Tours und anderen verwendet wird, ist wahrscheinlich nur eine Reminiszenz an die von antiken Autoren erwähnten Sigambrer.) Unter Wahrung ihrer Eigenständigkeit verbanden sich diese kleinen Gruppen gelegentlich zu gemeinsamen Verteidigungs- oder Angriffsunternehmungen und identifizierten sich dann selbst mit dem Namen Franke, der soviel wie „der Kühne", „der Tapfere" und später, nachdem er sich verbreitet hatte, „der Freie" bedeutete, ein von den Franken selbst bevorzugter Bedeutungsgehalt.

In Wirklichkeit waren die frühen Franken alles andere als frei. Sie lebten in enger Nachbarschaft zum Imperium, waren relativ unbedeutend und in sich gespalten, und sie existierten vor dem 6. Jahrhundert entweder als unterworfene, von Rom abhängige Klientelstaaten oder dienten innerhalb des Limes als im allgemeinen zuverlässige Lieferanten von militärischen Mannschaften und Offizieren. Zu Beginn des späten 3. Jahrhunderts hören wir vereinzelt von „fränkischen" Raubzügen und Aufständen und sogar von „fränkischen" Piraten, die in den Mittelmeerraum eindrangen und Nordafrika und die spanische Küste in der Nähe von Tarragona überfielen. In der Regierungszeit von Constantin Chlorus und Constantin wurden diese Aufstände grausam niedergeschlagen, ihre Anführer in den Arenen den wilden Tieren vorgeworfen, und eine große Zahl ihrer Krieger wurde in die kaiserliche Armee eingereiht. Schließlich wurde die als Salier bezeichnete Gruppe als *laeti* in dem Gebiet von Toxandrien (Tiesterbant in der Nähe des heutigen Kampen in den Niederlanden) angesiedelt; sie sollten das Land rekultivieren, eine Pufferzone zwischen den zivilisierteren Regionen des Imperiums und anderen, noch unvollständig unterworfenen barbarischen Völkern bilden und nicht zuletzt als sicheres Reservoir fränkischer Rekruten für die kaiserliche Armee dienen.

Diese brutale Behandlung der Franken war im großen und ganzen wirksam. Von nun an stellten sie im Westen trotz gelegentlicher Versuche antirömischer Gruppen, ins Römische Reich einzudringen, über ein Jahrhundert loyale Truppen und Heerführer. Wie wir gesehen haben, verhielten sich Franken wie Arbogast und Mallobaudes sogar gegenüber Stammesgenossen wie loyale Offiziere des Imperiums, und als 406 der Westen von der Invasion der Vandalen, Alanen und Sueven bedroht wurde, erwiesen sich die Franken im Kampf gegen sie als treue Verbündete.

Während der langen Zeit in römischen Diensten, die nur kurzlebige Aufstände und Geplänkel unterbrachen, war es gar nicht zu vermeiden, daß die Identität der Franken und ihre politische und militärische Struktur durch die Begegnung mit den Traditionen des Imperiums stark beeinflußt wurden. Der Militärdienst war das bei weitem wichtigste Instrument der Romanisierung, und die fränkischen Stämme am Mittel- und Niederrhein waren davon mehr betroffen als die meisten anderen. Diese tiefe Einwirkung und Veränderung wird in einem solchen Beleg wie der Grabinschrift eines in Pannonien beigesetzten Soldaten aus dem 3. Jahrhundert greifbar: *Francus ego cives, miles romanus in armis* (Franke bin ich meiner Nation nach, als römischer Soldat stehe ich unter Waffen). Daß ein Barbar zur Beschreibung seiner Identität das lateinische *civis* verwendete, einen Begriff, der ohne jede Kenntnis der Traditionen römischer Staatskunst und Gesetzgebung unverständlich war, weist deutlich darauf hin, wie stark die fränkische Gesellschaft zu einem integralen Teil des Imperiums geworden war. Die zweite Hälfte der Inschrift ist nicht weniger bezeichnend: Ein „Franke der Nation nach“ war tatsächlich ein römischer Soldat, und in zunehmendem Maße fand man seine Identität als Franke – zum Unterschied von den engeren Kategorien als Chamaver, Chatte, Brukterer, Amsivarer oder Salier – durch den Dienst in der römischen Armee.

Solche Dienste wurden reich belohnt, und nach und nach rückten die Salier im 5. Jahrhundert aus ihrem toxandrischen „Reservat“ in die stärker romanisierten Gebiete des heutigen Belgien und des nördlichen Frankreich und am Unterrhein vor, wobei sie in das angestammte Gebiet der Thüringer eindrangen. Diese Expansion verlief im wesentlichen friedlich, allerdings mußte der römische General Aetius im Jahre 428 und erneut um 450 fränkische Aufstände, die von dem salischen Fürsten Chlodio angeführt wurden, niederschlagen. Solche gewalttätigen Zwischenspiele verhinderten jedoch zu anderen Zeiten keineswegs eine enge Zusammenarbeit, wie der Beitrag der Franken zum Sieg des Aetius über die Hunnen im Jahre 451 in der Nähe von Orléans beweist.

Im Laufe des 5. Jahrhunderts übernahmen die Salier die Herrschaft über den „Stammesschwarm" der Franken unter der Führung von Chlodios Sippe, der auch Merovech, möglicherweise, aber nicht nachweislich einer seiner Söhne, und dessen Nachfolger Childerich, wiederum möglicherweise ein Sohn Chlodios, angehörten. Wie auch immer diese salischen Fürsten miteinander verwandt waren, sie gehörten mit Sicherheit zur salischen Führungsgruppe und pflegten wie andere Adelsfamilien die Gewohnheit, ihr Haar lang wachsen zu lassen. Auf diese Sitte geht ihre spätere Charakterisierung als *reges criniti*, als langhaarige Könige, zurück.

Childerich, einer der Stammesführer aus der Sippe Chlodios, übernahm die Führung der Franken vor dem Jahr 493 und war der letzte fränkische Heerführer, der die Tradition des Militärdienstes als „Reichsgermane" fortsetzte. Wir wissen, daß er unter dem Oberbefehl des gallischen Heerführers Aegidius 463 bei Orléans gegen die Westgoten kämpfte und erneut 469 bei Angers unter dem römischen Befehlshaber oder *comes* Paulus. Obwohl gewisse Differenzen dazu führten, daß er Nordgallien verließ und ins Exil nach „Thuringia" ging, wobei Unklarheit darüber besteht, ob Thüringen jenseits des Rheins oder einfach Tournai gemeint ist, blieb er der Welt der spätrömischen Zivilisation eng verbunden. Historiker haben sogar mit Recht vermutet, er habe nach seiner „Verbannung" durch den römischen Kommandanten Galliens unmittelbare Hilfe von Konstantinopel erhalten. Die prächtigen Grabbeigaben, die 1653 in Tournai, dem Zentrum seiner Macht, gefunden wurden, belegen den Wohlstand und die internationalen Verbindungen eines erfolgreichen Föderaten im späten 5. Jahrhundert. Die Waffen, Juwelen und Münzen, mit denen er bei seinem Tode im Jahre 482 beigesetzt wurde, stammten aus byzantinischen, hunnischen, germanischen und gallorömischen Werkstätten. Dienste für Rom waren immer noch der sicherste Weg, Reichtum und Macht zu gewinnen.

Aber die römische Welt, der er diente, unterschied sich immer weniger von seiner eigenen. Aegidius selbst hatte nach der Ermordung des Kaisers Mariorian im Jahre 461 die Beziehungen zu Rom abgebrochen und war ein Gegner des mächtigen Rikimer, Aegidius war durch die Territorien der Burgunder und Goten von den unter unmittelbarer Kontrolle der Reichsarmee stehenden Gebieten getrennt und befehligte seine Gefolgschaft von seiner Festung in Soissons aus – weniger kraft einer offiziellen römischen Funktion als durch die Macht seiner barbarischen *bucellarii,* seiner Privatarmee. Nach seinem Tod im Jahre 464 übernahm sein Sohn Syagrius seine Position, und der spätere Bericht des Gregor von Tours, er sei zum *rex Romanorum,* zum König der Römer, gewählt worden, ein durch und durch barbarischer Titel, beschreibt wahrscheinlich sehr genau seine Stellung. Ob Syagrius nun einen römischen Titel, möglicherweise den eines *patricius,* führte oder nicht, die reale Grundlage seiner Macht bestand darin, daß er von seiner barbarischen Armee zum König, das heißt zum militärischen Anführer, erhoben worden war. Tatsächlich mögen die Römer Syagrius für einen Verräter gehalten haben, als nach dem Friedensschluß im Jahr 475 Kaiser Julius Nepos praktisch ganz Gallien an die Westgoten abtrat. Aber er war nicht der einzige Herrscher über ein Barbarenvolk nördlich der Loire. Das Grab Childerichs enthielt einen Siegelring mit der Inschrift *Childirici regis.*

Die größte Macht im Westen war das Königreich der Westgoten, und Childerich war ein zu kluger Herrscher, um diesem gegenüber eine eindeutig feindselige Haltung einzunehmen. Daß seine Schwester mit einem Westgotenkönig verheiratet war, beweist, daß er gute Beziehungen zu dem zwar andersgläubigen, aber legitimen Königreich von Toulouse aufgebaut hatte. Aber wie andere barbarische Herrscher in römischen Diensten vor ihm, unterhielt Childerich zugleich auch gute Beziehungen zu der galloromischen Gesellschaft sowohl im Königreich von Soissons als auch offensichtlich in jenen Gebieten, die zu seinem unmittelbaren Herrschaftsbereich gehörten. Obwohl er ein Heide war, der allerdings stärker in der römischen als in der germanischen Tradition verhaftet war, galt er als Beschützer der *Romanitas* und damit auch der orthodoxen christlichen Kirche. Durch sein häufiges Zusammenwirken mit Aegidius und Syagrius sowie durch seine freundschaftlichen Beziehungen zu galeorömischen Bischöfen baute er seine Position nicht nur innerhalb seiner fränkischen Kriegergefolgschaft, sondern auch im Rahmen der bestehenden römischen Machtstrukturen aus. Insgesamt schuf er damit die Grundlage für den Aufstieg seines Sohnes Chlodwig, der 482 seine Nachfolge antrat.

Friedrich Prinz

Merowinger: Chlodwig

Aus dem Glückwunschbrief des Bischofs Remigius von Reims, der am Weihnachtsfest 496 Chlodwig katholisch taufte, erfahren wir etwas über die politischen Anfänge des Franken aus gallorömischer Sicht. Chlodwig wird darin nicht als Nachfolger seines Vaters Childerich, des Regionalkönigs von Tournai, angesprochen. Die Legalität seiner

Herrschaft beruhte nach Remigius vielmehr auf einem römischen Amt, nämlich der „administratio“ der „Provincia Belgica secunda“ mit der Hauptstadt Reims, deren Sprengelkommandant in römischem Auftrag er offenbar gewesen ist. Ganz gleich, ob die in Soissons residierenden römischen Heermeister volle Befehlsgewalt über den Frankenkönig hatten oder nicht, die römische und daher innerhalb Galliens legale Komponente seiner Herrschaft war sicher ein entscheidendes Sprungbrett bei der Eroberung Galliens. Chlodwig selbst war sich dieses römisch-legalen Grundes seiner Herrschaft immer bewußt. Dies zeigt die berühmte, in der Frankengeschichte Gregors von Tours überlieferte Szene, als Chlodwig nach seinem Sieg über die Westgoten 507 nach Tours zurückkehrte. Aus zuverlässiger lokaler Tradition weiß Gregor folgendes zu berichten: „Damals erhielt er (Chlodwig) vom Kaiser Anastasius ein Patent als Konsul (codecillos de consolato accepit), legte in der Kirche des heiligen Martinus den Purpurrock und Mantel an und schmückte sein Haupt mit dem Diadem. Dann bestieg er ein Pferd und streute unter das anwesende Volk mit eigener Hand Gold und Silber auf dem ganzen Wege von der Pforte der Vorhalle (der Martinskirche) bis zu der Bischofskirche der Stadt mit der größten Freigebigkeit aus. Von diesem Tage an wurde er Konsul oder Augustus genannt.“ Es handelte sich also um ein von Byzanz wohl oder übel legitimiertes Vizekönigtum Chlodwigs in Gallien; sein schon etwa zehn Jahre früher erfolgter Übertritt zum katholischen Glauben hatte nicht nur die religiöse Barriere zur christlichen gallorömischen Bevölkerung beseitigt, sondern auch den Weg zur kaiserlichen Bestätigung seiner Herrschaft geebnet.

Die Anerkennung der Herrschaft Chlodwigs durch Byzanz, die ihn ebenbürtig neben Theoderich den Großen stellte, bedeutete zugleich die legalisierende Festschreibung einer neuen politischen Situation, die allerdings auf ganz andere Weise zustande gekommen war, nämlich durch die erbitterten und blutigen Ausscheidungskämpfe mit den anderen Herrschaftsträgern in Gallien. Hierbei bewies Chlodwig bis an sein Ende eine selbst für damalige Zeit ungewöhnliche Brutalität und Tücke, die sogar seinem begeisterten Lobredner Gregor von Tours zu viel wurde. Als nämlich Chlodwig kurz vor seinem Tode seine Leute um sich versammelte und vor ihnen heuchlerisch beklagte, daß er keine Blutsverwandten mehr habe und nun „wie ein Fremdling unter Fremden" stehe, konnte sich auch der fromme Bischof und Geschichtsschreiber aus gallischer Senatorenfamilie nicht enthalten, den König überraschend deutlich so zu interpretieren: „Aber er sprach dies nicht aus Schmerz um den Tod derselben, sondern aus List, ob sich vielleicht noch einer fände, den er töten könnte!" Da aber in der Welt nichts erfolgreicher ist als der Erfolg und die Kirche in Chlodwig einen rechtgläubigen Schutzherrn in ihrer argen Bedrängnis erkannte, akklamierte derselbe Gregor nach der detaillierten Schilderung der hinterhältigen Liquidierung des Frankenkönigs Sigibert von Köln durch Chlodwigs Helfershelfer das Verhalten des Siegers mit einer feierlich-biblischen Paraphrase: „Gott aber warf Tag für Tag seine Feinde vor ihm zu Boden und vermehrte sein Reich, darum, daß er rechten Herzens vor ihm wandelte und tat, was seinen Augen wohlgefällig war." Sicher wäre es eine moderne Fehlinterpretation, in solchen Feststellungen Zynismus zu vermuten, aber ebenso falsch ist es, hierin nur Bewunderung für den „Schöpfer des Reiches" und sein „stetes Königsheil" zu sehen, ohne darin auch die erschrekkende barbarisierte Orientierungslosigkeit einer moralisch aus den Fugen geratenen Umbruchsepoche zu erkennen.

In welchen Schritten vollzog sich nun Chlodwigs Aufstieg zum mächtigsten König des Westens? Während sein Vater Childerich als König von Tournai noch in Partnerschaft zu den restlichen römischen Autoritäten auf gallischem Boden gelebt hatte, gelang es Chlodwig schnell, den

„rex Romanorum“ Syagrius, Sohn des römischen Heermeisters Aegidius, der das Gebiet von Soissons beherrschte, militärisch zu besiegen (486/87). Syagrius, der nach der Niederlage zum Westgotenkönig Alarich II. geflüchtet war, wurde treulos an Chlodwig ausgeliefert, der ihn töten ließ. An diesem Krieg gegen die Reste römischer Herrschaft in Gallien hatte sich der Frankenherrscher Ragnachar von Cambrai beteiligt. Chararich hingegen, ein anderer fränkischer Fürst, wurde wegen seiner abwartenden Haltung von Chlodwig erst zum Kleriker geschoren und dann mit seinem Sohn hingerichtet. Danach wandte sich Chlodwig gegen Ragnachar von Cambrai, seinen früheren Verbündeten; er besiegte und ermordete ihn eigenhändig. Danach unterwarf der Frankenkönig 491/92 die „Thoringi“, wahrscheinlich ein linksrheinischer Teilstamm der Thüringer, der um Tongern seinen Sitz hatte; doch ist auch eine erste Auseinandersetzung mit dem Thüringerreich am Main nicht auszuschließen.

Das Kölner Frankenreich des Königs Sigibert blieb vorläufig noch verschont, vermutlich wegen der gemeinsamen Feindschaft gegen die an den Mittelrhein vordringenden Alemannen. Dafür griff Chlodwig über die Seine nach Süden aus, überschritt die Loire und eröffnete den Kampf gegen den Westgotenkönig Alarich II. Zu einem großen Krieg kam es damals noch nicht, denn der Franke wurde in das germanische Bündnissystem Theoderichs des Großen einbezogen. Da die Westgoten die Aufrichtung der ostgotischen Herrschaft militärisch unterstützt hatten, blieb die Lage südlich der Loire vorerst unentschieden. Dafür erweiterte Chlodwig im Alemannenkrieg von 496/97 zusammen mit König Sigibert von Köln seine Macht beträchtlich. Offensichtlich waren die Alemannen weit nach Nordwesten in fränkisches Siedlungsgebiet vorgedrungen. Ein erster Sieg über sie wurde wohl bei Zülpich errungen. Ein zweiter entscheidender Schlag, bei dem Salier und Rheinfranken in schwerste Bedrängnis gerieten, brachte dann die endgültige

Entscheidung zugunsten der Franken. Der Alemannenkönig fiel, ein Großteil des alemannischen Gebietes kam unter fränkische Oberhoheit. Einige der geschlagenen Verbände wichen in den Raum südlich des Bodensees und wohl auch ins rätoromanische Churrätien aus und unterstellten sich der Schutzherrschaft Theoderichs, der dem fränkischen Vormarsch Einhalt gebot. Man vermutet, daß damals auch alemannische Gruppen bis zur Donau gelangten und dort einen Teil jenes ethnischen Substrates bildeten, aus dem später der bayerische Stamm hervorging.

Chlodwigs Taufe. Mit einer der beiden Alemannenschlachten ist auch der Übertritt Chlodwigs zum katholischen Christentum seiner burgundischen Gattin Chrodechilde verbunden, eine Konversion, die an die vergleichbare Lage Kaiser Konstantins des Großen erinnert und ebenso wie jene in die entsprechende Herrschaftsideologie eingegangen ist. Als nämlich Chlodwig sah, daß sein Heer von den Alemannen fast völlig geschlagen war, „erhob er seine Augen zum Himmel, sein Herz wurde gerührt, seine Augen füllten sich mit Tränen und er sprach: ‚Jesus Christ, Chrodichilde verkündet, du seiest der Sohn des lebendigen Gottes; Hilfe, sagt man, gibst du den Bedrängten, Sieg denen, die auf dich hoffen – ich flehe dich demütig an um deinen mächtigen Beistand: gewährst du mir jetzt den Sieg über diese meine Feinde und erfahre ich so jene Macht, die das Volk, das deinem Namen sich weiht, an dir erprobt zu haben rühmt, so will ich an dich glauben und mich taufen lassen auf deinen Namen [...]‘ Und da er solches gesprochen hatte, wandten die Alemannen sich und fingen an zu fliehen. Als sie aber ihren König getötet sahen, unterwarfen sie sich Chlodovech und sprachen: ‚Laß, wir bitten dich, nicht noch mehr des Volkes umkommen; wir sind ja dein [...]‘“.

Soweit der um 575 geschriebene Bericht Gregors von Tours aus einer zeitlichen Distanz von mehr als achtzig Jahren. Er gibt die kirchliche Sicht der Vorgänge wieder, diese war aber inzwischen Teil fränkisch-merowingischer Staatstradition geworden. Gregor zufolge ließ daraufhin Chrodechilde den heiligen Bischof Remigius zur Vollendung des Bekehrungswerkes an den Hof rufen. Dabei schimmert aber noch ganz deutlich Chlodwigs Widerstand gegen eine allzu rasche Konversion durch, da er Bedenken wegen der Reaktion seines noch heidnischen Heeres anmeldete. Wenn sich auch durch ein Wunder das Heer zu Christus bekannte, noch ehe der König den Mund auftat: Die Schwierigkeit des Glaubenswechsels wird hier unter dem glatten Firnis hagiographischer Verklärung sichtbar. Ein weiteres Problem deutet sich an, wenn Gregor eher beiläufig erwähnt, eine Schwester des Königs, „die in die Irrelehre der Arianer verfallen war", habe sich mit ihm bekehrt. Es wäre überlegenswert, ob nicht mit dem Bündnissystem Theoderichs und der damit verbundenen Heirat des Goten mit Chlodwigs Schwester Audefleda eine christlich-arianische Frühphase bei Chlodwig anzunehmen ist, die nach der Reimser katholischen Taufe vom Reichsklerus so rasch und entschieden wie möglich getilgt worden ist. Für eine solche Vermutung – mehr kann es nicht sein – spräche noch, daß die Königin Bischof Remigius heimlich rufen ließ, um den König für die katholische Taufe zu gewinnen. Wie dem auch sei, fest steht auf jeden Fall, daß bei Chlodwigs Konversion auch handfeste politische Motive mitgespielt haben. Das vielzitierte Taufwort des Remigius: „Beuge still deinen Nacken, Sicamber, verehre, was du verfolgtest, verfolge, was du verehrtest" deutet die kirchenpolitischen Konsequenzen der Konversion an. Es war dies schon deshalb ein Akt von weittragender Bedeutung, weil nunmehr der gemeinsame katholische Glaube in ganz anderer Weise die Kluft zwischen Galloromanen und Franken überbrücken half, als dies in den arianischen Germanenreihen möglich war. Auch die Beziehung zu Byzanz mußte sich damit automatisch „normalisieren", ein Faktum, das in seiner Bedeutung kaum überschätzt werden kann.

Angriffskriege. Chlodwigs katholische Taufe bewirkte allerdings auch, daß sich die Front arianischer Reiche gegen ihn nunmehr schloß. Sein altes Rezept, die Entzweiung seiner Gegner in geschickter Weise zu nutzen, führte im Jahre 500, beim Angriff auf die beiden Burgunderkönige Gundobald und Godegisel, infolge des erfolgreichen Eingreifens der Westgoten und Theoderichs des Großen diesmal nicht zum Ziel; letzterem war wohl an einem Gleichgewichtszustand zwischen den germanischen Staaten gelegen, um dessentwillen er dem Frankenkönig Einhalt gebot. Chlodwig mußte sich sogar mit dem Westgotenkönig Alarich II. vorläufig arrangieren. Auch neuerliche Angriffe des Frankenkönigs auf die Alemannen blieben dank einer energischen Intervention Theoderichs erfolglos. Das Blatt scheint sich erst mit dem Frontwechsel der Burgunder gewendet zu haben, der mit dem Übertritt von Gundobalds Sohn Sigismund zum Katholizismus einherging. Nunmehr, im Jahre 507, holte Chlodwig zu einem großen Schlag gegen die Westgoten aus. Unterstützt wurde er durch rheinfränkische Verbände unter König Sigiberts Sohn Chloderich, während eine byzantinische Flotte Theoderich am Eingreifen zugunsten Alarichs II. hinderte. Erst diesem Angriff gab Chlodwig den Charakter eines heiligen Krieges gegen die Arianer, die „noch einen Teil Galliens“ besaßen. Gleichzeitig wies er seine Truppen streng an, die katholischen Heiligtümer, nach Gregors Bericht vor allem das Martinsheiligtum in Tours, zu schonen. Daß dies bei den katholischen Bischöfen Galliens, die unter arianisch-gotischer Herrschaft standen, seine werbende Wirkung nicht verfehlte, wird bei Gregor von Tours besonders hervorgehoben. Trotz der völligen Niederlage des westgotischen Heeres bei Vouillé und des Todes ihres Königs kam es nicht zur völligen Vernichtung der Westgoten, da wiederum Theoderich eingriff. Als Ergebnis hatten die Franken große Landgewinne zu verzeichnen: die Einverleibung Aquitaniens. Aber die Ostgoten konnten die Provence halten und damit Chlodwig den Weg zur Mittelmeerküste versperren. Auf der Rückkehr vom westgotischen Krieg (508) ereignete sich dann in Tours jene schon erwähnte Szene, in der eine oströmische Gesandtschaft ihm als konsularische Herrschaftszeichen Tunika, Chlamys und Diadem überbrachten.

Die Ereignisse von Tours waren zweifellos eine machtvolle Demonstration der fränkisch-byzantinischen Allianz, in deren Schutz Chlodwig nunmehr die gallische Situation in seinem Sinne „bereinigen“ konnte. Er verlegte seinen Regierungssitz nach Paris und betrieb von dort aus die Liquidierung der restlichen fränkischen Teilreiche. Den Waffengefährten im Westgotenkrieg, Chloderich, stiftete er zum Mord an seinem Vater Sigibert von Köln an, ließ dann aber Chloderich durch seine Boten selbst heimtückisch ermorden. Danach begab sich Chlodwig, seine Unschuld an den Vorfällen beteuernd, nach Köln und ließ sich dort durch Schilderhebung selbst zum König ausrufen. Darauf erfolgte die brutale Beseitigung des Königs Chararich und seines Sohnes und schließlich die schon erwähnte Ausrottung der fränkischen Könige von Cambrai. Von der Provence abgesehen, hatte Chlodwig damit Gallien vom Rhein bis zur Garonne in seiner Hand vereinigt und zugleich der katholischen Kirche Galliens ein einheitliches schützendes Dach geschaffen. Kurz vor seinem Tode berief er 511 das erste fränkische Nationalkonzil ein, mit dessen Gesetzgebung die rasche Integration der Kirche in den Reichsverband begann. Damit kam auch die Eingliederung der christlichen gallorömischen Bevölkerung in das neue Königreich zu einem vorläufigen Ende.

Die fränkische Großreichsbildung war zu einem gewissen Abschluß gekommen, der Frankenkönig trat dem germanischen Beherrscher Italiens ebenbürtig an die Seite. Mit dem Übertritt zum katholischen Christentum hatte Chlodwig das Königtum aus der alten heidnischen Vorstellungswelt herausgelöst, wonach König und Volk eine feste, weil kultisch legitimierte Einheit bildeten. Das Christentum entzog zwar dem Frankenherrscher die alte mythische Legitimation seiner göttlichen Abstammung, ersetzte jene aber durch die Idee des göttlichen Auftrags und Amtes.

Ob Chlodwig selbst sich der Tragweite seiner katholischen Taufe voll bewußt war, mag bezweifelt werden, nicht aber, daß dieser Akt in der Tat welthistorische Wirkungen zeitigte. Vor allem ermöglichte die auch nach außen, etwa ins Westgotenreich oder in die ostgotisch okkupierte Provence hineinwirkende Werbekraft des gemeinsamen katholischen Glaubens, zwischen Rhein und Loire eine germanisch-romanische Kultursynthese, die dem durch Brutalität und List zusammengefügten Merowingerreich dennoch Dauer und bald auch eigene Ausstrahlungskraft verlieh. Daß Chlodwigs Schöpfung genügend innere Probleme hatte, vor allem wegen der unterschiedlichen Gesellschaftsstruktur der nördlichen und südlichen Regionen, aber auch wegen der vielfältigen Gefahren, die durch die mehrfachen Reichsteilungen heraufbeschworen wurden, wird noch zu erörtern sein; dies schmälert aber nicht die politische Leistung des Stifters der fränkischen Großmacht.

Herwig Wolfram

Goten und Franken

Bevor Theoderich seine Töchter an die Könige der Westgoten und Burgunder verheiratete, hatte er selbst – entweder 493 oder 494 – Chlodwigs Schwester Audofleda zur Frau genommen. Die Fränkin wurde die Mutter Amalasuinthas und sollte die Freundschaft zwischen den mächtigsten lateinischen Königen der Zeit besiegeln. Tatsächlich scheuten die beiden zeitlebens jede direkte Konfrontation. Bloß beim Entsatz von Arles im Herbst 508 kämpften Ostgoten und Franken gegeneinander, und zwar auch nur deswegen, weil die burgundischen Belagerer durch ein fränkisches Kontingent unterstützt werden mußten. Als aber 508 Theoderichs Truppen nach Gallien zogen, hielt sich Chlodwig nicht mehr im Süden auf. Der Frankenkönig war bereits damit beschäftigt, in Tours und dann in Paris sein Theoderich gleichwertiges Königtum zu demonstrieren.

Mögen die beiden Schwäger einander auch Schwierigkeiten genug bereitet haben, ein ‚heißer Krieg' wurde nie gesucht, selbst nicht im diplomatisch so geschäftigen Jahr 506, als sich ihre Interessengegensätze bedrohlich verschärften. Damals hatten sich die Alamannen nach etwa neunjähriger Pause neuerlich gegen die Franken erhoben und waren abermals besiegt worden. Die mit den Franken verbündeten Burgunder dehnten daraufhin ihr Gebiet bis zum Schweizer Windisch-Vindonissa aus; doch konnte diese Pufferzone nicht verhindern, daß zwischen dem Frankenreich und dem Ostgotenreich eine ‚graue Zone', wenn nicht ein gefährliches Machtvakuum, entstand. Theoderich, der das raetische Bergland „als Bollwerk und Sperriegel Italiens" organisiert hatte, nahm nun die bedrohten Alamannen 506 in seinen Schutz. Ravenna verlangte vom Frankenkönig die Einstellung jeder weiteren Verfolgung der Besiegten, wofür Theoderich die Garantie abgab, die Alamannen würden das fränkische Hoheitsgebiet künftig respektieren. Chlodwig erhielt den Rat des Älteren, den Bogen nicht zu überspannen, da doch „der König zusammen mit dem Hochmut des (alamannischen) Volkes gefallen sei". Ähnlich sah auch der Panegyriker Ennodius den verdienten Untergang des alamannischen Königtums. Allerdings hätte der Stamm in Theoderich wieder einen König erhalten.

Die alamannische Krise ging jedoch nicht so tief, daß Theoderich den Verkehr mit dem fränkischen Königshof gänzlich abgebrochen hätte. Die Gesandtschaft, die mit Chlodwig in der Alamannenfrage verhandeln sollte, begleitete ein Kitharöde, „ein Orpheus, der mit seinen süßen Klängen die wilden Herzen eines fremden Volkes bezwingen sollte". Kein Geringerer als Boethius war vom Gotenkönig beauftragt worden, seine Kennerschaft unter Beweis zu stellen und den geeigneten Mann zu finden. Das Begleitschreiben selbst war eine der ersten Leistungen des neuen Quästors Cassiodor. Zur selben Zeit begann Boethius sich auch darum zu bemühen, einen Stundenmesser für den Burgunderkönig zu konstruieren, und Cassiodor verfaßte dazu die erläuternden Bemerkungen: Es sei Verpflichtung und Fähigkeit des italischen Gotenreichs, den barbarischen Königen Galliens die Kultur zu bringen. Freilich kann das stimmungsvolle Genrebild nicht von der Tatsache ablenken, wie sehr der transalpine Friede in Wirklichkeit bedroht war. Trotz eifriger diplomatischer Aktivitäten gelang es Theoderich nicht, die fränkisch-burgundische Koalition zu sprengen und ihren Angriff auf das Westgotenreich zu verhindern. Auch die Alarich II. angeratene Appeasement-Politik nützte nichts; Chlodwig schlug, ohne provoziert zu sein, zu Saisonbeginn 507 los.

Theoderich war von der Plötzlichkeit des fränkischen Angriffs überrascht und wurde von einer kaiserlichen Flotte in Unteritalien bedroht. Eine genaue Chronologie läßt zu wünschen übrig, vor allem was die Kämpfe in Apulien betrifft, die von einer guten Quelle nicht für 507, sondern zum Jahr 508 berichtet werden. Mag auch der Überfall von Römern auf Römer – in den angegriffenen Gebieten befanden sich nur wenige gotische Garnisonen – stark kritisiert worden sein, jedenfalls mobilisierte Theoderich erst am 24. Juni 508. Das heißt, der Ostgotenkönig ließ seine Truppen nach Gallien zu einem Zeitpunkt marschieren, als Alarich II. schon ein Jahr lang tot war, während Chlodwig bereits Toulouse erobert, Angoulême genommen und vor allem seinen siegreichen Einzug in Tours gefeiert hatte. Bei dieser Gelegenheit anerkannte Kaiser Anastasius I. den Sieg des Franken durch eine Gesandtschaft, die den ersten bekannten Vertrag zwischen den Franken und Konstantinopel aushandelte und die Dokumente überbrachte, die Chlodwigs

Ernennung zum *consul honorarius* enthielten. Wahrscheinlich ist Theoderichs berühmter Staatsbrief, mit dem Cassiodor seine Sammlung der Variae eröffnete, die Anwort des Amalers auf die gallische Diplomatie Konstantinopels gewesen. In bewegten Worten kämpft der Gotenkönig um die Erhaltung der besonderen Beziehungen zwischen seinem Regnum und dem Imperium, um die Bewahrung seines Herrschaftsanspruchs auf das Westreich, den die kaiserliche Legitimierung Chlodwigs so schwerwiegend in Frage gestellt hatte.

Nachdem der Frankenköng weite Teile des gallischen Westgotenreichs entweder erobert oder unter seine Kontrolle gebracht hatte, trieb er in seinen letzten Lebensjahren eine wesentlich friedlichere Gotenpolitik. Allerdings versuchte Chlodwig, wie der Vandale Thrasamund, zu verhindern, daß Theoderich auch König der Westgoten werde. Der Frankenkönig gestattete daher Gesalech, das vandalische Geld unter diejenigen Goten zu verteilen, die nördlich der Pyrenäen zurückgeblieben waren, und hier ein Heer aufzustellen. Erst als der glücklose Westgotenkönig zum zweiten Mal von den Ostgoten unter Dux Ibba geschlagen wurde, stellte Chlodwig jede weitere Unterstützung ein.

Chlodwig starb im Jahre 511, ohne das tolosanische Gebiet vollständig erobert zu haben. Mit seinen Nachfolgern kam es 512/13 oder 514/15 zu einem Friedensschluß, der den Goten den Süden der Novempopulana, möglicherweise Rodez sowie Toulouse beließ. Der Westgotenkönig Amalarich heiratete eine fränkische Prinzessin, und das Burgunderreich wirkte noch als Sperriegel zwischen der gallischen und der italischen Großmacht. Am Beginn der dreißiger Jahre – nun war auch Theoderich tot – wandte sich jedoch das Blatt. An einer gut eineinhalbtausend Kilometer langen Linie, die von Mitteldeutschland bis zum Tyrrhenischen Meer reicht, gingen die Frankenkönige zur Offensive über und bedrohten gleichzeitig die Westgoten an ihrer Südflanke. Bereits 531 erlitt Amalarich gegen seine Schwäger eine derartige Niederlage, daß auch der Sohn Alarichs II. an einem Frankensieg, wenngleich mittelbar, zugrunde ging: Seine eigenen Leute töteten ihn, weil er verloren hatte. Nahezu gleichzeitig eroberten die Franken das Thüringerreich, das mit den ostgotischen Amalern verbündet war, und besetzten Burgund, das in den Jahren 532 bis 534 endgültig die Selbständigkeit einbüßte. Als zur selben Zeit der byzantinisch-ostgotische Krieg ausbrach, präsentierten die Franken 535/36 ihre ‚bescheidenen' Forderungen. Sie wurden vom Kaiser umworben und auf ihre katholische Solidarität angesprochen, wollten aber neutral bleiben, sofern Ravena mit Gold und Ländern zahlte. Im Jahre 537 schloß Vitigis die unter König Theodahad begonnenen Verhandlungen ab, verzichtete auf die Provence, übertrug die ostgotische Oberhoheit über die Alamanen und den gesamten nordalpinen wie alpinen Raum vertraglich den Franken und zahlte zweitausend Goldpfund. Damit war freilich das letzte Wort in den ostgotisch-fränkischen Beziehungen nicht gesprochen. Die Dämme, die Theoderichs gentile Politik zum Schutze Italiens nicht zuletzt gegen die Franken errichtet hatte, waren von der römischen Reichsregierung selbst eingerissen worden. Aber der gotische Friede hat den Gotenkönig um ein Dezennium überlebt und insgesamt mehr als vier Jahrzehnte lang gehalten, was man von wenigen Sicherheitssystemen sagen kann.

Walter Pohl

Awaren und Franken

Etwa 20000 awarische Krieger standen im Jahr 558 in den Steppen nördlich des Kaukasus und warteten die Rückkehr ihrer Gesandten aus Konstantinopel ab. Diese Zahl, die ein türkischer Gesandter später den Römern mitteilte, ist im

Gegensatz zu sonst oft phantastischen Angaben der Quellen glaubwürdig. Auch die Stärke der Ungarn bezifferten arabische Autoren im 9. Jahrhundert mit 20000 Mann. Für damalige Verhältnisse eine beträchtliche Streitmacht – ein starkes Stammesheer der Völkerwanderungszeit umfaßte etwa 15000 bis 20000 Mann. Die römischen Armeen, die in Italien die Ostgoten niederrangen, waren meist nicht stärker als 12000 bis 18000 Soldaten. Obwohl die Gesamtstärke der Reichstruppen mit 200000 bis 300000 beziffert wurde, standen nur dreimal im Lauf des 6. Jahrhunderts kaiserliche Armeen von 30000 Mann im Feld.

Die großen Worte des Gesandten Kandich vor Justinian hatten also durchaus eine Grundlage. Solcherlei hochfahrende Äußerungen, mit denen Menander gerne seine Berichte schmückt, gehörten von Anfang an zum Repertoire der europäischen Awaren. Aus den Quellen geht hervor, wie viele Register die Botschafter aus der Steppe zu ziehen wußten. Im Auftritt der Gesandten drückte sich aber auch die augenblickliche psychologische Verfassung der Gens aus, die wiederum für den Erfolg entscheidend war. Vom Auszug aus Zentralasien an spielte der Awarenkhagan – gezwungenermaßen – höher als seine Konkurrenten. Binnen kurzem gelang es ihm so, seiner Gefolgschaft ein neues Selbstbewußtsein zu geben.

Die auffälligen Anleihen bei der skythischen Tradition waren kein Zufall, sondern deuten auf ein mythisch fundiertes Herrschaftsprogramm: der Awarenname, der bei den Gegnern Furcht und Schrecken auslöste; der Name (oder Titel) des Unterhändlers Targitios, der nach einem legendären Skythenkönig benannt war; vielleicht hat auch die Greifensage damit zu tun. Laut Priskos waren die Awaren einst von den Greifen am Ozean vertrieben worden. Eine ähnliche skythische Sage hatte schon Herodot nach Aristeas erzählt: Er nennt mehrfach die Gold hütenden Greifen am Ozean als gefährliche Nachbarn der im hohen Norden hausenden Hyperboreer und der einäugigen Arimaspen und bezeugt auch die skythische Greifen-Verehrung. Dieses Motiv wurde über ein Jahrtausend in der griechischen Ethnographie weitergegeben und findet sich im 6. Jahrhundert bei Stephanos Byzantios. Den Priskos-Bericht übernimmt zum Stichwort ‚Awaren' noch das hochmittelalterliche Suda-Lexikon. Der Greif ist in einer bestimmten Epoche des 8. Jahrhunderts zudem das verbreitetste Motiv der awarischen Kunst.

Insgesamt ergibt das eine faszinierende Assoziationskette, die über ein Jahrtausend Steppengeschichte überbrückt: ‚Abaris' war nach Herodot ein Hyberboreer; die Hyperboreer waren Nachbarn der Greifen; Greifen gaben um 460 den Anlaß zur ersten awarischen Wanderung; die Greifensymbolik war zeitweise in der awarischen Kunst von Bedeutung. Der Schluß auf eine Awarentradition der Steppenvölker ist freilich hypothetisch. Die Erwähnung bei Priskos zeigt im Grunde nur die mythologischen Assoziationen, die der Awarenname bei den Griechen auslöste. Auch beim spätawarischen Greifenstil ist umstritten, was davon der Steppenüberlieferung entspringt und was von Byzanz und den Sassaniden stammt. Immerhin spricht die Namengebung (Awaren, Targitios) für eigene Steppentradition. Doch sollte ohnehin keine schematische Trennung versucht werden. Die byzantinische Vorstellung von den Skythen und das Selbstbild der ‚skythischen' Awaren glichen sich im Verlauf des kulturellen Austausches wohl an. Byzantinische Handwerker haben sicherlich ihre Spuren in der Darstellungsweise des Fabeltieres hinterlassen. Doch kaum werden sie den Greifen erst in die awarische Mythologie eingeführt haben; denn das würde eine schwer vorstellbare Dürftigkeit in der Überlieferung der Steppenvölker bedeuten.

Eher ist anzunehmen, daß der Awarenname und die damit verbundenen Bilder auch in der Steppe sehr tiefgreifende mythologische Vorstellungen bei Freund und Feind auslösten, so wie es Theophylakt beschreibt. Die Awaren machten auch eine ‚Politik des Übernatürlichen': Ebenso wie man im Westen die Hunnen wegen ihrer angeblich übernatürlichen Herkunft fürchtete, schrieb man den Awaren magische Kräfte zu. Die Franken wurden durch magische Vorspiegelungen überwunden: „In den Künsten der Magie bewandert, zeigten sie (die Awaren) ihnen verschiedene Trugbilder und trugen einen großen Sieg davon."

Zu dieser mythischen Legitimation paßte der Stil der awarischen Politik, die häufig mit arrogantem Auftreten und der Einschüchterung der Gegner arbeitete. Die großen Worte der Gesandten wurden so zur ‚self-fulfilling prophecy'. Die vielschichtige und verheißungsvolle Tradition der War-Chunni-Awaren wurde durch den Erfolg immer aufs neue bestätigt und konnte dadurch zum gemeinsamen Nenner eines heterogenen Volkes werden. Der awarische Traditionskern wurde zum Anziehungspunkt auch für jene Reiterkrieger, die schon länger an der Reichsgrenze an den wechselhaften Kämpfen zwischen dem Imperium und den Barbaren teilnahmen. [...]

Als Justin II. 565 die Regierung übernahm, standen die Awaren noch immer jenseits der Donau.

Auch wenn es zu Kämpfen gekommen sein sollte, das Awarenheer legte eine auffällige Zurückhaltung an den Tag. Der alte Belisar und sein ‚letztes Aufgebot' mußten diesmal jedenfalls nicht mobilisiert werden. Dagegen machte das Awarenheer ganz woanders von sich reden: Entlang der alten Einfallstraße der Steppenvölker nördlich der Karpaten zog es gegen das Frankenreich. Kurz nach dem Tod Chlothars I. (5. Dezember 561) blieb sein Sohn Sigibert „in Thuringia iuxta Albim fluvium" Sieger über die Streitmacht des Khagans. Dieses Datum ist der einzige Anhaltspunkt für die Chronologie der Jahre 558–565. Überlicherweise wird das Tauziehen an der Donau auf 561–62 datiert, der Frankenzug auf 562. Allerdings gibt es keinen Grund, der gegen eine umgekehrte Reihenfolge spricht. Der Angriff auf die Franken wäre geographisch leichter an die Plünderung des Antenreiches nordöstlich des Karpatenbogens anzuschließen. Zudem würde damit eine sonst unerklärliche Kehrtwendung der awarischen Politik aus der Welt geschafft. Denn die Franken waren damals einer der gefährlichsten Feinde des Imperiums. Sie bedrohten die Konsolidierung der byzantinischen Position in Oberitalien, und der fränkische Dux Amingus hatte soeben den Truppen des Narses an der Etsch eine blutige Schlacht geliefert. Den Gefallen, den Franken in den Rücken zu fallen, machten die Awaren dem Kaiser wohl eher vor als nach dem ‚Kalten Krieg' an der Donau. Für diese Variante spricht schließlich, daß der ‚Magister militum per Armeniam' Justin vermutlich erst nach dem Friedensschluß mit den Persern (Ende 561) aus Lazikē abberufen wurde. Zum Jahr 563 stellt Victor Tonnensis die „erste" Gesandtschaft der Awaren, die Justinian „cum donis maximis" entließ; das paßt nicht ganz zu den bei Menander berichteten Ereignissen, aber es könnte sich um eine Verdichtung mehrerer Gesandtschaften handeln. Die Datierung Victors hinkt in dieser Zeit oft um ein bis zwei Jahre nach, doch könnte sie hier auf die Verwicklungen an der Donau 563 zutreffen. Den Frankenzug könnte man dann 562 ansetzen.

Es liegt immerhin „nahe, hinter dem awarischen Ritt an die Elbe die oströmische Diplomatie zu vermuten", ob es nun der Vertrag von 558 war oder ein nach der Gesandtenaffäre zustandegekommenes Übereinkommen. Doch kann das nicht die ganze Erklärung sein. Denn wenige Jahre später wiederholte der Khagan aus ebenso undurchsichtigen Gründen den Angriff auf den entlegenen Nordosten des Frankenreiches. Es war das Jahr, nachdem der neue Kaiser Justin dem Targitios mit schroffen Worten jede Tributzahlung verweigert hatte. Bei diesem Zug im Jahr 566 erlitt die fränkische Streitmacht eine schwere Niederlage. Die Awaren standen, wie der Chronist vermerkt, mit magischen Kräften im Bunde und lähmten den fränkischen Widerstand durch allerlei Fantasmen. Dabei geriet König Sigibert selbst in awarische Gefangenschaft. Doch er befreite sich rasch aus dieser mißlichen Lage: „Die er nicht durch Tapferkeit in der Schlacht überwinden konnte, überwand er durch die Kunst des Schenkens." Die Franken hatten also von den Römern nicht nur gelernt, siegreiche Feinde mit ‚Geschenken' zu versöhnen, sondern auch diese peinliche Tatsache mit schönen Worten zu bemänteln.

In einer neuerlichen überraschenden Wendung schloß der Khagan ein Bündnis mit dem Frankenkönig und versprach, gegen Verköstigung seines anscheinend schlecht versorgten Heeres binnen drei Tagen abzuziehen. Der Vertrag überrascht: warum der großangelegte Zug gegen das Frankenreich, wenn man sich nach einem glänzenden Sieg durch „Mehl, Hülsenfrüchte, Schafe und Rinder" zufriedenstellen ließ? Wieder sehen viele Forscher byzantinische Diplomaten am Werk, obwohl wir wissen, daß Justin II. erst kurz vorher einer awarischen Gesandtschaft eine Abfuhr erteilt hatte. Andere glauben, Sigibert hätte den Awaren in diesem Vertrag den ‚germanischen Osten' abgetreten und sahen darin den Beginn der Slawensiedlung an Elbe und Oder, was Fritze zurecht zurückweist. Kaum haltbar ist auch die Auffassung, Baian habe durch den Vertrag Sigiberts Unterstützung gegen die Gepiden erreicht.

Warum zog Baian zweimal hintereinander einem Angriff auf die immer noch reichen Balkanprovinzen die Expedition in Gebiete vor, in denen außer Versorgungsschwierigkeiten nichts zu erwarten war? Die durchschaubaren Interessen der kaiserlichen Politik können dem Historiker keine ausreichende Erklärung für die Motive des Khagans liefern. Auch die Argumentation, für einen Angriff auf das Reich seien die Awaren noch zu schwach gewesen, kann das ebenso riskante Unternehmen an der Elbe nicht erklären; gerade wenn man sich vergegenwärtigt, wie alltäglich barbarische Raubzüge auf dem Balkan geworden waren. Daß „der Schatten von Narses und Belisar in den Awarenlagern Angst und Schrecken verbreitete", ist kaum anzunehmen.

Erklärt man die awarischen Unternehmungen jener Jahre nur mit ihrer Angst oder ihrer „probyzantinischen Politik", impliziert man damit, daß sie keine eigene Strategie gehabt hätten. Doch barbarische Gentes sind nicht bloß Schachfiguren imperialer Politik. Schon Ernst Stein bemerkte, daß „die Diplomatie der Awaren eine Großzügigkeit und Logik zeigt, die zur Kulturstufe des Volkes in keiner Beziehung steht und der römischen ebenbürtig ist." Die awarische Politik ist freilich schwieriger zu erfassen, da sie nur aus den Zeugnissen des Gegners zu erschließen ist. Zudem findet sich der Historiker noch heute in imperialer Staatsräson besser zurecht als in der Strategie eines Nomadenherrschers.

Diese Schwierigkeit sollte jedoch nicht dazu führen, daß barbarische Politik überhaupt nicht erklärt wird. Fragt man nach ihren Bedingungen, so läßt sich durchaus ein innerer Zusammenhang herstellen, auch wenn dieses Bild hypothetisch bleibt. Ein solcher Erklärungsversuch darf sich nicht bloß an unseren Vorstellungen von politischer Nützlichkeit orientieren, denen etwa die beiden Frankenzüge Baians kaum gerecht werden. Genauso handlungsleitend waren Ideen von Legitimität, Prestige und Bewährung, die in der kultischen Sphäre verwurzelt waren. Sie waren entscheidend für den Zusammenhalt eines barbarischen Gemeinwesens und für den Erfolg seines Herrschers. Die Führungskunst des Khagans bestand darin, diese überlieferten Legitimationsformen der machtpolitischen Realität anzupassen und umgekehrt die Realität im traditionellen Sinn zu interpretieren. Die alttürkischen Inschriften und die im Theophylakt-Exkurs erhaltene Siegesbotschaft des Türkenkhagans zeigen eine solche rituell formalisierte Selbstdarstellung eines Steppenfürsten. Wesentliches Element darin ist, nach Himmelsrichtungen geordnet, die Aufzählung der unterworfenen Völker. Konstitutiv für ein Steppenreich dieses Typs war es, die Nachbarn auf allen Seiten besiegt zu haben.

Das erfordert keine tatsächliche Kontrolle über diese Völker. Ebenso wie die Türken noch nach Jahrzehnten die pannonischen Awaren als ihre Untertanen betrachten und diese Frage sogar zum springenden Punkt ihres Verhältnisses zu Byzanz machen, beansprucht Baian vom fernen Karpatenbecken aus die Jahrgelder der Kutriguren und Utiguren an der Mäotis, „weil Baian diese Völker nun gewiß beherrschte". Der Sieg des Khagans über alle erreichbaren gentilen Konkurrenten begründet also ein bestimmtes rituelles Ordnungsverhältnis und legitimiert seine Herrschaft. Es ist kein Zufall, daß die erste awarische Gesandtschaft sich vor Justinian rühmt, „alle" Feinde besiegen zu können, und später der Awarenkhagan vor dem Gesandten Theodoros behauptet, Herr aller Völker zu sein. Noch ausgeprägter ist diese Vorstellung bei den Türken; Turxanthos versichert: „Mir untersteht ja die ganze Erde, begonnen vom äußersten Osten, aufhörend im äußersten Westen."

Tatsächlich gelang es Baian, innerhalb weniger Jahre alle gentilen Konkurrenten aus dem Feld zu schlagen. Im Fall der Franken ist es offensichtlich, daß es nicht um eine Eroberung auch nur von Teilen des Frankenreiches ging. Entscheidend war, daß man die Niederlage von 562 nicht auf sich sitzen ließ; die rituelle Rangordnung mußte hergestellt werden, wollte sich der Khagan tatsächlich vor seinen Kriegern als ‚Welt'-Herrscher legitimieren. Eine ähnliche Bedeutung hatte vielleicht die seltsame Klausel im Pakt mit den Langobarden von 566/67, daß diese den Awaren ein Zehntel ihres Viehs überlassen mußten.

Hauptziel des ersten Jahrzehnts awarischer Politik war also die Erringung der Hegemonie im Barbaricum und dadurch die Festigung der Stellung des Khagans in einem wachsenden polyethnischen Kriegerverband. Ein zu schneller Großangriff auf das Reich hätte diese Strategie gefährdet. Erfahrungsgemäß spalteten sich plündernde Barbarenverbände auf Reichsboden häufig auf, wie es auch 558/59 dem Heer Zabergans geschah. Ein früher Mißerfolg hätte Baian überhaupt seine Position gekostet. Er beschränkte sich daher zunächst auf große Forderungen und kleine

Scharmützel. Durch diese vorsichtige Strategie legte der Khagan die Basis für die gentile Großmachtpolitik der folgenden Jahre. [. . .]

Ein Verband flüchtender Krieger nimmt einen erfolgverheißenden Namen an, baut als siegreiches Heer ein Reich auf und kann so zu einem Volk werden; als nach einem Vierteljahrtausend Tradition und Institutionen ihre motivierende Kraft verlieren, verschwindet dieses Volk, scheinbar ohne eine Spur zu hinterlassen. In dieser Sichtweise wird manches an der Geschichte der Awaren verstehbar, was noch die moderne Geschichtswissenschaft oft mit den Klischees der antiken Ethnographie erklären wollte: mit der Wildheit, Habgier und Unstetigkeit der Barbarenvölker. Was den Zeitgenossen, mehr noch der Nachwelt als Volk, als Abstammungsgemeinschaft erschien, war ein anfangs sehr uneinheitlicher Verband, den ein geheiligtes Gesetz auf ein bestimmtes Lebensmodell ausrichtete. Aware konnte nur bleiben, wer seinem Khagan folgte; niemand außerhalb seines Reiches wagte es, unter diesem Namen eine Herrschaft zu begründen; die Awaren aber, sogar die Khagane, blieben für den Außenstehenden fast namenlos, die Person ging in der Würde auf, die sie innerhalb der Gemeinschaft verkörperte. Ganz anders die Bulgaren: Kleinere oder größere Gruppen von Steppenkriegern konnten überall unter diesem Namen auftreten; nach dem Namen des Anführers ließen sie sich unterscheiden, ganz gleich welches Amt dieser bekleiden mochte. Bulgaren hatten nichts dagegen, byzantinischer Strategos, langobardischer Gastalde oder Awarenkhagan zu werden, und konnten dabei doch Bulgaren bleiben. Wann immer größere Kriegergruppen aus dem Awarenreich abwanderten, traten sie nicht als Awaren, sondern als Bulgaren auf. Wo immer aber ‚Awaren' die römische Bevölkerung aus ihrem Land verdrängten, ließen sie sich dort als Slawen nieder. Denn ‚Slawen' war das dritte barbarische Lebensmodell im nachgermanischen Osteuropa:

Der Verzicht auf bleibende militärische Konzentration, auf überregionale Herrschaft, das Verharren in lokalen Ackerbaugemeinschaften machte das slawische Modell ebenso verwundbar wie erfolgreich.

Drei Organisationsmodelle, die im ‚gentilen Ballungsraum' an der mittleren und unteren Donau drei unterscheidbare Völker entstehen lassen: So könnte man die ethnologischen Prozesse des 6. bis 8. Jahrhunderts zusammenfassen. Freilich sind diese Vorgänge nicht im modernen Sinn rein funktionell zu bestimmen; Tradition und Traditionsbruch, Beharrung und Eigensinn, Mythos und Täuschung, Ehrgeiz und Akkulturation entscheiden über Stetigkeit oder Wandel der ‚ethnischen Praxis'. Die – wirkliche oder geglaubte – Herkunft bestimmt die Lebensordnung ebensosehr wie umgekehrt. Der Fortgang dieser Entwicklung ist im mittel- und osteuropäischen Frühmittelalter noch offen, wie gerade das Beispiel der Awaren zeigt; ethnische Prozesse sind umkehrbar. Selbst der Begriff ‚Volk' bezeichnet recht unterschiedliche Realitäten, vom ‚politischen Ethnos' der Awaren, dem die zentrale Organisation Identität verleiht, bis zur verstreuten ‚Menge der Slawen', die zumeist erst unter fremder Verfassung historisch faßbar werden und doch kulturell und sprachlich verblüffend einheitlich erscheinen.

Der Erfolg einer Ethnogenese entscheidet sich daran, wie gut ethnische Praxis und gentile Politik auf die wechselnden Herausforderungen zu antworten vermögen. Die Geschichte der Awaren, so spärlich die Quellen sind, stellt ein lehrreiches Beispiel dafür dar. Nicht Arroganz und regellose Plünderung machten die Awaren zur Großmacht, sondern kalkulierte Machtpolitik. Diese mythisch fundierte ‚gentile Staatsräson', ihre Voraussetzungen und Möglichkeiten, lassen sich in allen Äußerungen der Politik der Khagane verfolgen. Aus einer Koalition der Geschlagenen und Unzufriedenen, die 558 aus dem neuerrichteten Türkenreich abzog, machte ein ehrgeiziges Herrschaftsprogramm, das sich erfolgverheißender Traditionen bediente, rasch einen entscheidenden Machtfaktor an der byzantinischen Nordgrenze. Während in den letzten Jahren Justinians verschiedene ‚hunnische' und andere Gentes in scharfer Konkurrenz miteinander die Balkanprovinzen ausplünderten, wandten sich die Awaren Baians gezielt als Verbündete des Kaisers gegen die zerstrittenen Barbarenvölker, während das Imperium zunächst geschont wurde.

Edith Ennen

Merowingerinnen: Brunhilde und Fredegunde

Im fränkischen Reich stand das Königtum dem Haus der Merowinger zu. Erbberechtigt war nur der Mannesstamm; eine feste Thronfolgeordnung gab es nicht. Das Reich wurde geteilt, den ersten Anspruch hatten die volljährigen Söhne des verstorbenen Herrschers, doch auch die Friedelkinder und Unehelichen hatten ein gewisses Erbrecht; es bedurfte der Bestätigung durch den Vater. Auch Brüder des verstorbenen Königs kamen als Thronerben in Betracht. Als Chlothar I. 561 starb, hinterließ er vier Söhne, unter die das Reich aequa lancea geteilt wurde, wobei auch zu berücksichtigen war, daß jeder Merowinger als Frankenkönig einen Anteil an der Francia – am nordgallischen Raum – erhalten mußte. So erhielt Charibert Paris, Guntram Orléans, Sigibert I. Reims und Chilperich I. Soissons. Als Charibert schon 567 starb, wurde eine Dreiteilung geschaffen, die Hauptstadt Paris kam unter gemeinsame Herrschaft.

Die Ehefrauen der Merowinger kamen entweder aus anderen Königshäusern oder aus Magnatenfamilien oder auch aus dem Gesinde. Die Ehen mit Königstöchtern waren Muntehen, die königliche Gattin konnte auch nicht entlassen werden. Die Merowinger hatten zwar recht viele Frauen, aber sie führten nicht mehrere Muntehen nebeneinander. Die Königinwitwe spielte, wenn sie am Hof blieb, oft eine sehr gewichtige Rolle. Das muß man wissen, um den Bruderkrieg zu verstehen, der unter den Söhnen Chlothars entbrannte und an dem Frauen verhängnisvollen Anteil hatten. Gregor von Tours erzählt: „Als nun König Sigibert sah, daß seine Brüder sich Weiber wählten, die ihrer nicht würdig waren, und sich so weit erniedrigten, selbst Mägde zur Ehe zu nehmen, da schickte er eine Gesandtschaft nach Spanien und freite mit reichen Geschenken um Brunichilde, die Tochter König Athanagilds. Denn diese war eine Jungfrau von feiner Bildung, schön von Angesicht, züchtig und wohlgefällig in ihrem Benehmen, klugen Geistes und anmutig im Gespräch. Der Vater aber versagte sie ihm nicht und schickte sie mit großen Schätzen dem Könige. Der versammelte die Großen seines Reichs, ließ ein Gelage anrichten, und unter unendlichem Jubel und großen Lustbarkeiten nahm er sie zu seinem Gemahl. Und da sie dem Glauben des Arius ergeben war, wurde sie durch die Belehrung der Bischöfe und die Zusprache des Königs selbst bekehrt, glaubte und bekannte die heilige Dreieinigkeit und wurde gesalbt". – Die Salbung bezeichnet die Aufnahme Irrgläubiger in die rechtgläubige Kirche. – „Und bis auf den heutigen Tag verharrt sie in Christi Namen im katholischen Glauben.

Als König Chilperich dies sah, freite er, obschon er bereits mehrere Weiber hatte, um Galsvintha, Brunichildens Schwester, wobei er durch seine Gesandten versprach, die anderen Weiber zu verlassen, wenn er nur ein ihm ebenbürtiges Königskind zur Ehe empfinge. Der Vater glaubte diesen Versprechungen und übersandte ihm seine Tochter gleich wie die frühere mit reichen Schätzen. Galsvintha war aber älter als Brunichilde. Und als sie zum König Chilperich kam, wurde sie mit großen Ehren aufgenommen und ihm vermählt; auch wurde sie von ihm mit großer Liebe verehrt. Sie hatte nämlich große Schätze mitgebracht. Sie trat auch zur rechtgläubigen Kirche über und wurde gesalbt. Aber des Königs Liebe zu Fredegunde, die er schon früher zum Weibe gehabt hatte, brachte schweren Streit zwischen ihnen. Galsvintha beklagte sich beim König über die Kränkungen, die sie unaufhörlich zu ertragen habe, und daß sie bei ihm nichts gelte, daher bat sie, er möge die Schätze behalten, welche sie mit sich gebracht habe, aber sie selbst frei in ihr Vaterland heimziehen lassen. Der König aber ging heimtückischerweise nicht darauf ein, sondern begütigte sie durch sanfte Worte. Endlich ließ er sie durch einen Dienstmann erdrosseln und fand sie tot in ihrem Bette [. . .] Der König aber nahm, als er die Tote beweint hatte, nach wenigen Tagen abermals Fredegunde zu seinem Gemahl." Eine solche gewaltsame Beseitigung einer Königin war bei den Merowingern immerhin selten; schuld war die verzehrende Leidenschaft des Königs für Fredegunde, die zum Gesinde seiner früheren Gemahlin Audovera gehört hatte.

Die Ermordung Galsvinthas war neben den territorialen Auseinandersetzungen eine wesentliche Ursache des nun in voller Schärfe ausbrechenden Konfliktes zwischen Sigibert und Chilperich; er endete 575 mit der Ermordung Sigiberts auf Anstiften der Fredegunde: „Als Sigibert nach dem Hofe kam, der Vitry genannt wird – bei Arras –, sammelte sich um ihn das ganze Heer der Franken, hob ihn auf den Schild und setzte ihn sich zum König. Da drängten sich zwei Dienstleute, welche die Königin Fredegunde berückt hatte, mit tüchtigen Messern, die man Scramasax nennt und die vergiftet waren, an ihn heran, als ob sie ihm eine Sache vorzutragen hätten, und stießen sie ihm in beide Seiten. Da schrie er laut auf, stürzte zusammen und hauchte nicht lange danach den letzten Atem aus". Brunichilde war zu dieser Zeit mit ihren Kindern in Paris. Herzog Gundowald, ein Gegner Chilperichs, rettete den fünfjährigen Sohn Sigiberts, Childebert II., aus Paris, während Brunichilde selbst zunächst in die Gefangenschaft Chilperichs geriet, sich aber

577 in das Herrschaftsgebiet ihres Sohnes flüchten konnte. Zwischen Brunichilde und Fredegunde herrschte der blanke Haß; Brunichilde hat aber nicht gedungene Mörder beauftragt, und sie hatte auch ein eigenes politisches Konzept; die ehemalige westgotische Prinzessin hat ein andereres Verhältnis zur Macht, einen anderen politischen Stil als die von der Dienstmagd zur Königin steil aufgestiegene Fredegunde, die „regina pulchra et ingeniosa nimis et adultera". Brunichilde veranlaßte ein Bündnis mit König Guntram, wurde aber von einer Aristokratengruppe in der Champagne und an der Maas, deren Kopf der Metropolit Aegidius von Reims war, ausgeschaltet; diese Großen nahmen freundschaftliche Beziehungen zu Chilperich auf. Doch gelang es Brunichilde, dieses Bündnis zu Fall zu bringen. Im Herbst 584 wurde Chilperich, der „Nero und Herodes unserer Zeit", wie Gregor ihn nennt, ermordet. Gregor kreidet ihm unter anderen gewichtigeren Missetaten an, daß in zwei von ihm verfaßten Büchern die Verse „lahm" sind; sie „können nicht auf ihren Füßen stehen, denn aus Unkenntnis setzte er kurze Silben statt langer und lange statt kurzer". Immerhin – er hatte gewisse literarische Interessen und war wohl der wendigste Politiker unter seinen Brüdern gewesen. Jetzt gewann König Guntram von „Burgund", wie sein Reichsteil später genannt wurde, das Übergewicht; er nahm Fredegunde und ihren drei Monate alten Sohn Chlothar unter seinen Schutz und legte die Hand auf Paris. Die Alleinherrschaft hat er aber nicht erstrebt, er respektierte die Regierung Childeberts und die Regentschaft für Chlothar. Allerdings verschlechterten sich bald seine Beziehungen zu Fredegunde. 585 und 586 wurden Childebert die Söhne Theudebert und Theuderich geboren. Im Vertrag von Andelot 587 wurden die Streitfragen mit Childebert II. geregelt. Die beiden Höfe – Paris-Reims – vereinbarten auch eine Ausschaltung der Guntram feindlich gesinnten Großen des Ostlandes, Austrien. Es war dieselbe Gruppe, die auch Brunichilde reserviert bis feindlich gegenüberstand. Die

Aktion fand ihren Abschluß in dem Prozeß gegen den Metropoliten Aegidius von Reims. Dieser gemeinsame Sieg Guntrams und Brunichildes war zugleich ein Sieg des monarchischen Prinzips. Das bald „Neuster" genannte Reich der Chilperichfranken war jetzt räumlich stark eingeengt; Fredegunde spielte da eine ziemliche Rolle, war aber in einer schwierigen Lage, bis sie sich 591 mit Guntram aussöhnte, mit dem sie sich entzweit hatte. Als Guntram 593 starb, trat Childebert II. sein Erbe an, starb aber bereits 596 im Alter von 26 Jahren. Das Zeitalter Brunichildes brach an. Ihr Enkel Theudebert II. folgte im Ostreich, Theuderich II. in „Burgund". Die Opposition der austrasischen Großen wuchs wieder an. 597 starb ihre Todfeindin Fredegunde. Brunichildes Enkel besiegten Fredegundes Sohn Chlothar II. Die austrasische Adelsopposition hat vielleicht Brunichilde veranlaßt, ihre politischen Ziele, die Einheit des Reiches herzustellen und die Monarchie zu festigen, nicht mit Theudebert, dem Herrschaftsnachfolger ihres verstorbenen Gemahls Sigibert, sondern mit Theuderich, dem Nachfolger Guntrams, zu verfolgen. Sie bediente sich dabei des Senatorenadels, ernannte gegen den Widerstand der fränkischen Großen den Romanen Protadius zum Hausmeier Theuderichs und nach dessen Ermordung den Römer Claudius. Im Bruderkrieg zwischen ihren Enkeln siegte Theuderich und nahm Theudebert gefangen; er wurde mit seinem Sohn nach Chalon gebracht, wo beide umgekommen sind, nachdem Brunichilde vergeblich versucht hatte, durch eine Klosterhaft des Enkels und Urenkels das Schlimmste zu verhindern. Theuderich rüstete nun zum Kampf mit Chlothar II., starb aber, 27 Jahre alt, 613 in Metz. Ein schwerer Schlag für Brunichilde. Sie ließ sofort den elfjährigen Sohn Theuderichs, Sigibert II., zum König erheben. Das bedeutete praktisch eine lange Regentschaft der alten Königin und stieß auf einmütigen Widerstand der Großen. Sie riefen Chlothar II. ins Land. Das Heer, das Brunichilde Fredegundes Sohn entgegenstellte, löste sich kampflos auf. Brunichilde floh, wurde aber gefangengenommen und Chlothar ausgeliefert. Er ließ sie auf ein wildes Pferd binden und zerreißen. „Ihr Grab war das Feuer, ihre Gebeine wurden verbrannt". „Der Tod dieser Westgotin," sagte Steinbach, „die mit Hilfe von Nachfahren römischer Senatoren eine neue Zentralregierung zu schaffen versucht hatte, war das grausige Ende der Bemühungen, von Burgund her das Reich zu erneuern. Der Versuch ist am Widerstand des burgundisch-austrischen Adels gegen die Königsherrschaft gescheitert."

Schicksale merowingischer Königinnen. Wir halten fest, daß ihre mitunter entscheidende politische Einflußnahme zu Lebzeiten des Gatten nicht auf einer verfassungsrechtlichen Position beruhte; als Königinwitwe-mutter-großmutter, also als Regentin und Vormund, vermochten starke Frauen durchaus sich durchzusetzen.

Joachim Herrmann

Slawen und Franken: Samo

626 griffen die Awaren in Absprache mit den Persern, die vom Osten das Byzantinische Reich bedrängten, nach dem Herzen dieses Reiches. Sie belagerten die Kaiserstadt Konstantinopel. Im Gefolge der Awaren befanden sich Heereskontingente von Gepiden, Bulgaren, Slawen. Die Slawen hatten unter anderem mit ihren Schiffen an der Belagerung der Kaiserstadt von See her teilzunehmen. Die awarische Katastrophe vor Konstantinopel begann mit der Niederlage der slawischen Flotte. Die kleinen Schiffe der Slawen wurden zu Dutzenden von der kampferfahrenen byzantinischen Marine versenkt. Darauf folgten Panik und fluchtartiger Rückzug des awarischen Landherres. Zur gleichen Zeit wurden die Perser geschlagen, und Byzanz erstarkte erneut.

Für die Stämme auf dem Balkan brachte der byzantinische Sieg neue Abhängigkeit. Hingegen nutzten die Stämme im nördlichen und westlichen Vorfeld des awarischen Donaulandes die Konzentration der awarischen Streitkräfte vor Konstantinopel und deren Niederlage, um sich zu erheben. Zur Zeit des Aufstandes kam der bereits erwähnte Samo, ein Kaufmann fränkischer Herkunft, in das Land. Er führte eine Handelskarawane an. Nicht auszuschließen ist, daß Samo im direkten Auftrag des Frankenkönigs Dagobert handelte und dessen Unterstützung vorweisen konnte. Den Franken war nach mehreren Niederlagen und häufigem Geplänkel mit den Awaren an einer Schwächung der Herrschaft des Khans gelegen. Samo gehörte keinem slawischen Stamm an; daher fiel es der Gentilaristokratie der slawischen Stämme leicht, sich gleichsam auf einen in gentilpolitischer Hinsicht neutralen Dritten zu verständigen und ihm die Führung des Aufstandes und die Verteidigung der errungenen Freiheit anzuvertrauen. Der fränkische Krieger-Kaufmann war „tapfer", er erwies sich den slawischen Stämmen, wie es in der Chronik Fredegars heißt, als „nützlich" und blieb 35 Jahre an der Spitze des antiawarischen Verbündnisses, das hin und wieder auch als „Herrschaft" oder „Staat" bezeichnet wird. Tatsächlich war es wohl ein lockerer, auf gemeinsamen antiawarischen Interessen beruhender Stammesbund, dem zeitweise die Stämme zwischen Alpen und Saale angehörten.

Diese Stämme und damit auch Samo gerieten um 631 in eine Zwei-Fronten-Position: Der Frankenkönig Dagobert, der die Erhebung Samos gegen die Awaren zunächst mit Wohlwollen verfolgt oder gar unterstützt hatte, war keineswegs an einer stabilen politisch-militärischen Macht vor den Grenzen seines Reiches interessiert. Er verlangte daher nach dem siegreichen Aufstand gegen die Awaren von Samo und den slawischen Stämmen „seines Reiches" Unterwerfung und Gehorsam.

Anlaß, um diese Forderung vorzubringen und einen Krieg vom Zaune zu brechen, war der Raubüberfall auf fränkische Kaufleute im Reich Samos, ein Ereignis, wie es an und für sich im frühen Mittelalter gang und gäbe war. Der Frankenkönig sah darin jedoch die Möglichkeit zur diplomatischen Intervention und schließlich, als diese zu keinem Ergebnis führte, zum Krieg. Samo konnte dem Ansinnen der Gesandten des Frankenkönigs, die auf Unterwerfung bestanden, nicht nachgeben, wollte er seine Macht im Stammesbund behaupten. Die diplomatischen und militärischen Vorgänge um die fränkisch-slawischen Beziehungen in den Jahren 631 und 632 gehören zu den wenigen, die uns aus einer so frühen Zeit anschaulich von einem Chronisten jener Zeit – von Fredegar – überliefert werden. Daher soll dieser hier ausführlicher zu Worte kommen:

„In diesem Jahre töteten die Slawen, die auch Wenden genannt werden, Franken, die im Reiche Samos Handel trieben, zusammen mit einer großen Schar und beraubten sie ihrer Güter; dies war der Anlaß zu einem Streit zwischen Dagobert und dem König der Slawen, Samo. Dagobert schickte nämlich Sycharius als Gesandten zu Samo mit dem Verlangen, er solle den Befehl erteilen, für die Kaufleute, die Samos Leute getötet hatten, und deren Güter, die sie gegen jedes Recht an sich gebracht hatten, eine gerechte Entschädigung zu leisten. Da Samo Sycharius nicht sehen wollte und ihm nicht die Erlaubnis gab, sich zu ihm zu begeben, bekleidete sich Sycharius wie ein Slawe und erschien so mit seinem Gefolge vor Samo und trug ihm alles vor, was ihm aufgetragen war. Wie es nun aber die heidnische Art und der Stolz böser Menschen mit sich bringt, leistete Samo keine Entschädigung für das, was seine Leute angestellt hatten, er zeigte sich lediglich bereit, über diese und andere Streitpunkte, die zwischen den (beiden) Parteien aufgebrochen waren, Gerichtsverhandlungen anzusetzen, damit beiden Seiten ihr Recht zuteil würde. Sycharius aber stieß in der Art von törichten und unvorsichtigen Gesandten Schmähungen, die ihm nicht aufgetragen waren, und Drohungen gegen Samo aus, so etwa, daß Samo und das Volk in seinem Reiche Dagobert Dienstbarkeit schuldeten. Samo antwortete, nun schon tief verletzt: ‚Sowohl das Land, das wir bewohnen, gehört Dagobert als auch wir gehören ihm, wenn er sich nur dazu versteht, das freundschaftliche Verhältnis mit uns einzuhalten.' Da versetzte Sycharius: ‚Es ist unmöglich, daß Christen und Diener Gottes mit Hunden ein Bündnis schließen können.' Da hielt ihm Samo entgegen: ‚Wenn ihr die Diener Gottes seid und wir seine Hunde sind, dann ist uns, solange sich euer Handeln unablässig gegen ihn richtet, erlaubt, euch mit unseren Zähnen zu zerfleischen.' Dann wurde Sycharius aus der Audienz bei Samo hinausgeworfen. Als er Dagobert darüber unterrichtete, ließ dieser stolz und überheblich aus dem gesamten Reich der Austrasier ein Heer gegen Samo und die Wenden aufbieten; während das Heer in drei Heersäulen über die Wenden herfiel, zogen auch Langobarden als Hilfstruppen Dagoberts ebenso feindlich gegen die Slawen. Während die Slawen sich dagegen an verschiedenen Orten (zum Widerstand) vorbereiteten, errang das Heer der Alemannen unter dem dux Chrodobert dort, wo es einfiel, einen Sieg. Auch die Langobarden siegten, und so schleppten die Alemannen und Langobarden eine riesige Menge gefangener Slawen mit sich. Als aber die Austrasier die Festung Wogastisburg, in der sich eine sehr große Zahl tapferer Wenden verschanzt hatte, belagerten und drei Tage lang bestürmten, wurden dort viele aus dem Heere Dagoberts mit dem Schwert niedergemacht; daraufhin ließen die Austrasier alle Zelte und all ihren Besitz zurück und kehrten in überstürzter Flucht heim. Seither fielen die Wenden zu wiederholten Malen in Thüringen und anderen Landschaften des Frankenreiches ein, um sie auszuplündern; ja sogar Dervanus, der dux des Volkes der Sorben, die von slawischer Herkunft waren und schon seit jeher zum Reiche der Franken gehört hatten, unterstellte sich mit seinem Volk dem Reiche Samos. Diesen

Sieg, den die Wenden gegen die Franken errangen, verdankten die Slawen nicht sosehr ihrer Tapferkeit als der (Kampfmoral) der Austrasier (die sehr gering war), seit sie erkannten, daß sie Dagobert verhaßt waren und von ihm unaufhörlich ausgeplündert wurden."

Über Aufbau und Struktur des „regnum", des „Königreichs", des Samo ist wenig bekannt. Nicht einmal über die wahrscheinlich wechselnde Ausdehnung gibt es sichere Nachrichten. In seinem Reiche bestanden die Stammesverbände und Häuptlingsschaften fort. Aber sie fanden offensichtlich – frei von der Herrschaft der Awaren und der Franken – günstigere Bedingungen für eine eigene Entwicklung. Der Reichtum der Stämme blieb im Lande, floß nicht mehr als Tribut an die Awaren ab. Gleichzeitig war damit der Weg für die Ausprägung von entwicklungsbegünstigten Gebieten frei. Das führte zur Herausbildung ungleicher Machtpositionen der Stammesfürsten. Kämpfe um die Vorherrschaft, wechselseitige Niederlagen und schließlich Herrschaftsakkumulationen waren die Folge. In der schriftlich überlieferten Geschichte lassen sich Vorgänge solcherart erst seit dem 8./9. Jh. verfolgen. Sie beziehen sich vor allem auf das Königreich der Karantanen, das im Süden auf dem Boden des Samoreiches erstarkte, auf Mähren, das zum Zentrum eines Reiches, des Großmährischen Reiches, wurde. Im oberen Weichselgebiet gelangten die Wislanen zur Vorherrschaft. Dagegen dauerte in Böhmen und im Sorbengebiet die gentilgesellschaftlich überkommene Zersplitterung an. Im Jahre 845 ist z. B. von „14 böhmischen Fürsten" die Rede, die in Regensburg getauft wurden. Der Bayerische Geograph, ein fränkischer Chronist aus der Mitte des 9. Jh., verzeichnet für das damalige Böhmen 15 civitates, d. h. 15 Burgmittelpunkte samt zugehörenden Gebieten. Es liegt nahe, in den Burgen die Sitze dieser Kleinfürsten oder Häuptlinge zu sehen.

Das Samoreich war also kein Staat. Entstanden im Aufstand gegen die Awaren und bewährt in der Abwehr der fränkischen Herrschaftsansprüche, ebnete es den Weg zur

Konstituierung eigenständiger Stammesherrschaften und Stammesreiche im westslawischen Gebiet. Es hatte sich erwiesen, daß eine selbständige Entwicklung nur in Auseinandersetzung mit den großen Mächten im mittleren Donaugebiet und im Frankenreich zu sichern war. Aber auch die Chancen, eine solche Auseinandersetzung zu gewinnen, waren offenkundig geworden.

Mit dem erfolgreichen Aufstand slawischer Stämme unter Samos Führung zwischen 623 und 632 waren die slawischen Wanderungen nach Westen im wesentlichen abgeschlossen. Der Aufstand bewies, daß diese Stämme Fuß gefaßt hatten, die seit ein bis zwei Generationen von ihnen besetzten Ländereien als ihre Heimat ansahen und um deren Unabhängigkeit kämpften. Insofern eröffnete das Samoreich eine neue Epoche slawischer Geschichte, die Epoche der Herausbildung von Klassengesellschaft und Staat auf eigener Grundlage.

Ian Wood

Frisia und die Länder östlich des Rheins

Es ist wahrscheinlich, daß die Merowinger bereits in den zwanziger und dreißiger Jahren des sechsten Jahrhunderts das Gebiet am niederen Rhein unter Kontrolle hatten. Jedenfalls gibt es kaum Hinweise auf eine unabhängige Frisia in der frühen Merowingerzeit. Eine Ausnahme stellt eine Münze mit der Inschrift AVDVLFVS FRISIA und VICTVRIA AVDVLFO dar, die dem sechsten Jahrhundert zugeschrieben wird. Im Gegensatz dazu gibt es jedoch Gedichte von Venantius Fortunatus, in denen vom Terror Chilperichs gegen die Friesen berichtet wird. Die Geschichte der Missionierung aber läßt vermuten, daß die Franken vor der Herrschaft Dagoberts I. (623/29-639), der in Utrecht einen Vorposten der christlichen Mission gründete, dem Gebiet nur wenig Aufmerksamkeit schenkten. Allerdings zeigen die Probleme, mit denen Willibrord und Bonifatius in diesen Gebieten später zu kämpfen hatten, daß auch Dagoberts Politik hier nur vorübergehenden Erfolg hatte.

Im Süden scheint Chlodwig nach seinem Sieg über die Alamannen (506) alamannisches Territorium ins Merowingerreich übernommen zu haben. Dennoch behauptete die Region eine eigenständige Identität, mit eigenen *duces* und eigenem Recht *(lex Alamannorum)*, das wahrscheinlich von Chlothar II. kodifiziert wurde. Zu Beginn des achten Jahrhunderts zeigt eine Erneuerung der Stammesrechte durch den alamannischen *dux* Lantfried jedoch deutlich eine zunehmende Unabhängigkeit von der Herrschaft der Merowinger. Aus der Religionsgeschichte des oberen Rheingebietes lassen sich weitere Details ableiten. Im frühen siebenten Jahrhundert unterstützte Theudebert II. die Aktivitäten Columbans in der Gegend von Bregenz. Überlieferungen aus dem achten Jahrhundert über den Schüler Columbans, Gallus, berichten jedoch davon, daß der Bodensee am Rande des Einflusses der Merowinger stand. Das könnte andeuten, daß die weltlichen und religiösen Autoritäten in diesen Gebieten weitgehend sich selbst überlassen waren.

Für die Geschichte der Gebiete weiter im Osten, für Bayern, ist die Interpretation der Quellen mit besonderen Problemen verbunden. Obwohl es in merowingischen und karolingischen Quellen zahlreiche Hinweise auf die Region gibt, stammt ein beträchtlicher Teil der Quellen aus der Feder des Langobarden Paulus Diaconus, der gegen Ende des achten Jahrhunderts schrieb. Paulus schätzte allerdings die Stellung der bayerischen Herrscher, der Agilolfinger, weit höher ein als andere Autoren des frühen Mittelalters. Nach Gregor von Tours, der vor 595 schrieb, verheiratete Chlothar I. Theudebalds Witwe Walderada mit dem bayrischen *dux* Garibald. Für Paulus Diaconus war Garibald der König der Bayern. Auch berichtet er, daß Childebert II. (575–96) Tassilo I. zum König machte; eine Bemerkung, die einerseits das Bild der königlichen Macht der Agilolfinger bestärkt, andererseits aber auch auf den merowingischen Einfluß darauf verweist. Garibald und Tassilo gehörten beide dem Geschlecht der Agilolfinger an. Durch Theudelinda, die Tochter Garibalds, waren sie auch mit einer Reihe von langobardischen Königen verwandt. Vielleicht hat Paulus aufgrund dieser Verwandtschaft den Status von Garibald und Tassilo überschätzt. Andererseits könnte Gregor die Verhältnisse zu einfach dargestellt haben, indem er den Status von Garibald einfach als den eines *dux* wiedergab. Die fränkische Herrschaft über Bayern zu Beginn des siebenten Jahrhunderts läßt sich jedenfalls an der Rolle der Merowinger als Gesetzgeber des bayrischen Stammesrechts, der *le*x Baiwariorum, ablesen. Und auch Dagobert I. konnte noch den Bayern sagen, was sie zu tun hatten: Einem Bericht Fredegars zufolge ließ er eine Gruppe von Bulgaren in Bayern ansiedeln und befahl dann ihre Exekution.

Das Gleichgewicht zwischen Unterordnung unter die fränkische Herrschaft und unabhängiger Autorität, wie es die Position der Agilolfinger repräsentiert, veränderte sich während des siebenten Jahrhunderts. Bayern wurde Zufluchtsort für die Gegner der Pippiniden, die den fränkischen Königshof nach 687 beherrschten: Die weltliche Macht der Agilolfinger war offensichtlich groß genug, um Schutz gegen die Pippiniden zu bieten. So floh Rupert, der spätere Abtbischof von Salzburg, vermutlich wegen eines Konflikts mit Pippin II., am Ende des siebenten Jahrhunderts, von Worms nach Bayern. Engere Verbindungen als mit dem merowingischen Frankenreich schien Bayern im frühen achten Jahrhundert mit dem langobardischen Italien gepflegt zu haben. Das geht zumindest aus der Vita Corbiniani hervor, die gegen Ende des achten Jahrhunderts von Arbeo von Freising geschrieben wurde. Die Quellen jedenfalls weisen darauf hin, daß sich Bayern nach dem Ende der Herrschaft Dagoberts mehr und mehr dem Einfluß der fränkischen Zentralgewalt entzog.

Die zunehmende Instabilität der fränkischen Herrschaft zeigt sich auch in der Geschichte Thüringens, im Norden Bayerns. Nachdem die Thüringer von Theuderich I. und Chlothar I. um 520 besiegt worden waren, scheint Thüringen dem austrasischen Königreich untergeordnet worden zu sein. Aber daß es weiter starke Ressentiments gegen die Herrschaft der Franken gab, zeigte sich, als die Thüringer gegen Mitte des sechsten Jahrhunderts einen Aufstand der Sachsen gegen Chlothar unterstützten. Vierzig Jahre später folgte ein weiterer Aufstand gegen Childebert II., aber im Bürgerkrieg des Jahres 612 unterstützten sowohl Sachsen als auch Thüringer Theudebert II. gegen Theuderich II. Während der Herrschaft Dagoberts I. war Thüringen zahlreichen Angriffen der Slawen ausgesetzt. Diese Attacken wurden von einem *dux* Radulf zurückgeschlagen. Einem Bericht Fredegars zufolge soll Radulfs militärischer Erfolg einer der Gründe gewesen sein, die ihn zu einem Aufstand gegen Sigibert III. ermutigten. Nach seinem Sieg nannte sich Radulf König von Thüringen.

Östlich des Rheins scheint Radulfs Aufstand tatsächlich langfristige Auswirkungen auf den Einfluß der Merowinger gehabt zu haben. Obwohl die Informationen über die Region nach 639 sehr spärlich werden, deutet die Passio Kiliani, die im neunten Jahrhundert geschrieben wurde, eine Periode der Unabhängigkeit unter den Nachfolgern Radulfs, Hetan I., und dessen Sohn Gozbert, an. Von letzterem wird erzählt, daß er sich von dem Missionar Kilian, der im siebenten Jahrhundert lebte, bekehren ließ. Das Heidentum Gozberts könnte als weiterer Hinweis auf die Unabhängigkeit von den Merowingern gesehen werden. Sein Sohn, Hetan II., jedenfalls war zweifellos ein Christ, und wir wissen von ihm, daß er den Missionar Willibrord unterstützte. Trotzdem scheint er bei den Pippiniden/Karolingern in Ungnade gefallen zu sein, da er, wie die Passio Kiliani berichtet, aus seinem *regnum* vertrieben wurde. Danach arbeitete Bonifatius mit Zustimmung der Karolinger in Thüringen. Als Karl Martell im Jahre 740 die Macht unter seinen beiden Söhnen teilte, übertrug er Austrasien, Alamannien und Thüringen seinem Sohn Karlmann; Thüringen war also wieder unter fränkischer Kontrolle.

Obwohl die Merowinger zu sächsischem Gebiet schwer Zugang hatten, stand auch dieses Gebiet unter ihrem Einfluß. Nach Gregor von Tours waren die Sachsen zur Zeit Theuderichs I. ein unterworfenes Volk. Gregor beschreibt die Sachsen eindeutig als Rebellen, wenn er über ihren Sieg über Chlothar I. um die Mitte der 50er Jahre des sechsten Jahrhunderts berichtet. Weitere Informationen über die Sachsen gibt Gregor nicht, doch Chlothar scheint vor seinem Tode die Oberherrschaft der Franken wiederhergestellt und die Sachsen zu einem Tribut von 500 Kühen pro Jahr verpflichtet zu haben. Berichten Fredegars zufolge wäre diese Übereinkunft bis zur Zeit Dagoberts I. beibehalten worden. Dann hätten die Sachsen statt des Tributs den militärischen Schutz der Ostgrenze gegen die Slawen angeboten. Tatsächlich ist es strittig, ob dieser Tribut jährlich von der Zeit Chlothars I. bis Dagobert I. gezahlt wurde. Es gibt nämlich im *Liber Historiae Francorum* einen Hinweis darauf, daß Chilperich I. und Sigibert I. gegen die Sachsen zu Felde gezogen wären, ein Hinweis, der auch in Gedichten von Venantius Fortunatus bestätigt wird. Auch beschreibt der *Liber Historiae Francorum* einen weiteren Aufstand der Sachsen gegen Dagobert I. vor 629. Chlothar II. griff militärisch ein, um Dagobert zu retten, ein Ereignis, das sogar in einem Gedicht festgehalten wurde. Es wird berichtet, daß noch Frauen im neunten Jahrhundert Lieder über diesen Feldzug gesungen haben sollen. Wie andere von den Franken unterworfene Völker, so verschwinden auch die Sachsen aus den Aufzeichnungen des späten siebenten Jahrhunderts und tauchen im achten Jahrhundert wieder als Teil der Koalition gegen Karl Martell auf. Karl und seine Söhne Karlmann und Pippin III. setzten sich gegen ihre Gegner durch. Pippin III. verpflichtete die Sachsen wieder, den Tribut, der ihnen ursprünglich von Chlothar I. auferlegt worden war, zu zahlen. Unter Karl dem Großen wurde Sachsen nun endgültig in das karolingische Reich integriert. Erst zu diesem Zeitpunkt wurde das Heidentum, das unter Widukind zu einem Schlüsselelement der sächsischen Unabhängigkeit geworden war, vernichtet.

Die Beziehungen zwischen den Merowingern und ihren Nachbarn im Osten waren ein äußerst wichtiger Aspekt fränkischer Macht und Politik. Der Tribut, den die Sachsen zu zahlen hatten, war bedeutend. Ebenso wichtig waren die militärischen Ressourcen, auf die mächtige austrasische Könige zurückgreifen konnten. Von Sigibert I., Theudebert II. und Sigibert II. weiß man, daß sie sich während ihrer Bürgerkriege der Hilfe der Völker jenseits des Rheins „bedienten". Andererseits wählten Childebert I. und Chramm beide einen Zeitpunkt für ihren Angriff auf Chlothar I., zu dem ihr Gegner gerade mit Problemen im Osten zu kämpfen hatte. So war die Ostgrenze ein ambivalenter Faktor der fränkischen Politik. Die Aufstände der Sachsen und Thüringer sowie die Invasionen der Hunnen, Awaren und Slawen konnten beträchtliche Probleme bereiten; gleichzeitig bot der Raum den erfolgreicheren Königen der Merowinger ein enormes Potential. Jeder, der in der Lage war, die Völker im Osten zu kontrollieren, konnte seine königliche Autorität glaubwürdig als die Oberherrschaft darstellen, wie sie in den Texten von Venantius Fortunatus oder des Autors der *Annales Mettenses Priores* vorgestellt wird. Die bedeutenden merowingischen Herrscher übten alle hegemoniale Autorität östlich des Rheins aus: Dieser Einfluß war weder fest institutionalisiert noch von fortwährendem Bestand; er hing eher von militärischem Geschick und von Prestige ab, konnte aber beträchtlich sein. Es scheint, daß dieser Einfluß den Aufstand von Radulf im Jahre 639 nicht überdauerte, und in diesem Zusammenhang kann auch die Herrschaft Sigiberts III. ein Abnehmen der merowingischen Macht zum Ausdruck bringen.

Friedrich Prinz

Bistümer und Klöster

Mit der räumlichen Ausdehnung des Merowingerreiches und seinem Ausgreifen nach dem Nordosten ging dann seit dem 6. Jahrhundert der Neuaufbau und die Erweiterung der Kirchenorganisation Hand in Hand. Die Könige statteten ihre großen Bischofskirchen zwischen Loire und Rhein (Reims, Metz, Paris, Verdun, Köln, Trier, vermutlich auch Cambrai) mit reichem Fiskalgut aus, vielfach mit Besitzungen in Aquitanien. Es gingen aber auch Geistliche, Priester wie Bischöfe, aus der von der Völkerwanderung relativ wenig berührten und daher intakt gebliebenen Kirche Südgalliens in den Norden und Osten, also in die Kerngebiete fränkischer Macht und Besiedlung zwischen Loire und Rhein; so etwa Bischof Nicetius von Trier und Bischof Sidonius von Mainz. Der Stillstand und Rückgang des 5. Jahrhunderts war damit überwunden, und die Gebietserweiterungen der Bistümer Verdun, Metz, Trier und Mainz nach Osten hin zeigen die große Rolle an, die der fränkischen Reichsgewalt beim Ausbau der Diözesen und ihrer materiellen Sicherung durch königliche Landschenkungen zukam. Wenn auch oft bis ins 8. Jahrhundert hinein die Bekehrung zum Christentum sehr äußerlich blieb und heidnische Kulte und Sitten weiterlebten, ja sogar Mischformen zwischen Christentum und Heidentum auftraten, so stellten doch die Bistümer das Rückgrat eines kirchlichen Ausbaus dar, der mit Hilfe einer regen, von Königtum und Adel geförderten Mission zunehmend in die Tiefe und Breite ging. Allmählich schloß sich ein Netz von Pfarreien an, das an der mittleren Mosel schon sehr früh nachweisbar ist. Die Mission, die vor allem seit dem 7. Jahrhundert einen ungeahnten Aufschwung nahm, war vornehmlich vom Mönchtum getragen und griff mit bedeutenden gallischen Mönchsmissionaren und Bischöfen wie Eligius, Amandus, Filibert, Emmeram und Corbinian in den Norden und Osten aus. Infolge der engen Verknüpfung kirchlicher und staatlicher Interessen wurde die Kirche fränkische Landeskirche; ihre Bischöfe wirkten oft im königlichen Dienst als Berater, Verwaltungsbeamte und Finanzleute, so etwa im 7. Jahrhundert Arnulf von Metz, der Ahnherr der Karolinger, Audoenus von Rouen und Eligius von Noyon, der Schatzmeister König Dagoberts I.

Mit der am Ende des Jahrhunderts auf dem Festlande beginnenden angelsächsischen Mission unter Willibrord, Bonifatius und anderen bedeutenden Kirchenmännern und mit dem Bündnis zwischen Papsttum und Karolingern setzte eine neue Phase von Bistumsgründungen rechts des Rheins ein. Es entstanden Utrecht, Würzburg, Eichstätt, Büraburg und Erfurt; die beiden letztgenannten gingen jedoch bald wieder ein. Dem Christentum des agilolfingischen Bayern, durch fränkische Mission und Neubelebung antik-christlicher Relikte wiedererstarkt, sollte der von Herzog Theodo anläßlich seiner Romfahrt (716) mit Papst Gregor II. vereinbarte Organisationsplan den festen Rahmen einer bayerischen Landeskirche geben. Inwieweit dieser Plan damals verwirklicht wurde, ist umstritten, erst der hl. Bonifatius organisierte 739 mit Zustimmung Herzog Odilos endgültig die „romverbundene Landeskirche" Bayerns und setzte in Salzburg, Freising und Regensburg Bischöfe seiner Wahl ein; in Passau blieb der von Papst Gregor II. schon früher ordinierte Vivilo Bischof. Bonifatius war im agilolfingischen Herzogtum vornehmlich kirchlicher Organisator und Erneuerer, weniger jedoch Missionar.

Die Reorganisation der fränkischen Reichskirche, die sich Bonifatius von der Hilfe Pippins und Karlmanns erhofft hatte, verlief infolge der fränkischen kirchlichen Opposition gegen die Angelsachsen nicht in den von ihm vorgesehenen

Bahnen. Wenn daher Winfrid-Bonifatius und seine Helfer nicht in dem Maße die fränkische Kirche reformieren konnten, wie es ihren Vorstellungen entsprach, so blieben ihre reformerischen Initiativen dennoch in der erneuerten Reichskirche und besonders in den bonifatianischen Bistümern lebendig. Kirchenfürsten wie Erzbischof Chrodegang von Metz und Abt Fulrad von Saint Denis griffen auf ihre Weise die angelsächsischen Vorbilder auf. Beim Tode König Pippins im Jahre 768 war der systematische Aufbau der Reichsbistümer so gut wie abgeschlossen, und in den Diözesen an Rhein, Main und Donau standen die Kräfte bereit, die nach den Sachsen- und Awarenkriegen Karls des Großen das Christentum in die eroberten Länder trugen und vor allem in Sachsen binnen kurzem die Errichtung von Bistümern, Klöstern und Missionsstationen ermöglichten.

Der Aufbau eines immer fester werdenden Gefüges von Bistümern und Kathedralkirchen seit dem 2./3. Jahrhundert wäre nicht so günstig verlaufen, wenn er nicht seit dem 4. Jahrhundert von einem Parallelvorgang begleitet und unterstützt worden wäre, nämlich von der Entfaltung des Klosterwesens Galliens und des Frankenreiches. Ohne die ständig erneuerten und erneuernden Impulse, die die Kirche vom Mönchtum durch dessen intensive Mission und durch ein dichtes Netz von Klöstern erhielt, wäre weder die Christianisierung in den noch städtelosen östlichen Ausbauräumen des Frankenreiches so rasch gelungen, noch hätten die Domkirchen für ihre Aufgaben und besonders für die Mission genügend Personal zur Verfügung gehabt.

Auf dem Wege aus seiner orientalischen Heimat durch die Mittelmeerwelt und bis in die fränkische Reichsbildung auf gallischem Boden hinein hat das Mönchtum, bei aller Bewahrung typischer Züge seines Ursprungs, doch wesentliche Wandlungen in seiner Organisation und Aufgabenstellung erfahren. Die Ausbreitung der monastischen Kultur in Gallien und im Frankenreich, die auf alten Kult- und Kulturstraßen rhôneaufwärts erfolgte, bedeutete eine zweite

Phase und zugleich eine Vertiefung der Christianisierung. Nach dem Verlöschen des spätantiken laikalen Bildungswesens wurden schließlich die fränkischen und bayerischen Klöster, wie der Bestand und die Wanderung alter Handschriften zeigen, die Träger antiken und christlichen Bildungsgutes, das in der „karolingischen Renaissance" des 8. und 9. Jahrhunderts einen ersten neuen Höhepunkt von Wissenschaft und Kunst ermöglichte. Wie die Bistumsgründungen nahmen auch die Klöster vom Mittelmeerraum her ihren Ausgang und erfaßten seit dem 4. Jahrhundert das Innere Galliens. Drei Phasen monastischer Entwicklung lassen sich deutlich voneinander unterscheiden: Die altgallisch-spätantike Phase, die irofränkische, die der hl. Columban mit seiner Klostergründung Luxeuil in den Vogesen einleitete (etwa 590–690), und schließlich die angelsächsische Missions- und Klostergründungswelle der Frühkarolingerzeit (etwa 690–768). Sie wurde von Männern wie Willibrord, dem Gründer von Utrecht und Echternach, und Bonifatius, auf den das Kloster Fulda zurückgeht, maßgeblich bestimmt. Bis zur Mitte des 8. Jahrhunderts entstanden in Westeuropa bis zur Elbe und mittleren Donau etwa 1000 Klöster.

Michel Mollat

Der Bischof als Vater der Armen

Die ersten beiden Jahrhunderte praktizierter christlicher Caritas, die Zeit bis zur Festigung des benediktinischen Einflusses, könnte man als Zeitalter der Bischöfe bezeichnen. Der letzte noch der Antike zuzuordnende Kanon vor der Merowingerzeit ist ein Dekret des Papstes Simplicius (468–483), das zweifellos aus der Feder seines Sekretärs, des späteren Papstes Gelasius (492–496), stammt. Dieses Dekret griff zur Zeit Chlodwigs das Konzil von Orléans 511 wieder auf: Es verpflichtete die Bischöfe, ein Viertel ihrer Einkünfte, und die Pfarreien, ein Drittel der eingehenden Spenden den Armen zur Verfügung zu stellen. Diese neuen Bestimmungen führte Bonifatius im 8. Jahrhundert auch in den neu eingerichteten Diözesen Deutschlands ein. Der Anspruch der Armen auf die Einkünfte der Kirche galt bald als so selbstverständlich, daß die Verschwender im Rückgriff auf den hl. Ambrosius beständig als Mörder der Armen *(necator pauperum)* bezeichnet werden, etwa in den Mahnungen der Konzilien oder den Predigten des hl. Caesarius von Arles. Pflicht der Bischöfe war es, selbst Barmherzigkeit zu üben und Klerus und Laien dazu anzuhalten. Die fränkischen, westgotischen und italienischen Konzilien griffen dieses Problem immer wieder auf. Um 500 beschäftigen sich nicht weniger als 41 Konzilien und Synoden – 18 davon im Frankenreich – mit der Armenfürsorge. Der Bischof war Vater der Armen, sein Haus wurde zum Haus der Armen. An seiner Tür erhielten sie, manchmal sogar von seiner Hand, Kleidung und Lebensmittel. Einige Bischöfe wie der hl. Dizier in Verdun verschuldeten sich sogar zu diesem Zweck. Gregor von Tours erwähnt wohl genausoviele bischöfliche Wohltäter wie hartherzige Reiche. Caesarius lud Arme an seine Tafel und aß mit ihnen; allerdings war die Kargheit seiner Mahlzeiten berühmt. Die Gesetzgebung der Konzilien, z. B. des Konzils von Toledo, schrieb eine strickte Trennung des bischöflichen Privatbesitzes vom Kirchenbesitz vor. Natürlich wurde Entfremdung von Kirchengut mit strengen Strafen bedroht; die Kirchengüter sollten straff und umsichtig verwaltet werden, damit den Armen kein Nachteil erwachse. Zwar galt die Vorschrift, ein Viertel der Einkünfte den Armen zuzuwenden, nicht für den persönlichen Besitz des Bischofs; aber er sollte seiner Gemeinde ein Beispiel großzügiger Wohltätigkeit geben. Einige Bischöfe vermachten den Armen ihren gesamten Besitz.

Nicht nur Vorbild, sondern auch Lehrer der Caritas sollte der Bischof sein. Das bezeugen am eindrucksvollsten die Pastoral des Papstes Gregor und die Homelien des Caesarius von Arles. Sie lehren die klassischen Inhalte, die unmittelbar dem Evangelium entnommen sind: Christus findet man nur unter den Armen; weltlicher Besitz ist nur Treuhandvermögen; der Überfluß gehört den Armen; das Almosen tilgt die Sünden, aber Gott läßt sich durch Almosen nicht bestechen; alle Christen sind zur Barmherzigkeit verpflichtet.

Zumindest ursprünglich war die Armenmatrikel eine Einrichtung der städtischen und ländlichen Gemeinden zum Zwecke der praktischen Fürsorge. Mit großer Sicherheit verdankt sie ihre Entstehung der Übernahme einer orientalischen Institution; als Vermittler fungierte – wie für die Klöster – Cassian. Um 420/430 beschrieb er in Marseille in seiner Schrift *Collationes patrum* die Diakonien Ägyptens, an die die Grundbesitzer des Bezirks ein Zehntel der Ernte zur Verteilung an die Armen ablieferten. In Afrika und in Rom hieß diese Institution damals *brevis*; erst im 6. Jahrhundert erhielt sie den Namen *matricula*. Doch sind beide Begriffe synonym, sie bezeichnen eine Liste, in der die auf Kosten der Kirche unterhaltenen Armen namentlich verzeichnet sind. Papst Leo der Große (440–461) bezeugt Laien als Leiter (*praesides*) dieser Organisation; im Orient leitet ein Kleriker den *ptôchotropheion*, wie das Konzil von Chalcedon 451 belegt.

Die Diakonie war eine Art Versorgungsbehörde, deren Aufgaben dann auf die in der ostgotischen Zeit untergegangene *annona publica* überging. Sie existierte offensichtlich seit dem Beginn des 5. Jahrhunderts in den Regionalkirchen, die seit Ende des 4. Jahrhunderts bestanden, und arbeitete sogar in denselben Verwaltungsgebäuden wie die frühere Annona. Für Ravenna sind Armenverzeichnisse 522–532 belegt. Gregor der Große ließ in Rom eine Matrikel anfertigen und im päpstlichen Palast hinterlegen; sie enthielt die Namen von Männern und Frauen aus allen Berufen, aus Rom und der Umgebung, an die monatlich Getreide, Wein, Speck, Fisch, Öl, Gemüse und Käse verteilt wurden.

In Gallien ist die Armenmatrikel vor 470 für Reims, um 520 für Laon bezeugt. Gregor von Tours kannte sie bereits. Für Clermont (556) deutet er sie zumindest an; daß sie 585 in Tours existiert, erwähnt er ausdrücklich. Im 6. Jahrhundert existierten Matrikeln in allen größeren Orten; Mitte des 7. Jahrhunderts sind in den Verzeichnissen der Metzer Pfarreien und des Umlandes 726 Arme aufgeführt.

Wieviele *matricularii* (wovon das französische Wort *marguillier* abgeleitet ist) verzeichnet werden sollten, wurde jeweils genau festgesetzt; keinesfalls aber geben die Matrikeln Auskunft über die genaue Anzahl der tatsächlich Notleidenden. In der Merowingerzeit schwankte die Zahl an den verschiedenen Kirchen beträchtlich; es konnten einzelne, aber auch mehrere Dutzend Personen sein. Die Zahl 12, die an die Apostelschar erinnert, war nur in der Karolingerzeit in den Klostermatrikeln gebräuchlich, als deren Funktion sich bereits gewandelt hatte und die liturgische Bedeutung in den Vordergrund getreten war. Zuvor hatte der wohltätige Zweck überwogen, was man am verzeichneten Personenkreis erkennen kann: Es waren einige Frauen, vor allem Witwen, vorwiegend aber Männer, Schwache und Kranke, auch gesunde Arme ohne Einkommen oder Opfer von Krieg, Hungersnot und Pest. Insgesamt waren es nur wenige Menschen, ausgewählt vom Klerus der Kirche, an der die Matrikel geführt wurde. Der Anteil der *matricularii* an der großen Masse der Armen ist kaum zu schätzen. Ihre geringe Anzahl und die Vorteile, die sie genossen, sicherten ihnen einen fast privilegierten Status, man könnte sie bereits als Präbendeninhaber im modernen Sinne des Wortes bezeichnen.

Als Gegenleistung für ihre Mitwirkung bei Gottesdiensten, für die Wahrnehmung von Ordnungsfunktionen innerhalb der Kirche und bei der Verteidigung des Asylrechts erhielten diese Armen das Recht, vor dem Portal der Kirche um Almosen zu bitten. Sie genossen einen besonderen Schutz und eine soziale Sicherheit, für die sich kaum Parallelen finden lassen; sie erhielten Nahrung und Kleidung und aßen am Tisch im Armenhaus (*mansio pauperum*) neben der Kirche und in den Städten neben dem Bischofssitz.

Die Worte Armenhaus und Matrikel wurden zunehmend unterschiedslos verwendet, Matrikel wurde fast synonym mit Hospital. Auch wurden *matricula* und der aus dem Orient übernommene Begriff Xenodochium vom 7. Jahrhundert an undifferenziert nebeneinander bzw. abwechselnd als Synonyma verwendet. Immer häufiger finden sich Matrikeln an ländlichen Klöstern; denn da die Armen aus den im Niedergang begriffenen Städten in die ländlichen Regionen zogen, verlagerte sich auch die Armenfürsorge von den Bischofsstädten zu den Klöstern auf dem Lande, deren Hospize, die allen Menschen, vorwiegend aber den Pilgern offenstanden, die Aufgaben der Matrikeln übernahmen.

Arnold Angenendt

Heiligenviten und Mirakel: Typik und Exempel

„Kostbar ist in den Augen des Herrn der Tod seiner Heiligen"(Ps 116,15). Im Tod entschied sich das Leben: Die Taten, ob gut oder böse, gerannen zur Endgültigkeit, und mit seinem verendgültigten Leben trat der Abgeschiedene vor Gott. „Selig die Toten, die im Herrn sterben; [. . .] sie sollen ausruhen von ihren Mühen, denn ihre Werke begleiten sie" (Offb 14,13). Schon die Antike hatte das „Sterben berühmter Männer" gefeiert. Die Christen hielten vor allem die Märtyrer für denkwürdig, ihren blutigen Tod mitsamt dem voraufgegangenen Verhör und Bekenntnis, ebenso die vorher oder nachher geschehenen Wunder. Der literarische Gattungsbegriff ist ‚Märtyrerakten' oder einfach ‚Martyrium' bzw. ‚Passio'. Das Ideal des „Märtyrers ohne Blut" schuf sich dann ein eigenes Genus: die ‚Vita'. Beschrieben werden erneut der Tod, nun aber als Endpunkt des voraufgegangenen asketischen Lebens, und gegebenenfalls wiederum die Wunder. Nicht eine Biographie mit der Genese der Persönlichkeit wird geboten, sondern die Konzentration auf die verdienstlichen Leistungen vor Gott und auf dessen gnadenhafte Begabungen, also eine Strukturierung nach dem Schema des Gottesmenschen. Tunlichst erfolgt dabei eine Berufung auf die Bibel; man hat es eine „biblische Orchestrierung" genannt: Schon vor seiner Geburt steht der Heilige unter der Erwählung Gottes und ist vom Mutterschoß an geheiligt (Jer 1,5); alle seine Entscheidungen fällt er von Bibelworten her; wie Abraham hat er Heimat, Haus und Verwandtschaft verlassen (Gen 12,1), desgleichen Vater und Mutter, auch Häuser und Äcker (Mt 19,29), überhaupt allen Besitz, wie Jesus es für die Vollkommenheit gefordert hatte (Mt 19,21). Am Ende hat jeder Heilige den guten Kampf gekämpft und den Lauf vollendet (2 Tim 4,7); er ist eine „aktualisierte Bibel".

Am frischesten noch berichten die Viten, wenn sie aus unmittelbarem Erleben geschrieben sind. Mit dem zeitlichen Abstand wachsen sowohl literarische Gemeinplätze, die Topoi wie auch die Wunder, zuweilen sogar ins Groteske. Bei solchen Viten sind die Variationen oft nur gering; sie ähneln sich in ganzen Passagen, so daß sie wie austauschbar erscheinen. Die hagiographischen Denkmuster haben sich weit über das Genus der Viten hinaus verbreitet, und so ist vorgeschlagen worden, von einer „spirituellen Biographie" zu sprechen, die nicht an ein bestimmtes Literaturgenus gebunden sei.

Was den modernen Leser irritiert und die Forschung lange behindert hat, ist die Typik der Heiligen-Viten. Tatsächlich erscheint der Heilige als Typus mit beinahe „keinen individuellen Zügen", bietet „ein hieratisches Bild anstelle eines wirklichen Portraits".

Theodor Wolpers hat in seiner Untersuchung über ‚Die englische Heiligenlegende des Mittelalters' die wichtigsten

Elemente der Vita aufgezählt. Dem Hagiographen geht es im wesentlichen um die „Beweise heiliger Tugenden und Gnaden", um den „verehrbaren, beispielgebenden und [. . .] anrufbaren Heiligen." Nicht der Mensch als solcher interessiert, und darum „fehlt fast jeder psychologische Spielraum". Vielmehr erscheinen die Heiligen „von nichts als Gottesliebe und anderen heiligen Tugenden ausgefüllt". Dabei durchlaufen sie „kaum eine Entwicklung und haben keine innere Geschichte. Von Kindheit an, vielfach schon im Mutterleibe, sind sie von Zeichen der Heiligkeit umgeben. Zwar gibt es auf ihrem Wege die Entscheidung für das mönchische Leben, das Martyrium, die geistlichen Ämter und ebenso [. . .] die Stufenfolge geistlicher Vervollkommnung, aber in allen Prüfungen bewähren sie sich gleichermaßen und folgen ihrer Berufung. Selbst die Konversions- und Büßerleben bringen keine allmähliche Progression, sondern ein plötzliches, gnadenvolles Umschlagen, das in einem lebenslangen Sichbewähren seine Bestätigung findet." Die Viten nehmen dabei eine „grundsätzliche Entwertung der Kategorien des Raumes und der Zeit" vor, so daß es an szenischer Perspektive und Verknüpfung fehlt. „Zwar finden sich Ortsnamen, mitunter ebenso häufig Personennamen, aber ihnen kommt mehr eine Art reliquiare Bedeutung für die erbauliche Betrachtung zu"; es „geht [. . .] nicht um Historizität". Die Umwelt kann den Heiligen nur bewundern und ihm gehorsam folgen. „In vielen früh- und hochmittelalterlichen Durchschnittsviten erschöpft sich die Betrachtung in Rufen des Staunens und Erschreckens, in homiletischer Mahnung, liturgischem Preisen."

Besonders auffällig ist die Typik in der Personenschilderung; gerade hier wird mit wiederkehrenden, toposhaften Versatzstücken gearbeitet. Immer ist der Heilige mit reichen Gaben des Körpers und des Geistes ausgestattet. Auf seinem Antlitz steht gleichbleibende Heiterkeit; doch ist ihm Lachen versagt, erst recht Ausgelassenheit. Im Auftreten gibt er sich würdevoll, zugleich demütig und einfach. Prunk verschmäht er, ist ärmlich gekleidet und nur mit Tasche, Stab und vielleicht einem Esel ausgerüstet und obendrein wehrlos. Im Umgang zeigt er sich gewinnend und liebenswürdig, seine Worte sind wohlabgewogen und erbaulich. Stets bleibt er geduldig und zeigt die Sanftmut des Herzens. Wo es aber zu handeln gilt, geht er mit Geschicklichkeit, ja mit Festigkeit vor, und wenn es die Umstände erfordern, auch mit Strenge. Aber niemals darf er zu Waffen greifen. Für sich lebt er in größter Enthaltsamkeit. Die Reinheit des Leibes und der Seele bewahrt er makellos, Speise und Trank beschränkt er auf ein Mindestmaß, den Schlaf kürzt und unterbricht er durch häufige Nachtwachen mit langen Gebeten, wie er überhaupt ständig betet und sich mit geistlichen Dingen beschäftigt, etwa mit geistlicher Lesung, unausgesetzter Psalmenrezitation oder erbaulichen Gesprächen. Seine Wohltätigkeit kennt keine Grenzen, er hilft allen Bedürftigen, wo und wie er nur kann. Es ist ein rundum harmonisches Bild mit Zügen von Liebe, Frommheit und Erbaulichkeit.

Typisch schildert schon Sulpicius Severus den heiligen Martin: „Oh wahrhaft seliger Mann, in dem kein Falsch war: Keinen hat er gerichtet, keinen verurteilt, keinem Böses mit Bösem vergolten; Ja, eine solche Geduld hatte er gegen alle [ihm zugefügten] Ungerechtigkeiten angenommen, daß er, obwohl höchster Priester, sich auch von den untersten Klerikern ohne Wehr beleidigen ließ [...] Niemand sah ihn jemals zornig, niemand aufgeregt, niemand traurig, niemand lachend; er blieb immer gleich: himmlische Freude trug er auf seinem Gesicht, er erschien als einer außerhalb der Natur des Menschen. Niemals war in seinem Munde etwas anderes als Christus, in seinem Herzen nichts anderes als Frömmigkeit, Frieden und Barmherzigkeit.“ [...]

Der Vita folgen nicht selten noch spezielle Mirakel-Sammlungen. Wurde erstere oft schon bald nach dem Tod verfaßt, so entstanden letztere bei Gelegenheit der Erhebung und Übertragung. Drei Viertel aller Wunderberichte künden vom Wirken des Heiligen nach seinem Tod. Solche Berichte, die es übrigens schon aus der vorchristlichen Antike gibt, erklären sich aus der übergroßen Freude der erfahrenen Wohltat. Sie können dabei das Wunder der himmlischen Hilfe wie die Dramatik des vorherigen Unglücks oder auch die Hoffnungslosigkeit der Krankheit zu wirklichen Realitäts- und Erlebnisschilderungen steigern. Andere Berichte hinwiederum bewegen sich in Topoi und Schemata: die große Not, die nutzlose Suche nach Hilfe bei den Ärzten (die des Kontrastes wegen nicht gut wegkommen), dann der rettende Gedanke der Anrufung eines Heiligen oder eines Gnadenbildes, womit in der Regel ein Gelöbnis verbunden ist, das auszusprechen schon Heilung bringt, dann aber, zumeist als Wallfahrt, noch erfüllt werden muß. Und nicht nur der Verlauf, auch die Art der Wunder erscheint typisiert. Sie beziehen sich auf die Geburt des Heiligen, auf seine Versuchungen und Kämpfe gegen den Teufel, bestehen in Visionen, Erhebungen und Lichterscheinungen, ermöglichen Heilungen und Totenerweckungen, bewirken Vermehrungen, besonders von Öl, Korn und Wein, helfen bei der Abwehr von Feinden und Feuer, von Wasser oder Gewittern, auch bei der Bezähmung von wilden Tieren. Endlich gibt es noch „Wunderprotokolle“: von besonderen Kustoden des Heiligtums oder gar von Notaren angefertigte und verbürgte Niederschriften des Geschehenen, einmal zu Ehren des Heiligen und seiner gewährten Hilfe, zum anderen zur Inpflichtnahme der Begnadeten, daß sie ihren gebührlichen Dank abtragen. Die für die Kanonisationsprozesse erforderlichen Wunder mußten ebenfalls protokollarisch bezeugt sein.

Die Viten und Mirakel nehmen für die frühere Hälfte des Mittelalters einen überragenden Anteil in der Literatur ein; man schätzt, „daß die Zahl der hagiographischen Texte des lateinischen Mittelalters die 10000 weit übersteigt“. Das

Frühmittelalter nimmt dabei insofern einen wichtigen Platz ein, als in dieser Epoche die Hagiographie das erstgepflegte literarische Genus war, eigentlich auch das wichtigste.

Sowohl die Heiligen-Vita wie die Mirakel-Berichte schließen eine Reihe von Leitvorstellungen ein, die fast alle älteren Religionsvorstellungen entsprechen. Hierhin gehören schon die Phänome des Typischen und der Topik. Diese sind nicht Ausdruck eines Mangels an Rationalität oder gar an Intelligenz, sondern entstammen der archaischen Religionswelt, die nicht Individuelles, sondern immer nur Archetypisches festhält. Das gilt insbesondere für das Leben des Heiligen, weil gerade er das Ewig-Gültige in sich trägt und zur Anschauung bringt. „Alles, was kein exemplarisches Vorbild besitzt, ist ‚des Sinnes entblößt'", schreibt Mircea Eliade, „das heißt, es besitzt keine Wirklichkeit." Der Mensch der frühen Kulturen halte sich nur in dem Maße für wirklich, als er aufhöre, er selbst zu sein, und er gebe sich damit zufrieden, die Handlungen eines ‚andern' zu ‚wiederholen' und ‚nachzuahmen'. „Mit anderen Worten: er kennt sich als ‚wirklich', d. h. als ‚wahrhaftig er selbst' nur, soweit er eigentlich aufhört, es zu sein." Die Allgegenwart der Typik erklärt sich hauptsächlich aus diesem „nicht-selbst-sein-wollen." So sucht denn auch die Vita „nicht die historische Realität, sondern die Idee des Heiligen zu vergegenwärtigen." Und das waren sein heiliges Leben und Sterben, sein Wort und Beispiel, seine Askese und Wunder. Man brauchte eigentlich gar nichts Historisches zu wissen; bei wirklich Heiligen konnte zurückgeschlossen werden, wie ihr Leben ausgesehen haben mußte: In jedem von ihnen steckte immer nur die Urfigur des Gottesmenschen. Besser sei es, so meinte Gregor von Tours, von dem einen Leben der heiligen Väter zu sprechen als von mehreren Leben. Das aber hatte für die Viten zur Folge, daß sie von den Heiligen eigentlich immer dasselbe berichten mußten; das heißt, sie wurden „typisch". Diese Typik muß aber keineswegs von „mit der Schere hergestelltem Machwerk" zeugen, sondern intendiert die Verwesentlichung und Konzentrierung auf die heilige Gestalt. Das (in unseren Augen) Historische bildete nur das unvermeidliche Beiwerk, das eigentlich belanglose Drumherum. Eingewobene Zitate, Anspielungen und Topoi darf man nicht sofort als geistloses Abschreiben deuten; vielmehr sollte damit der Nachweis geliefert werden, daß das Geschehen des Heiligen-Lebens mit der autoritativen Tradition übereinstimme und sich gerade dadurch als wahr erweise. So berichtet die Vita des Severin von Noricum († 482) über die Heilung eines gichtkranken Rugiers in der Weise, daß sie Einzelzüge aus dem Neuen Testament entlehnt und in den Text inseriert: Der Rugier leidet schon zwölf Jahre an seinen Gebrechen – wie die blutflüssige Frau im Evangelium (Mk 5,25); er ist der einzige Sohn einer Witwe – wie der Jüngling von Nain (Lk 7,11); Severin tut das Wunder im Hinblick auf den Glauben der Mutter des Kranken – wie Jesus beim Gichtbrüchigen im Hinblick auf den Glauben der Angehörigen (MT 9,2); nach der Gesundung entzweien sich die Menschen darüber, ob es wirklich der frühere Kranke war – wie im Johannes-Evangelium nach der Heilung des Blinden (Joh 9,8). Severin, so soll hier gesagt werden, ist so sehr Christus-Diener, daß dieser selbst in ihm zum Vorschein kommt [. . .]

Aaron Gurjewitsch

Klassische Rhetorik und christliche Literatur: Gregor von Tours

Die lateinischen Verfasser des 6. Jahrhunderts und der folgenden Jahrhunderte betonen in den Vorreden ihrer Arbeiten gewöhnlich ihr Unvermögen, sich in gehobenem Ausdruck zu äußern, so daß die Bitte um Nachsicht wegen des rohen Stils zu einem Gemeinplatz des mittelalterlichen

Schrifttums wurde. In den von diesen Schriftstellern vorgebrachten Hinweisen auf ihre Unbildung und ihren ungehobelten Stil sieht man häufig ein Zeichen des Verfalls der Gelehrsamkeit, wie er am Ende des Altertums eingetreten war. Andere Forscher fassen diese Eingeständnisse einfach als „Demutsformeln“ auf, die in ihren Ursprüngen auf frühchristliche Verfasser zurückgehen: Menschlicher Kraft wäre es nicht gegeben, dem göttlichen Wort Ausdruck zu verleihen; die römische Redekunst, die obendrein von heidnischem Geist durchdrungen war, wäre diesem Ziel überhaupt nicht angemessen gewesen. Beides entbehrt keineswegs der Grundlage; jedoch ist ein solches Herangehen an die mittellateinische Literatur zu eng und nicht angemessen.

Wenn die mittelalterlichen Verfasser, wie E. R. Curtius (1973) mit besonderem Nachdruck hervorgehoben hat, den herkömmlichen literarischen Gemeinplätzen verpflichtet blieben, so läßt sich das kaum dadurch allein erklären, daß ihr Geist gleichbleibend unselbständig und hausbacken gewesen wäre. Neuere Forschungen haben gezeigt, wie vielfältig und zweckgerichtet die Benutzung von Gemeinplätzen in den Werken jenes Zeitalters war. Loci communes wurden seit dem Altertum nicht einfach als Erbe von einem Werk zum anderen weitergereicht. Indem sie in einen bestimmten neuen Zusammenhang gestellt wurden, erhielten sie oftmals einen neuen Unterton und einen selbständigen Sinn. Folglich kommt es nicht darauf an, die Zitate aus einem mittelalterlichen Werk herauszulösen, die offensichtlich aus Arbeiten antiker und frühchristlicher Verfasser entlehnt sind, sondern sie innerhalb des zu untersuchenden Textes zu betrachten. [...] Besonders darf uns der Gemeinplatz vom „bäurischen Stil“, wie sich die frühmittelalterlichen Hagiographen ausdrücken, nicht zu Irrtümern verleiten. [...]

Klagen über die eigene literarische Ungeschliffenheit bildeten eine eigentümliche Form des neuen schriftstellerischen Selbstbewußtseins, wovon Gregor von Tours’ Erklärungen mit völliger Deutlichkeit zeugen. In der Vorrede zur

Erzählung vom heiligen Martin bekennt er, daß er sich nicht ohne Furcht und erst nach langem Zögern an ihre Niederschrift gewagt hätte, denn er habe sich inops litterarum, stultus et idiota gefühlt. Seine Mutter sei ihm jedoch erschienen und habe ihn überzeugt, gerade seine Rede- und Schreibweise sei die einzig angebrachte, da das Volk sie verstehe. Auch wäre es frevelhaft von ihm gehandelt, daß er schweige und das heilsame Beginnen nicht vollführe. In der Betrübnis über seine Unwissenheit tröstet sich Gregor mit dem Gedanken, daß Gott „zur Vertilgung der eitlen weltlichen Bildung nicht Redner, sondern Fischer, nicht Philosophen, sondern Bauern auserwählt hat". Bei diesem Widerstreit zwischen irdischer und göttlicher Weisheit, der Philosophie und der Schrift, liegt die Wahrheit für den Bischof von Tours nur auf der einen Seite. Indem Gregor die „Fabeln" von Saturn, Juno, Jupiter, Neptun, Cupido, Achilles, Laokoon und anderen Gestalten des Heidentums verwirft, wendet er sich den Berichten von den Wundern zu, die von den Auserwählten Gottes, den Heiligen, vollbracht worden sind. Um vom Ruhm der Blutzeugen erzählen zu können, ist aber die Kenntnis des grammatischen Geschlechts, der Fälle und anderer Feinheiten nicht erforderlich. (Wie Gregor, mitunter vielleicht im Scherz, zugibt, verwechselt er als „grober Bauer und Unwissender" manchmal das männliche Geschlecht mit dem weiblichen, setzt das sächliche fürs weibliche und vertauscht das sächliche gegen das männliche ...) Doch „wird ein philosophierender Redner von wenigen verstanden, die Sprache eines Einfältigen aber von vielen." Im letzten Abschnitt seiner „Geschichte" zählt Gregor seine Werke auf, und während er erneut auf die „Rohheit" des eigenen Stils verweist, beschwört er zugleich alle Geistlichen, die nach ihm der Kirche von Tours vorstehen werden, nichts an seinen Schriften zu ändern, sondern sie unversehrt und unverkürzt zu erhalten – ist ein beredteres Zeugnis für das hohe Selbstbewußtsein des Verfassers nötig?! Die Wurzeln dieses neuen Selbstbewußtseins liegen darin, daß die Schriftsteller des frühen Mittelalters von der Wichtigkeit ihrer Stellung innerhalb der Gesellschaft einen hohen Begriff hatten. An die Stelle der gebildeten Leserschaft von einst war ein neuer, erweiterter Zuhörerkreis getreten, an den die holprig und plump geschriebenen, jedoch allen verständlichen Reden, Predigten und Lebensbeschreibungen gerichtet waren. [. . .]

Wie schon Hieronymus ausgeführt hatte, durfte ein Prediger, um sich dem gewöhnlichen Volk verständlich zu machen, gegen die grammatischen Regeln verstoßen. Der Grund lag hier nicht in der Unwissenheit des Predigers, sondern in der Tatsache, daß „die Einfältigen und Ungebildeten in der Kirche die große Mehrzahl bildeten". Gerade an sie sollten aber die Schriften der Kirchenmänner gerichtet sein. Die Worte, der Heiland habe seine Jünger unter den Fischern und Hirten und nicht unter den Rednern und Philosophen ausgewählt, gingen von einem Buch ins andere über, ohne daß sie einen bloßen „Gemeinplatz" gebildet hätten (ebensowenig wie die Gegenüberstellung von „Roheit", „Ungeschliffenheit" [rusticitas] und „feiner Bildung" [urbanitas]); vielmehr drückten sie während eines langen Zeitraums der europäischen Kulturgeschichte eine wesentliche Haltung der lateinischen Schriftsteller aus. Die Verfasser paßten sich bewußt der weiten Zuhörerschaft an, die bekanntermaßen aus schriftunkundigen und ungebildeten Leuten bestand. Sie suchten unmittelbare Verbindung zu ihr und waren bestrebt, den trennenden Abstand möglichst zu verringern.

Folglich ersteht vor uns eine in ihren Aufgaben und Zielen neue Art der Literatur, die den Erfordernissen der Gesellschaft entsprach, in der sie sich entwickelte und in der sie ihr Dasein führte. Die Alltagssprache, die in die Werke des Gregor von Tours und anderer Verfasser Einzug gehalten hat, bildet ein Anzeichen für den grundlegenden Wandel nicht nur des literarischen Ausdrucks, sondern auch der Beziehungen zwischen dem Schriftsteller und einer in ihrer Zusammensetzung wesentlich veränderten Leserschaft.

Der Geschmack am Anschaulichen, leicht Erfaßbaren und Einprägsamen kennzeichnet das gesamte Schaffen des Gregor von Tours. Trotzdem läßt sich die oben genannte Scheidung zwischen den beiden Gattungen der Erzählung auch in seinen Werken deutlich verfolgen. Gregor ist vor allem wegen seiner „Geschichte“ bekannt, in der er die Taten der fränkischen Könige mit der Geschichte der Kirche und der Christianisierung Galliens verbindet, wobei beides in den Rahmen der biblisch-christlichen Weltgeschichte eingefügt wird. In dem Werk findet sich allerhand Hagiographisches, doch konnte es hier keine selbständige Rolle spielen und wurde gewissermaßen nur nebenbei aufgeführt, wo es Gregors Tätigkeit als Geschichtsschreiber erlaubte. Aber die Geschichte und die Heiligenlegende blieben in Aufbau und Form entsprechend ihren Gegebenheiten verschieden. [. . .]

In der Tat geht Gregor als Geschichtsschreiber bei seiner Schilderung mit zeitlicher Folgerichtigkeit vor und bringt die beschriebenen Ereignisse mit der Zeitrechnung in Einklang. Doch als Hagiograph verhält er sich solchen Erfordernissen gegenüber gleichgültig: In einem Heiligenleben oder einer Legende finden sich fast nie Hinweise auf das Jahr oder den Monat der Geburt oder des Todes eines Heiligen, ebensowenig wie das Alter Erwähnung findet, in dem er sein Erdenwallen vollendete, obwohl oftmals der Wochentag, der kirchliche Feiertag, ja sogar die Stunde genannt wird, wo er sein seliges Ende fand. Übrigens hat das Alter für einen Heiligen auch nicht dieselbe Bedeutung wie für einen gewöhnlichen Sterblichen, denn der Heilige besitzt „das Herz eines Greises“, das heißt, Weisheit und seelische Reife schon in der Kindheit und ganz unabhängig von seiner Lebenserfahrung. Folglich ist der Ausdruck puer senex in der Hagiographie üblich.[. . .] Auch sonst kümmert sich der Hagiograph kaum um genaue Zeitangaben. Seine Gleichgültigkeit, das Leben des von ihm gepriesenen Heiligen in den geschichtlichen Raum einzubeziehen, ist von grundsätzlicher Bedeutung: Der Heilige wirkt außerhalb der Zeit und gehört der Welt der ewigen Wahrheit und Tugend an, weshalb er eigentlich nur mit dem Kreislauf der Feste in einem zeitlichen Zusammenhang steht, während die irdische, die geschichtliche Welt für ihn nicht mehr ist als der Platz, wo er nur eine Zeit lang und zu seinem Beschwer anwesend ist, der Ort seiner „Gefangenschaft" und seiner „Wanderung in der Fremde". Gerade „in der Fremde" vollbringt er aber seine Heiltaten.

Ein anderer, hier zu erwähnender Unterschied zwischen der hagiopraphischen und der geschichtlichen Literatur ist die abweichende Bewertung der Ursächlichkeit. Die mittelalterlichen Historiker konnten sich im Gegensatz zu den Verfassern von Heiligenlegenden nicht mit bloßen Verweisen auf die göttliche Vorsehung zufrieden geben. Sie mußten verständliche Gründe der beschriebenen Ereignisse anführen, wobei die zeitliche Abfolge selber eine solche Erklärungsweise nahelegte. Bei der Schilderung von Taten der Heiligen oder der von ihnen vollbrachten Wunder kam jeder Handlung selbstgenügsame Bedeutung zu, so daß keine ursächliche Begründung erforderlich war: Das Wunder ist seinem Wesen nach akausal; es verstößt gegen die irdische Ursächlichkeit. Der Heilige handelt entsprechend dem Willen Gottes, auf den die causae primae unmittelbar zurückgehen, während ihm die menschlichen causae secundae nur hinderlich sind und überwunden werden müssen.[...] Ist doch der Heilige die Verkörperung eines zeitlosen und weder mit menschlichen noch irdischen Gegebenheiten überhaupt verbundenen Urbildes. Das Hochziel des Verhaltens, das er verkörpert, wird dem tatsächlichen Verhalten der Menschen gegenübergestellt, die die wirkliche Geschichte erleben und an ihr teilhaben. Darin lag vor allem auch der Wert der Legenden und Heiligenleben für die Kirche.

Wie viele andere kirchliche Verfasser war sich Gregor von Tours der lehrhaften Aufgabe der Heiligenlegenden bewußt und arbeitete viel auf dem Feld der Lebensbeschreibungen.

Zu ihrem größeren Teil gehören die betreffenden Erzeugnisse den Werken der kleinen Form an; sie unterscheiden sich von der „Geschichte" durch die gedrängte Schilderung, wobei die von den Heiligen und Dienern Gottes vollbrachten Wunder im Mittelpunkt der Aufmerksamkeit stehen. Geschrieben sind sie in einer sehr einfachen Sprache. All diese Besonderheiten der hagiographischen Werke des Bischofs von Tours erscheinen untereinander verknüpft. Die kurze Erzählung von der wunderbaren oder erbaulichen Tätigkeit eines Heiligen war dazu bestimmt, während einer kirchlichen Predigt, gewöhnlich am Tage des betreffenden Heiligen, verlesen oder nacherzählt zu werden. Eine ausführliche Lebensbeschreibung hätte dazu weniger gepaßt.

Gregor von Tours folgte denjenigen Grundsätzen der sittlich unterweisenden Predigt, die im Schaffen des Caesarius von Arles so klar hervortreten. Es genügt, Gregors Schilderung ein und desselben Gegenstandes in Werken verschiedener Gattung zu vergleichen. In den „Zehn Büchern Geschichte" erzählt er wiederholt von theologischen Streitgesprächen mit arianischen Ketzern oder Juden, wobei Gregor selber an einigen dieser Auseinandersetzungen teilgenommen hatte. Alle theologischen Scharmützel sind in den „Zehn Büchern Geschichte" ganz ausführlich dargelegt: Die streitenden Parteien nehmen Zuflucht zu Stellen aus dem Alten und dem Neuen Testament. Trotz seinem Bestreben, die rechtgläubige katholische Lehre zu untermauern und zu verherrlichen, verheimlicht Gregor nicht, daß die Auseinandersetzungen bei weitem nicht immer zum Sieg der Katholischen und zur Bekehrung oder Bloßstellung der Andersgläubigen führten. Solche Schilderungen konnten (wie die „Zehn Bücher Geschichte" überhaupt) nicht auf das Gemüt „der unverständigen Einfältigen" berechnet sein. Andererseits beschreibt Gregor einen solchen Streit zwischen katholischen und arianischen Priestern auch in den „Wunderbüchern". Hier werden keine theologischen Begründungen und keine Verweise auf Gewährsmänner gebracht. Vielmehr unternimmt es der Arianer, dem Katholiken mit Hilfe eines Gottesurteils zu beweisen, daß er recht hat: Beide sollten nacheinander aus einem Kessel kochenden Wassers einen Ring herausnehmen. Obwohl der Rechtgläubige seine Hand lange in dem siedenden Wasser gelassen hatte, blieb sie unversehrt; der Arm des Ketzers verbrannte bis auf die Knochen. Während Gregor in den „Zehn Büchern Geschichte" bemüht war, die Gültigkeit des Katholizismus als einer ideologischen Lehre zu begründen, erscheint der Katholizismus in den „Wunderbüchern" einfach stärker als der Arianismus; er ist der Glaube, der ein Wunder vollbringen kann, wogegen die Ketzerei keine echten Wunder bewerkstelligt.

Den ungebildeten, „unaufgeklärten" Leuten wurden keine Äußerungen religiöser Fachleute zur Beurteilung vorgelegt; viel stärker wirkte auf sie eine kunstlose Erzählung von einem Wunder, das der Ortsheilige vollbracht hatte. Die Verbreitung des Schrifttums über die Heiligen und die Beständigkeit, mit der die Verfasser von Legenden immer denselben Stoff wiedergaben, zeugen davon, welch wichtige erzieherische Aufgabe der Hagiographie von der Geistlichkeit beigemessen wurde. Dasselbe belegt die Fruchtbarkeit der Schriftsteller von der Art des Gregor von Tours, dessen Feder die „Wunderbücher", das „Buch zum Ruhme der Blutzeugen", „Vier Bücher über die Wunder des heiligen Martin" und ein „Buch über das Leben der Väter" entstammen.

Richard Kieckhefer

Elemente einer heidnischen Kultur in der bekehrten Gesellschaft

Die Völker, die nach Süd- und Mitteleuropa eingewandert waren und sich dort niedergelassen hatten, bekehrten sich zum Christentum, teils bedingt durch Prozesse der Assimilation an die bereits christliche Kultur im Römischen Reich, teils auch dank den Anstrengungen fremder Missionare. Diese Entwicklungen dauerten jeweils mehrere Generationen lang und fanden etwa vom 5. bis ins 10. Jahrhundert hinein statt: Gallien und das angelsächsische England wurden im Verlauf des 6. und 7. Jahrhunderts christlich (dort wirkten auch Missionare aus Irland, das selbst erst kurze Zeit zuvor bekehrt worden war); im 7. und 8. Jahrhundert predigten Mönche von den britischen Inseln den germanischen Völkern auf dem Kontinent das Evangelium; schließlich nahmen auch die Slawen in Osteuropa und, etwa im 10. Jahrhundert, die nordischen Völker Skandinaviens den neuen Glauben an.

Alle diese Zeitangaben sind als mehr oder weniger grobe Näherungswerte zu verstehen. Wenn die Geschichtsschreiber von der Bekehrung eines Volks berichten, so verlegen sie dieses „Ereignis“ normalerweise kurzerhand in das Jahr, in dem der Herrscher sich taufen ließ. Wenn man genauer hinschaut, so stellt man erstens fest, daß es fast immer schon vorher Christen in diesen Ländern gegeben hatte, beispielsweise die Ehefrau des Herrschers, die aus einem christlichen Land stammte und die ihren Kaplan von dort mitgebracht hatte, oder auch ausländische Kaufleute; zweitens aber ist es keineswegs so, daß etwa mit der Taufe des Landesherrn automatisch das ganze Volk christlich geworden wäre, es erforderte vielmehr einen mehrere Generationen dauernden Prozeß der Durchdringung, bis sich der neue Glaube auch tatsächlich im ganzen Land durchgesetzt hatte. Die Bekehrung des Herrschers war also nicht der Beginn noch der krönende Abschluß der Mission eines Volkes, aber sie war nichtsdestoweniger doch ein entscheidender Schritt auf diesem Weg, weil es dadurch der Kirche möglich wurde, mit ihren Institutionen Fuß zu fassen. Nach der Taufe eines Königs wurden überall im Land Klöster und Diözesankirchen gegründet, die Kirchen der verschiedenen Gemeinden verdrängten bald die heidnischen Kultstätten, der Klerus trat an die Stelle der heidnischen Priesterschaft. Wenn die althergebrachten Strukturen erst einmal zerstört waren, wandten sich die Leute sozusagen von selbst mit ihren religiösen Bedürfnissen an das Christentum. Natürlich nahm diese Entwicklung einige Zeit in Anspruch, und selbst der größte Eifer der Missionare konnte nicht verhindern, daß vereinzelte Relikte aus der früheren Kultur überlebten.

Es war in der Missionspraxis des frühen Mittelalters durchaus üblich – freilich nicht überall –, daß man bis zu einem gewissen Maß christliche Glaubensinhalte der heidnischen Geisteswelt anpaßte. Papst Gregor der Große wies seine Missionare in England an, heidnische Tempel nicht zu zerstören, sondern sie neu zu weihen und als Kirchen zu benutzen. Sie sollten auch heidnische Feste nicht einfach verbieten, sondern statt dessen versuchen, ihnen einen christlichen Sinn zu geben. In ähnlicher Weise verfuhren die Missionare auch mit Praktiken, die wir heute magisch nennen würden, und verleibten sie ihrem eigenen Kult ein, sie verschmolzen Elemente aus zwei Kulten und Kulturen und schufen so etwas Neues. Die Mönche begegneten bei ihrer Missionstätigkeit oft Zauber- oder Segenssprüche, in denen vermutlich germanische Gottheiten angerufen wurden. Sie schrieben solche Formeln auf, damit spätere Missionare wüßten, was sie erwartete, und vielleicht erfanden sie manchmal auch christianisierte Varianten dazu. So erzählt etwa ein berühmter althochdeutscher Zauberspruch davon, wie Wodan durch die Wälder ritt, daß sich sein Pferd ein Bein brach und daß der Gott es wieder heilte. In späteren Versionen ist Wodan durch Figuren des christlichen Kults oder durch Christus ersetzt, der auf einem Pferd in Jerusalem einzieht. Den heidnischen Priestern konnte man die Ausübung ihrer Riten einfach verbieten, aber es war sehr viel schwieriger oder gar unmöglich, alte Überzeugungen und Denkgewohnheiten heidnischen Ursprungs auszutreiben, etwa die Meinung, daß der Herrscher von den Göttern abstamme und daß ihm deswegen magische Kräfte eigen seien, die über Wohl und Wehe seines Reichs entschieden. Ein christlicher Priester konnte nur sehr wenig gegen solche Relikte aus der früheren Kultur tun.

Aber die Toleranz hatte doch ihre Grenzen. Mönche und andere Kirchenmänner schritten normalerweise sofort ein, wenn explizit alte Gottheiten verehrt wurden, und sie verboten auch schon jene Praktiken, bei denen der Verdacht nahelag, sie könnten etwas mit dem heidnischen Kult zu tun haben. So poltert etwa ein anonymer Prediger des frühen Mittelalters in heiligem Zorn: „Alle die, die glauben, Bleiplättchen mit irgendwelchen Inschriften oder Zauberhörner könnten vor Hagelschlag schützen, sind keine echten Christen, sie sind Heiden!" In der Tradition der Kirchenväter betrachtete man die einheimischen Götter als Dämonen und folglich alle Zauberei, die mit diesen Göttern im Bunde war, als Schwarze, teuflische Magie.

Für die heidnischen Kulturen in Nordeuropa, ähnlich wie im Römischen Reich, bildeten Religion und Magie eine Einheit und wurden nicht streng unterschieden. In der germanischen Mythologie war beispielsweise Wodan (auch Odin genannt) selbst ein Meister der Zauberkunst, er hatte Macht über das Runenalphabet und konnte mit Hilfe der Runenzeichen allerlei Wunder vollbringen. Ein angelsächsischer Heilzauber wendet sich an diesen Gott; auch in einem englischen Zauberbuch aus der Zeit lange nach der Bekehrung hat sich ein Spruch erhalten, in dem Wodan um Hilfe gebeten wird. Die Kirche wurde somit im frühmittelalterlichen Europa gezwungen, den Kampf, den sie im Römischen Reich aufgenommen hatte, fortzusetzen, und ihre Argumente waren die gleichen wie eh und je. Jetzt wie früher hieß es, der heidnische Glaube sei nicht die wahre und darum eigentlich gar keine Religion, sondern bloßer Dämonendienst, und die Zauberei sei Bestandteil dieses Teufelskults.

Es kam vor, daß Leute, die Magie getrieben hatten, ihre Sünden bereuten und sie einem Priester beichteten. Für solche Fälle hatte der Priester manchmal ein „Pönitentiale", ein Handbuch, in dem aufgeführt war, welche Bußen ein Beichtiger seinen Beichtkindern für die verschiedenen Sünden auferlegen mußte. In den frühmittelalterlichen Beichtbüchern finden wir Belege für all die verschiedenen magischen Praktiken, von denen angenommen wurde, daß sie einem Priester bei den bekehrten Völkern begegnen würden. Eines dieser Bücher führt in einem Kapitel über den Götzendienst die Bußen für diejenigen Sünder auf, die sich der „Dämonenbeschwörung oder der Wahrsagerei" schuldig gemacht haben. Der Autor schreibt, zum Teil in Anlehnung an einen Beschluß der Synode von Ancyra:

Wer Wahrsagerei treibt, wer also aus dem Flug der Vögel oder aus Träumen oder mit Hilfe anderer Künste, die bei den Heiden Sitte sind, etwas über künftige Ereignisse zu erfahren sucht, oder wer solche Leute in sein Haus einlädt, um von den Zauberern ihre Kniffe zu lernen – wenn jemand solche Sünden in der Beichte gesteht, so soll er, wenn es ein Kleriker ist, aus der Gemeinschaft verstoßen werden, weltliche Personen aber sollen fünf Jahre Buße tun.

Manchmal gingen die Beichtbücher mehr ins Detail; sie erwähnen Sünden wie den Gebrauch von magischen Tränken zur Empfängnisverhütung und Abtreibung, um einen Menschen zu töten oder ihn verliebt zu machen, sie verdammen ernstlich den Diebstahl von Milch, Honig und anderen Dingen mittels magischer Machenschaften und die Tötung von Tieren durch Blicke oder Worte. Diesen Schriften zufolge sollen alle jene Frauen aus der Gemeinde ausgestoßen werden, die von sich behaupten, sie könnten Liebe oder Haß erregen oder könnten sich mit magischen Methoden anderer Leute Besitz aneignen. Ein Pönitentiale sagt, daß der Beichtvater einer Person, die „spitze Pflöcke in den Leib eines Menschen steckt" – gemeint ist vermutlich: in das *Bild* eines Feindes –, ein dreijähriges Bußfasten auferlegen soll.

Massimo Montanari

Das Brot und der Wein Gottes

Entstanden im Umfeld einer rein mediterranen Zivilisation, hatte das Christentum nicht gezögert, als Nahrungssymbole und Instrumente seiner eigenen Religion jene Erzeugnisse zu übernehmen, die die materielle und ideologische Grundlage eben dieser Zivilisation bildeten: Brot und Wein. Nach zahlreichen und lang anhaltenden Kontroversen sprach man ihnen die Rolle heiliger Nahrung zu, Bildnis und Instrument des eucharistischen Wunders. Dasselbe gilt für das Öl, auf das man bei der Liturgie nicht verzichten konnte. Man benötigte es bei der Verabreichung der Sakramente und, vor allem, für das Entzünden der Lichter an den heiligen Stätten. Dies waren Entscheidungen, die auf der einen Seite den Bruch mit der jüdischen Tradition anzeigten, die sowohl das Brot (als gegorenes und somit in gewisser Weise „verdorbenes" Nahrungsmittel) als auch den Wein (als berauschendes Getränk) aus dem Opferbereich ausschloß. Auf der anderen Seite wurde damit die Einbeziehung des neuen Glaubens in das Wertesystem der römischen Welt erleichtert. Doch könnten wir die Argumentation auch umdrehen, indem wir in der rituellen Lobpreisung dieser drei Erzeugnisse das Zeichen einer Kultur, nämlich der römischen, erblicken, die dem entstehenden Christentum viele ihrer Attribute aufprägte. Fest steht, daß Brot, Wein und Öl, sei es durch die Bedeutung der römischen Kultur, sei es durch die treibende Kraft des neuen Glaubens, außergewöhnlich an Ansehen gewannen. Mit der Verbreitung des Christentums in Europa, das sich gewaltsam andere Formen der Religiosität unterordnete, setzten sich diese – in den romanisierten Gebieten schon wohlbekannten – Produkte ebenfalls als Symbole des neuen Glaubens durch [. . .]

Die Weinkultur setzte sich nicht ohne Widerstände durch. Als der im 6. Jahrhundert lebende Nachfolger Chlodwigs, Childebert, dem Mönch Carilef befahl, sich von dem Waldgrundstück zu entfernen, das dieser unerlaubt besetzt und bewirtschaftet hatte, reichte dieser ihm schweigend eine Schale des Weines, den er aus den wenigen dort angepflanzten Rebstöcken gewonnen hatte. Der König lehnte die Friedensgeste ab und äußerte sich verächtlich über diesen „gewöhnlichen Saft". Vielleicht trank er üblicherweise Bier; oder bevorzugte er eher Qualitätswein? Wie dem auch sei, er sollte es bereuen. Auf dem Rückweg scheute das Pferd an einer bestimmten Stelle wie durch einen Zauber und weigerte sich weiterzugehen. Der König ward sich seiner Schuld bewußt, versöhnte sich mit Carilef und bat den Mönch, ihn mit dem Wein zu segnen, den er zuvor verschmäht hatte. Zum Zeichen der Freundschaft trank er davon einen ganzen Kelch. An anderer Stelle wird die Gegenposition zur Bierkultur ausführlich dargelegt. Oder vielmehr zum Bier-*Kult*, da dieses Getränk in den Riten gewisser heidnischer Völker Nordeuropas eine heilige Rolle spielte, alternativ zu der des Weines in der christlichen Liturgie. Als sich der heilige Columban Anfang des 7. Jahrhunderts bei den Schwaben aufhielt, „fand er, als er die Gegend durchzog, wie die Einwohner eines heidnischen Dorfes Opfer begehen wollten: Sie hatten ein großes Gefäß, das bei ihnen Cupa hieß und das ungefähr zwanzig Eimer hielt, mit Bier angefüllt und in ihre Mitte gesetzt. Auf Columbans Frage, was sie damit wollten, sprachen sie, sie bringen ihrem Gott Wodan (den andere Merkurius nennen) ein Opfer. Wie er von diesem scheußlichen Werke hörte, blies er das Faß an, und siehe da, es löste sich mit Gekrach und sprang in Stücke, so daß alles Bier augenblicklich herausströmte. Da zeigte es sich klar, daß der Teufel in der Kufe verborgen gewesen war, der durch das irdische Getränk die Seelen der Opfernden fangen sollte."

Das *Leben des heiligen Columban*, der Text, der uns diese dramatische Episode schildert, schließt allerdings Formen herzlicher Gemeinschaft der guten Christenmenschen mit dem „gotteslästerlichen Getränk“ nicht aus (unter der Bedingung, versteht sich, es nur gegen den Durst zu trinken). Columbans Schüler Jonas erläutert uns, daß das Bier durch die Gärung von Weizen oder Gerste hergestellt wird, „und es ist bei allen Völkern der Welt zu finden mit Ausnahme der Skordisker und der Dardaner, aber vor allem bei den Leuten, die am Meer wohnen, also in Gallien, in der Bretagne, in Irland, in Germanien und bei den anderen, die ähnliche Bräuche pflegen“. Im Kloster von Luxeuil, das sich, von Columban auf den Ruinen der antiken Thermalstadt errichtet, im Königreich Burgund befand, war es anfangs das gewöhnliche Getränk der Mönche, die davon Tag für Tag bei Tisch ein im voraus festgelegtes Maß erhielten. Columban selbst, so Ionas, mußte einmal intervenieren, um ein Faß Cervisia zu retten, das der Bruder Kellermeister unverschlossen gelassen hatte, während die Flüssigkeit daraus in einen Krug lief. Nachdem er sich der unverzeihlichen Vergeßlichkeit bewußt geworden war, rannte er, auf das Schlimmste gefaßt, in den Keller. Doch nicht einmal ein einziger Tropfen der Flüssigkeit war auf den Boden gespritzt, und „man hätte glauben können, das Behältnis habe seine Höhe verdoppelt“, so viel Schaum hatte sich darauf angesammelt. Der Kellermeister zögerte nicht, dies der wundersamen Hand seines Abtes zuzuschreiben. Das *Leben des heiligen Columban* berichtet sogar von einer Vermehrung von Brot und Cervisia, was dem Getränk des Nordens eine einzigartige und unerwartete evangelische Würde verlieh. „Vater, wir haben nichts als zwei Brote und ein wenig Cervisia“; aber alle tranken und aßen, bis sie satt waren, und die Körbe und Krüge wurden voller, statt sich zu lehren.

Edith Ennen

Die heilige Radegunde und ihr Kloster

Als Chlothar I., der Vater von Charibert, Guntram, Sigibert und Chilperich, im Jahr 531 den Thüringerkönig Herminafrid besiegte, führte er dessen Nichte Radegundis als Gefangene mit sich und nahm sie zur Frau. Als er ihren Bruder ungerechterweise hatte töten lassen, zog sie sich in das von ihr gestiftete Kloster zum Hl. Kreuz in Poitiers zurück. Es wohnten dort etwa 200 Nonnen. Das Kloster lag dicht bei der Stadtmauer; jenseits der Mauer erbaute Radegundis eine Marienkirche, in der sie ihr Grab fand, heute ist es die Kirche Sainte Radegonde. Dort siedelte sie zur geistlichen Betreuung des großen Klosters Mönche an. Ihr Kloster unterstand zunächst dem Ortsbischof. Radegunde hatte es wegen Mißhelligkeiten mit dem Bischof dann dem Schutz des Königs unterstellt. Nach ihrem Tod erwirkte der Bischof eine Verfügung König Childeberts, daß ihm die Aufsicht über das Kloster zustehen solle. Das spielt auch bei dem gleich zu schildernden Klosterstreit eine Rolle. Die in ihrem leidvollen Lebensschicksal gereifte Radegunde blieb auch in der maßvollen Askese ihres Klosterlebens an weltlichen Dingen – den politischen Ereignissen am Königshof – interessiert und sah – wie so viele fromme Frauen nach ihr – im Kloster einen Hort der Bildung; sie hat den Dichter Venantius Fortunatus nach Poitiers gezogen. Er stammte aus Venetien, verfügte noch über die Bildung der alten Rhetorenschulen und war 565 an Sigiberts Hof gekommen, wo man viel Gefallen an seiner – uns in vielen Produkten manieriert anmutenden – Poesie fand. Da wo sein Gefühl und Erleben wirklich beteiligt war, gelang ihm echte Dichtung. So schrieb er im Namen Radegundes an ihren in Konstantinopel lebenden Vetter, den letzten Sproß der thüringischen Königsfamilie, eine ergreifende poetische Epistel über den Untergang des thüringischen Reiches. Auch der beklagenswerten Galsvintha widmete er ein langes Gedicht. Er hat auch eine Biographie Radegundens verfaßt. Sie starb 587; Gregor von Tours selbst war bei ihrem Begräbnis zugegen und hat die Wunder aufgezeichnet, die damals geschahen. Hier erschließt sich uns wirklich eine andere Welt: ein später Abglanz antiker Bildung, eine frühe Blüte christlicher Gesittung.

Leider blieb auch diese Oase nicht verschont von der Wildheit der Zeit. Nach dem Tod der Radegundis brach in ihrem Kloster Hader und Zwietracht aus. Zwei merowingische Prinzessinnen, Chrodechildis, eine Tochter Chariberts, und Basina, eine Tochter Chilperichs, waren in das Heiligkreuzkloster eingetreten, Basina unfreiwillig. Zur Nonne waren beide ungeeignet; vor allem Chrodechildis in ihrer ungezügelten barbarischen Wildheit, durchdrungen vom Stolz auf ihr Merowingerblut. Sie entfesselte nach dem Tod der Radegundis einen wahren Aufruhr gegen die Äbtissin Leubowera, die aus adligem, aber nicht königlichem Geschlecht war. Sie verführte ihre Cousine Basina und 40 Nonnen mitzumachen; sie mußten ihr schwören, Leubowera zu vertreiben. Chrodechilde und ihr Anhang zogen aus dem Kloster Ste. Croix aus nach St. Hilaire, sie widersetzten sich gewalttätig bischöflicher Vorladung und allen Zurechtweisungen. Der Streit schwelte lange, bis es zur Eskalation kam. Gregor hat die Schlußphase wieder farbenreich geschildert: „Das Ärgernis aber, das in dem Kloster zu Poitiers aus der Saat des Teufels erwachsen war, erhob sich täglich zu größerem Übel; denn nachdem Chrodechilde [...] Mörder, Giftmischer, Hurer, Landflüchtige und Verbrecher anderer Art um sich gesammelt hatte und zum Aufruhr bereit saß, gab sie jenen Leuten Befehl, bei Nacht in das Kloster einzubrechen und die Äbtissin mit Gewalt fortzuschleppen. Diese hörte aber den herankommenden Aufruhr und verlangte, man solle sie zu der Lade des heiligen Kreuzes tragen – denn sie litt an Gichtschmerzen –, damit sie durch dessen Beistand geschützt würde. Als aber die

Männer einbrachen, zündeten sie eine Kerze an und liefen mit ihren Waffen überall in dem Kloster umher und suchten die Äbtissin. Da sie aber in die Kapelle kamen, fanden sie sie vor dem Schrein des heiligen Kreuzes am Boden liegen. Und einer von ihnen, der noch schlimmer war als die übrigen, machte sich schon bereit, die Greueltat zu begehen, um die Äbtissin mit einem Schwerte zu zerhauen, als ein anderer ihn, ich glaube mit Beistand der göttlichen Vorsehung, mit seiner Klinge durchbohrte. Da das Blut hervorströmte und er zu Boden stürzte, konnte er den Vorsatz nicht ausführen, den er in seinem verruchten Sinne gefaßt hatte. Inzwischen bedeckten die Pröpstin Justina" – sie war eine Nichte Gregors; seine Informationen stammen also direkt aus dem Kloster, kommen aber von einer Partei – „und die andern Schwestern die Äbtissin mit der Decke des Altares, der vor dem heiligen Kreuze stand, und löschten die Kerze aus. Aber jene kamen mit gezückten Schwertern und Lanzen, zerrissen ihr das Kleid, zerfleischten den Nonnen beinahe die Hände und ergriffen die Pröpstin, da es dunkel war, anstelle der Äbtissin." [...] Schließlich brachte diese Räuberhorde die Äbtissin – die Pröpstin ließen sie los, als sie ihren Irrtum erkannten – in Haft und plünderte das Kloster aus. Der Aufstand griff immer weiter um sich, so daß der König schließlich eine Bischofskonferenz einberief, die diese Untaten durch kirchenrechtliche Strafen abstellen sollte. Es nahm übrigens auch der Bischof Eberegisel von Köln daran teil, so weite Kreise zog diese Geschichte. Die Bischöfe verlangten zunächst, daß der Aufruhr durch den zuständigen Amtsträger des Königs, den Grafen Macco von Poitiers, unterdrückt würde. Chrodechilde trat den Leuten des Grafen mit dem Kreuz des Herrn, „dessen Wunderkraft sie früher verachtet hatte", entgegen mit den Worten: „Braucht, ich erfordere euch, keine Gewalt gegen mich, die ich eine Königin bin, eines Königs Tochter und die Base eines anderen Königs; tut es nicht, es möchte sonst einst die Zeit kommen, da ich mich an euch räche." Der Aufstand wurde aber mit roher Gewalt unterdrückt. Der Äbtissin wurde vor dem bischöflichen Gericht unter anderen Anklagen, die sie zurückweisen konnte, vorgeworfen, sie habe am Brett mit Würfeln gespielt, weltliche Personen hätten mit ihr geschmaust, ja, es sei sogar eine Verlobung in dem Kloster gefeiert worden; ferner habe sie sich unterstanden, ihrer Nichte von einer schwerseidenen Altardecke Kleider machen zu lassen, die goldenen Blättchen, welche am Saume der Decke gewesen seien, abzuschneiden, auch habe sie dieser Nichte aus Prunksucht eine mit Gold verzierte Kopfbinde anfertigen lassen. [. . .] Die Äbtissin antwortete in Bezug auf das Brettspiel, wenn sie bei Lebzeiten der heiligen Radegunde gespielt habe, so treffe sie deshalb geringere Schuld, auch verböten weder die Regel noch die Kirchengesetze ausdrücklich das Spiel. Aber auf den Befehl der Bischöfe hin versprach sie, willig und reuig die Buße zu leisten, die ihr auferlegt würde. Was die Schmausereien beträfe, sagte sie, so habe sie keine neue Sitte im Kloster eingeführt, sondern es so gehalten, wie es zu Zeiten der heiligen Radegunde üblich gewesen, sie habe christlich gesinnten gläubigen Personen geweihtes Brot verabreicht, die sog. Eulogien, daß sie selbst mit ihnen jemals geschmaust habe, könne man ihr nicht nachweisen. Wegen der angeführten Verlobung gab sie an, sie habe in Gegenwart des Bischofs, der Geistlichkeit und angesehener Leute den Brautschatz für ihre Nichte, die eine Waise sei, empfangen – das bedeutet, daß sie als „Muntwalt" der Nichte tätig geworden ist –, erklärte aber, wenn dies ein Vergehen sei, so wolle sie vor allen um Verzeihung bitten; aber ein Gelage habe sie auch dabei im Kloster nicht angestellt. „[. . .] wegen der Altardecke [. . .] stellte sie eine Nonne von edler Geburt als Zeugin, daß diese ihr einen schwerseidenen Überhang, den sie von ihren Eltern mitgebracht, zum Geschenk gegeben habe, davon habe sie ein Stück abgeschnitten, um es nach ihrem Belieben zu verwenden; von dem übrigen habe sie, soviel dazu erforderlich gewesen sei, als Decke zum würdigen Schmuck des Altares verwendet, den Rest aber [...] ihrer Nichte als Purpurbesatz an das Kleid gemacht; wegen der goldenen Blättchen und der mit Gold verzierten Stirnbinde stellte sie den Grafen von Poitiers als Zeugen, daß sie durch ihn von dem Bräutigam der Nichte zwanzig Goldgulden empfangen habe, davon habe sie dies bestritten. [...] Daraufhin wurde sie mit einer väterlichen Ermahnung bedacht. Das Gericht der Bischöfe schloß hingegen Chrodechilde und Basina aus der Kirchengemeinschaft aus. Basina bereute, Chrodechilde blieb uneinsichtig; auf Bitten des Königs wurden sie aber wieder in die Kirchengemeinschaft aufgenommen, Basina kehrte ins Kloster zurück, Chrodechilde wurde ein ihr seinerzeit vom König geschenkter Hof zum Aufenthalt angewiesen.

Patrick J. Geary

Columban und die Entwicklung eines christlichen fränkischen Adels

Zu den besonderen Eigenheiten des irischen Mönchtums gehörte die Vorliebe seiner Mönche, in die Ferne zu ziehen. Dabei handelte es sich nicht um Pilgerfahrten im moderneren Sinne, also nicht um eine Reise zu einem besonderen Schrein und zurück, sondern um den Versuch, die Vorstellung vom christlichen Dasein als einer Reise durch ein fremdes Land zwischen Geburt und Tod auszuleben. So machten sich viele irische Mönche auf den Weg, trennten sich von allem, was ihnen vertraut war, und reisten allein oder mit Gleichgesinnten nach Schottland, Island und auf den Kontinent – nicht in der Absicht, zu missionieren, sondern einfach, um als Mönche und Pilger in einem fremden Volk zu leben. Von allen Pilgern, die den Kontinent erreichten, war Columban, der um 590 von Schottland aus in Gallien eintraf, der wichtigste.

Columban und seine Weggefährten fanden Zugang zum Hof des Königs Guntram von Burgund, jenes Königs, den Gregor von Tours am meisten bewunderte. Guntram nahm sie freundlich auf und erlaubte ihnen, sich in der Festungsruine von Annegray in den Vogesen niederzulassen. Ihre außerordentlich strenge Lebensweise zog viele Menschen an, und bald erhielt Columban von Guntram eine weitere Ruine, in der er das Kloster Luxeuil gründete. Kurz danach kam eine weitere Gründung in Fontaines hinzu. Er blieb zwanzig Jahre lang in Burgund, aber mit der Zeit führte die wachsende Popularität seiner mönchischen Lebensweise und Observanz zu Spannungen mit den Bischöfen. Einige Vorwürfe richteten sich gegen die in seinen Gemeinschaften praktizierten Riten, insbesondere dagegen, daß Columbans Mönche Ostern nach dem irischen und nicht nach dem kontinentalen Kalender feierten. Wichtiger war jedoch die Beziehung zwischen seinen Klöstern und dem Episkopat. Gallische Klöster unterstanden der strikten Aufsicht des Ortsbischofs. Columban kontrollierte nach irischer Tradition seine Klöster selbst und lehnte jede Einflußnahme der burgundischen Bischöfe ab. Er beugte sich dem Anspruch der Bischöfe nicht und appellierte an Papst Gregor den Großen (590–604) in Rom, er möge ihm die Weiterführung seiner keltischen Tradition gestatten, ein in Gallien bislang unerhörter Vorgang. Gregor verstarb jedoch, bevor der Appell ihn erreicht hatte.

Bevor diese Streitfrage entschieden werden konnte, geriet Columban in Konflikt mit Königin Brunichild und deren Sohn Theuderich, dessen Polygamie er offen zu verurteilen wagte. Schließlich wurde er aus Burgund verjagt und begab sich an den Hof Chilperichs in Neustrien. Hier wie im austrasischen Königreich des Theudebert wurde er sehr freundlich empfangen. Er wanderte nach Alemannien, wo er mit polytheistischen Elementen vermischte Reste christlicher Observanz vorfand und sich eine Zeitlang in Bregenz am Bodensee aufhielt. Schließlich ging er jedoch über die Alpen ins Langobardenreich, dessen König Agilulf ihn aufnahm und ihm in Bobbio zwischen Mailand und Genua Land schenkte, wo er seine letzte Klostergründung ins Leben rief. Nach Chlothars Sieg über Brunichild lud ihn der König ein, nach Luxeuil zurückzukehren, aber zu dieser Zeit war er bereits zu alt, und so blieb Columban in Bobbio bis zu seinem Tod im Jahre 615.

Der Einfluß Columbans auf den fränkischen Adel kann kaum überschätzt werden. Er verkörperte eine Form strengen und furchtlosen Christentums, die weder Ausdruck gallorömischer Kultur noch von den Bischöfen geschaffen worden war. Darüber hinaus wurde sie von einem Heiligen propagiert, der sich nicht von der Welt abwandte, sondern enge Beziehungen zu den mächtigen Familien des gesamten nördlichen Frankenreiches unterhielt. Diese Verbindungen waren besonders stark unter dem Hofadel in Neustrien ausgeprägt und können in der Vita des Columban nachgelesen werden, die Jonas, ein in Susa geborener Mönch des Klosters Bobbio, unter dem unmittelbaren Nachfolger des Gründers verfaßt hat. Und in der Tat schufen Columban und seine monastische Tradition einen gemeinsamen Boden, auf dem sich die Netzwerke nordfränkischer Aristokraten zusammenschließen konnten, die hier eine ihrem gesellschaftlichen und politischen Rang angemessene religiöse Denkweise vorfanden.

Die Liste der von Columban beeinflußten Adligen liest sich wie ein Who's Who der fränkischen Aristokratie. [...]

Allen diesen fränkischen Familien waren einige Merkmale gemeinsam. Erstens hatten alle eines oder mehrere Mitglieder, die von diesem neuen Mönchtum fasziniert waren und entweder Luxeuil aufsuchten oder gar als Mönche dort eintraten. Zweitens gründeten sie selbst auf Familienbesitz Klöster. Diese Klöster folgten meistens der Regel, die Columban für seine burgundischen Klöster verfaßt hatte;

allerdings verschmolz diese im 7. Jahrhundert mit der Benediktregel, die das fränkische Mönchtum zu beeinflussen begann, woraus sich die sogenannte irisch-fränkische Mönchstradition entwickelte. Die neue Regel bewahrte einen großen Teil der in der Regel Columbans enthaltenen Unabhängigkeit, milderte aber die extremen Formen der irischen Askese. Drittens übernahmen diese Klöster eine neue gesellschaftliche Rolle. Sie bildeten nicht nur Zentren der Frömmigkeit, sondern auch den geistlichen Mittelpunkt der begrenzten politischen Einheiten, die von den Familien kontrolliert wurden; auf diese Weise wurden sie ein fester Bestandteil des politischen und gesellschaftlichen Lebens der Gründerfamilien. Die Gründer und ersten Äbte oder Äbtissinnen dieser Klöster wurden später als Heilige verehrt, und damit verband sich in ihnen die Adelsherrschaft mit einer auf sakraler Macht und Religiosität beruhenden Familientradition.

Das aus der Zeit des heiligen Martin stammende Bild vom rauhen, primitiven gallischen Mönchtum existierte nicht mehr. Die vom fränkischen Adel gegründeten Klöster standen im Einklang mit dessen vornehmem Status. Es waren große Klöster mit reich geschmückten Kirchen, in denen adlige Männer und Frauen ihren gewohnten Lebensstil trotz aller Hingabe an Gott beibehalten konnten. [. . .]

In engem Zusammenhang mit der Entwicklung von adligen Eigenklöstern [. . .], die nicht dem Bischof, sondern der Gründerfamilie unterstanden, füllte sich der Begriff „Heiligkeit“ mit neuen Inhalten, die das Selbstverständnis des Adels veränderten. [. . .] Im 7. Jahrhundert taucht zunehmend ein neuer Heiligentypus auf – der Adlige, der am Königshof diente, bevor er auszog, um ein Kloster zu gründen, einen Bischofssitz zu verwalten oder Missionsreisen zu unternehmen, aber seine engen Bindungen an die Welt nie aufgab. Dies waren keineswegs Männer und Frauen, die vor den Übeln ihrer Zeit flohen, sondern sie pflegten meistens gute Beziehungen zu den Königen und anderen Adligen. Sie beteiligten sich sogar nach dem Klostereintritt weiterhin an der weltlichen Politik. Die Hagiographen, die ihre Viten verfaßten, legen Wert darauf, sie in diesem Lichte darzustellen, und erinnern an Matthäus 22,21: „Gebt dem Kaiser, was des Kaisers und Gott, was Gottes ist." [. . .]

Natürlich hatten auch viele der früheren senatorischen Bischöfe wichtige weltliche Ämter ausgeübt; wir haben gesehen, daß das Bischofsamt die Krönung des spätantiken *cursus honorum* darstellte. Doch gehen die Hagiographen des 5. und 6. Jahrhunderts rasch und fast entschuldigend über diese weltlichen Karrieren hinweg. Der entscheidende Bruch zwischen dem früheren weltlichen Leben und der kirchlichen Laufbahn wird betont, und in einigen Fällen sogar der Eindruck erweckt, als ob die Heiligen nach ihrer Konversion weltliche Ämter nur symbolisch ausgeübt hätten. Sulpucius Severus stellte Martin von Tours so dar, als ob er bereits vor der Entlassung aus der römischen Armee dem Waffenhandwerk entsagt hätte. Die Heiligenviten des 7. Jahrhunderts hingegen gehen detailliert auf das Leben ihrer Helden vor der Konversion ein; sie beschreiben ihre Familien, die ausgezeichneten Heiratsverbindungen, die sie eingegangen waren, ihre Tätigkeit am Hof, ihre Macht und das Ansehen, das sie genossen. Im Gegensatz zu Sulpicius, der Martin als friedliebenden Soldatenmönch beschreibt, preist der Verfasser der Vita des Arnulf von Metz dessen außerordentliche Geschicklichkeit im Umgang mit Waffen. Die merowingische Hagiographie schreckte davor zurück, Heilige zu beschreiben, die nach ihrer Konversion dem Herrn weiterhin als Krieger dienten. Der Heilige des 7. Jahrhunderts verließ seine Familie oder seine Gesellschaftsschicht nie. Seine Heiligkeit strahlte vielmehr auf die Familie zurück und verklärte die gesamte Verwandtschaft; damit wurde die Familie und ihr gesellschaftliches Umfeld geheiligt.

Dieser Wandel in der Darstellung ist mehr als eine Veränderung der literarischen Tradition. Die Hagiographie diente im wesentlichen als eine Form der Propaganda; die Berichte über adlige Heilige waren Teile eines Programms, das am Hof und zunehmend in den Machtzentren des nordfränkischen Adels entwickelt wurde, um die Bildung einer selbstbewußten christlichen fränkischen Elite durch eine eigene kulturelle Tradition, die sich von Neustrien aus im ganzen Frankenreich verbreitete, zu feiern, zu legitimieren und voranzutreiben.

Daß der neue Heiligentypus und das irisch-fränkische Mönchtum, mit dem er identifiziert wurde, den Bedürfnissen der Elite entgegenkamen, bedeutet nicht, daß es sich dabei lediglich um einen politischen Schachzug des Adels handelte. Diese neue politische Form der Heiligkeit hat die Christianisierung des Frankenreiches vermutlich stärker gefördert als die ältere gallorömische Tradition. Das Christentum war lange Zeit ein städtisches Phänomen geblieben, und selbst in den am stärksten romanisierten Teilen Westeuropas war es nur ganz sporadisch in ländliche Gebiete vorgedrungen. Die verstärkte kirchliche Betätigung des fränkischen Adels und das Wirken irischer Wandermönche wie Columban führten dazu, daß die christliche Lehre und der christliche Kult in ländlichen Regionen Wurzeln schlugen. Religiöser Kult und politische Macht wurden als unauflösliche Einheit betrachtet, ob auf der Reichsebene eines Königs Dagobert oder auf der lokalen Ebene des fränkischen Adels, der in seinem Machtbereich einen einheitlichen Kult durchzusetzen versuchte. Es lag daher im Interesse des Adels, die Ausbreitung des Christentums zu unterstützen. [. . .]

Diese Aktivitäten waren ein Versuch, das Christentum und den fränkischen Einfluß im Norden durchzusetzen, und zwar besonders in Friesland, das unter Chlothar II., Dagobert und ihren unmittelbaren Nachfolgern wegen seiner Lage an den Handelsrouten zwischen Paris, London, Köln und den Gebieten zwischen Schelde und Weser zunehmend an Bedeutung für das Frankenreich gewann. Die enge Verbindung zwischen der Expansion des Christentums und der Beteiligung des Königs an diesem Handel erkennt man am Bau einer Kirche in Utrecht. Um 600 stieg die Bedeutung der Rheinmündung für den Handel mit Köln; um diese Zeit von den Friesen geprägte Goldmünzen, die merowingische Münzen nachahmten, wurden in Südwestengland, an der Westküste von Jütland von der Elbemündung bis Limfjord und rheinaufwärts bis Koblenz und sogar bis zum Bodensee gefunden. Um 630 war Darestad südlich von Utrecht zum Zentrum des friesischen Handels aufgestiegen. Zu dieser Zeit gründete Dagobert die Kirche von Utrecht und unterstellte sie Bischof Kunibert von Köln, dem er die Festung von Utrecht mit der Auflage schenkte, die Friesen zu missionieren. Gleichzeitig sandte er die beiden Münzmeister Madelinus und Rimoaldus von Maastricht nach Darestad, damit sie den zunehmenden Handelsaustausch dieser Region regulierten und daraus Gewinne erwirtschafteten. Die Christianisierung der Region war also eng mit der Kontrolle ihrer wirtschaftlichen Aktivitäten verbunden.

Die Auswirkungen der irisch-fränkischen religiösen Bewegung beschränkten sich aber nicht auf den König, den Hof von Neustrien und den nordfränkischen Adel. Auch Männer aus dem Süden wie Desiderius von Cahors waren tief davon beeindruckt, und als die Verschmelzung der Adelstraditionen weiter fortgeschritten war, dehnte sich die Bewegung ebenso nach Süden und Osten wie nach Norden aus. Zwar hatten schon einzelne gallorömische Bischöfe ihre Verpflichtung zur Christianisierung der Landbevölkerung sehr ernstgenommen; aber erst in der ersten Hälfte des 7. Jahrhunderts erfolgte im Norden wie südlich der Loire und östlich des Rheins der erste ernsthafte, gut vorbereitete und systematische Versuch, das Christentum nicht nur in den Eliten, sondern in der gesamten Bevölkerung zu verbreiten. Zum erstenmal in der europäischen Geschichte kehrte sich die Richtung, in der religiöse Impulse verliefen, um. Nachdem Jahrhunderte hindurch mediterrane Formen des Christentums nach Norden vorgedrungen waren, eroberte und veränderte vom Norden aus eine neue, vitale Form des Christentums, die eng mit den königlichen und adligen Interessen und Machtgrundlagen verbunden war, allmählich den romanisierten Süden.

Hansjörg Küster

Die Landschaft im frühmittelalterlichen Mitteleuropa

Nach dem weitgehenden Niedergang römischer Organisation in Mitteleuropa brach dort aus der Sicht der von außen die Verhältnisse beobachtenden Geschichtsschreiber das Chaos der Völkerwanderung aus, oder es herrschte das Dunkel der „dark ages", wie diese Periode im englischen Sprachraum genannt wird. Die meisten ortsfesten Siedlungen wurden aufgegeben. Die Geschichtsschreiber erkannten, daß sich in Mitteleuropa ganze Völkerschaften auf die Wanderschaft begaben; sie zogen oft Hunderte von Kilometern weit. Historiker suchen bis auf den heutigen Tag Gründe für dieses Phänomen, das für zivilisierte Menschen schwer zu verstehen war. Lösten Klimaschwankungen, der Anstieg des Meeresspiegels oder das Eindringen nicht seßhafter Reitervölker aus dem Osten Eurasiens die Wanderungen aus?

Derartige Ursachen sind theoretisch denkbar. Aber katastrophale Klimaschwankungen gab es in der Mitte des 1. Jahrtausends n. Chr. nicht, und einem Anstieg des Meeresspiegels, der ohnehin nur kleine Bereiche Mitteleuropas betraf, hätten die Küstenbewohner auch auf andere Weise begegnen können als durch den Auszug der Angeln und Sachsen nach England. Nicht seßhafte Reitervölker, die Hunnen, Awaren und Ungarn, fielen in Mitteleuropa ein. Aber auch schon in vorrömischer Zeit waren berittene Nomaden dorthin gezogen, deren Namen man nur ausnahmsweise kennt. Jedesmal konnten die Reitervölker so weit nach Westen vordringen, bis sie auf Barrieren geschlossenen Waldes stießen, in denen sich Reitervölker aus der Steppe nicht bewegen können. Oder anders ausgedrückt: Die Steppenvölker aus dem Osten drangen nur in Gegenden ein, in denen kulturlandschaftsbildende Prozesse waldarme Gebiete hatten entstehen lassen.

Aber zurück zum Thema: Es muß gefragt werden, ob die Geschichtsschreiber nicht zum Teil einen Zustand der Wanderung von Völkern beschrieben, der ihnen unverständlich war, der aber in Wirklichkeit etwas ganz Normales im Siedelverhalten von prähistorischen Menschen gewesen ist. Einzelne Gruppen von Menschen haben sich im Verlauf der Vorgeschichte immer wieder von Ort zu Ort bewegt, mal über geringere, mal über größere Entfernungen. Vielleicht wurde dies durch Einflüsse von außen ausgelöst, etwa durch Klimaschwankungen, schlechte Ernten, Überfälle von Reiternomaden, vielleicht muß man aber gar keine äußeren Einflüsse für dieses Verhalten suchen; vielleicht gehörte das „Wandern" zu den Charakteristika prähistorischen Siedelwesens. Am direktesten ist in der Völkerwanderungszeit ein Einfluß der östlichen Reitervölker auf das „Wandern" von Völkerschaften zu sehen. Versprengte Häuflein von ihnen trieb es da- und dorthin. Man kann das zum Beispiel an den westlichen Vorposten von Siedlungen erkennen, die slawische Ortsnamen tragen und die fast immer truppweise nebeneinander liegen – zwischen Ansammlungen von Siedlungen mit deutschen Namen, zum Beispiel im Thüringer Osterland bei Altenburg.

Mitteleuropa blieb nach dem Abzug der Römer besiedelt, „verwaldete" nicht vollständig, wie immer wieder übertreibend behauptet wird. Lediglich die Bevölkerungsdichte nahm ab, wobei vor allem die zivilisierten Menschen des Römerreiches Mitteleuropa den Rücken kehrten. [. . .]

Oft aber entzieht es sich unserer Kenntnis, warum kürzere oder weitere Wanderungen von Völkerschaften stattgefunden haben, warum Siedlungen immer wieder neu gegründet, aufgegeben und verlagert wurden. Die historischen Quellen überliefern auch nicht, wie groß die wandernden „Völker" waren. Dafür, daß komplette Landstriche verlassen wurden, fehlen in den meisten Fällen die sicheren Indizien. Meist blieb eine „Restbevölkerung“ stets in der Gegend, wenn auch nicht am genau identischen Siedelplatz. Denn die weiterhin prähistorisch-eisenzeitlich geprägte ländliche Bevölkerung „wanderte“, verlegte ihre Siedlungen von Zeit zu Zeit, begab sich auf kürzere oder längere Wanderschaft, wobei nicht immer die ökologische oder militärische Katastrophe die Wanderungsprozesse gesteuert haben muß. Immer wieder wurden neue Wälder gerodet, immer wieder bildeten und schlossen sich nach der Aufgabe von Siedel- und Ackerflächen Wälder – wie in prähistorischer Zeit. Wie schon Jahrtausende zuvor begünstigte diese prähistorische Siedelweise die Ausbreitung der Buche, die auf ehemaligen Siedelflächen nach dem Hochkommen eines Birkenwald-Pionierstadiums Fuß fassen konnte.

Am Übergang von der Völkerwanderungszeit zum Mittelalter kam die prähistorische Siedelweise zu ihrem Ende, und die ländliche Siedlung erlangte fortan Ortsfestigkeit. Dieser Prozeß ist in den Quellen relativ gut überliefert, während sich das vorausgegangene „Wandern“ nur unklar, in den fremden (römischen) Darstellungen widerspiegelt oder in den Sagen der später ortsfest siedelnden „Völker“ mündlich tradiert ist, zum Beispiel im Nibelungenlied.

Der Übergang von der prähistorisch mobilen zur historisch immobilen Siedelweise verlief in mehreren Schüben, und es konnte auch wieder eine gegenläufige Entwicklung diesen Übergang unterbrechen. Einzelne ortsfeste Siedlungen gab es auch schon vor dem Mittelalter, vor allem in römischer Zeit, und auch nach dem Beginn des Mittelalters wurden hin und wieder Siedlungen aufgegeben, was von den Historikern als Wüstungsvorgang beschrieben wird.

Die Entstehung ortsfester ländlicher Siedlungen ist ein grundlegender Wandel in der Geschichte der Kulturlandschaft, und sehr viel ist darüber geschrieben und spekuliert worden. Grundsätzlich muß man sich dabei über verschiedene Tatsachen im klaren sein: Die Entstehung von ortsfesten Siedlungen muß nicht zeitgleich stattgefunden haben mit der Benennung der Siedlungen; ein Ortsname kann zusammen mit der Bevölkerung gewandert sein, bevor er die zuletzt von ihr gegründete Siedlung bezeichnete. Die erste urkundliche Nennung einer Siedlung hat in vielen Fällen nichts mit ihrer Gründung zu tun. In der Regel wurden in den Urkunden nur Siedlungen genannt, die schon Bestand hatten, wobei mit der Nennung nicht einmal ausgesagt ist, daß die betreffende Siedlung ihre Ortsfestigkeit schon erlangt hatte. Viele Gemeinden leiten ihr Alter aus der ersten urkundlichen Nennung ab, was der Realität in den meisten Fällen nicht entspricht; es ist nur dann berechtigt, wenn man aus den Urkunden genau weiß, daß eine Siedlung tatsächlich zu einem bestimmten Zeitpunkt gegründet wurde – wie bei Bergbaustädten und Siedlungen von Glaubensflüchtlingen in allerdings viel späterer Zeit.

Nach den schriftlichen Quellen ist kaum zu entscheiden, ob Siedlungen in einer zuvor menschenleeren oder aber lediglich prähistorisch besiedelten Landschaft mit nicht ortsfesten Siedlungen gegründet wurden. Die Kolonisierung in Brandenburg, also die Einführung ortsfester Siedelweise, spielte sich in einer zuvor slawisch, nicht immer ortsfest besiedelten Landschaft ab, wogegen bei der Kolonisierung des Schwarzwaldes nach allem, was wir wissen, zuvor weitgehend menschen- und siedlungsleeres Land mit Siedlungen überzogen wurde.

Die Vielfalt der Dorf- und Flurformen muß schließlich nicht unbedingt etwas mit der ethnischen Zugehörigkeit der „Völker“, die die Dörfer gründeten, zu tun haben. Siedlungsbilder unterscheiden sich zwar in charakteristischer Weise von Landschaft zu Landschaft, aber die Dorfformen sind erst ganz allmählich, im Verlauf von Jahrhunderten, entstanden und gewachsen, weil auch in den ortsfesten Siedlungen Besitzgrenzen verschoben und Gebäude verlagert wurden. Die Bauernhäuser von heute sind nur wenige Jahrhunderte alt; wie sich ihr Aufbau aus dem Haus des frühen

Mittelalters herleitete, ist vielfach unbekannt. Sicher griff man beim Bau der Häuser auf ältere Traditionen zurück, aber man baute immer wieder neu, wobei auch die Siedlungspläne sich nach und nach geändert haben müssen. [. . .]

Wirtschaftliche, staatliche und kirchliche Kräfte zielten allesamt darauf ab, Mitteleuropa zu einem Land ortsfester Siedlungen zu machen, denn nur ortsfeste Besiedlung war in einem Staats- und Wirtschaftssystem kalkulierbar. Andere Beweggründe hatten die christlichen Missionare. Die Kirchengebäude in den Dörfern waren Heiligen geweiht, daher durften sie nicht wieder aufgegeben werden. Die Kirche wurde zu einem Kristallisationspunkt des Dorfes, sie gehört auch sprichwörtlich „ins Dorf“.

Der Wandel zur ortsfesten Siedlung vollzog sich in den einzelnen Landschaften Mitteleuropas nicht gleichzeitig. Abseits der obengenannten Zentren schritt er im allgemeinen von West nach Ost voran, etwa gemeinsam mit der Ausbreitung des Deutschen Reiches, das sich stets nach Osten abzusichern hatte – im Grunde genommen nicht gegen die Slawen als „Volk“, sondern gegen noch nicht ortsfeste Siedelweise, die sich in administrative Strukturen nicht eingliedern ließ. [. . .]

Die Kolonisierung stieß von West nach Ost in unterschiedliche Landschaftsräume vor, die im Zuge der Waldentwicklung ein jeweils anderes charakteristisches Aussehen erhalten hatten. Zunächst schritt sie von Westen her bis an den Rand der Landschaften mit vorherrschendem Nadelwald voran, bis zu den Kieferngebieten in Brandenburg und der Oberpfalz sowie zu den mit Fichten bewachsenen Gebirgen Österreichs und Böhmens. Später wurden diese Landschaften in das Reich einbezogen. Seine Ostgrenzen stießen wiederum an Vegetationsgrenzen, zum Beispiel an ein von Fichten-Hainbuchen-Wäldern bewachsenes Gebiet im heutigen Polen und an die pannonische Steppe.

Die Fixierung der Siedellagen von Dörfern war Voraussetzung dafür, daß sich zugleich fixierte Flursysteme um sie herum entwickeln konnten, wobei noch nicht geklärt ist, ob nicht in der Zeit zuvor nur die Siedlungen, nicht aber die Fluren verlagert wurden. Vielleicht wurden sie von den Bewohnern mehrerer Siedelplätze aus bewirtschaftet, die ihre Lage um die Flur herum verändert hatten. [. . .]

Von ortsfesten Siedlungen aus wurde der Wald grundsätzlich anders bewirtschaftet. Brennholz wurde nicht nur wenige Jahrzehnte lang, sondern permanent an den gleichen Stellen gemacht. Holz wurde immer wieder in den gleichen Waldparzellen geschlagen, immer wieder dann, wenn die Gehölze so weit in die Höhe gewachsen waren, daß sich der nächste Einschlag lohnte. Diese Form der Waldnutzung, die Niederwaldnutzung, hatte sich in Ansätzen schon viel früher entwickelt, gewann aber nun in Abhängigkeit vom geänderten Siedelverhalten der Bauern erheblich an Bedeutung. Einzelne Baumarten vertragen den häufigen Holzeinschlag nicht, andere besser; sie treiben nach dem Holzeinschlag rasch neu aus. Die Buche übersteht eine ständige Niederwaldnutzung nicht, die Hainbuche aber, die bisher in Mitteleuropa nur selten vorgekommen war, ist sehr ausschlagsfreudig. Nach dem Holzschlagen treibt sie immer wieder neue, sekundäre Stämme aus den Baumstümpfen in die Höhe, manchmal sogar büschelweise. Da nun bei ortsfester Siedelweise stets die gleichen Waldstücke zur Holznutzung herhalten mußten, breitete sich die Hainbuche in den Wäldern des frühen Mittelalters aus. Es entwickelten sich die Eichen-Hainbuchen-Wälder, oft an der Stelle früherer Buchen- oder Buchen-Eichenwälder.

Der Übergang zur ortsfesten Siedelweise, verbunden mit von oben gelenkter Organisation, bedeutete Prosperität für Homo sapiens, wirtschaftliche Blüte. Er führte zu einem bedeutenden Schub des Bevölkerungswachstums, hatte aber auch grundsätzliche Auswirkung auf das Verhältnis zwischen Wald und Mensch. Menschheitsgeschichte und die Geschichte seines „Widerparts“, des Waldes, liefen fortan in andere Richtungen als zuvor: Das Mittelalter hatte begonnen.

Massimo Montanari

Der Nutzen der Natur

Das Buch *Leben der heiligen Väter* berichtet von einem syrischen Einsiedler, der, nachdem er sich zum Meditieren in die Einsamkeit der Wüste zurückgezogen hatte, beschloß, ausschließlich von Kräutern und Wurzeln zu leben. Doch verstand unser Einsiedler nicht, die guten von den ungenießbaren Pflanzen zu unterscheiden. Alle schienen ihm gleichermaßen süß, aber einige verbargen unter dieser Süße eine giftige Natur. Der Eremit wurde von Magenschmerzen und Brechreiz gepeinigt. Die Kräfte verließen ihn, seine Lebensenergie schien im Schwinden begriffen. Entsetzt sah er sich nach allem um, was er für eßbar hielt, aber er hatte nicht mehr den Mut, irgend etwas zu kosten. Nach siebentägigem Fasten aber erschien eine Wildziege in seiner Nähe, nahm ein Bündel von Kräutern ins Maul, die der Eremit gesammelt hatte und nicht mehr zu berühren wagte, und trennte die ungenießbaren Pflanzen von den eßbaren. Auf diese Weise lernte der heilige Mann, was er zu sich nehmen durfte und was nicht.

Das ist eine lehrreiche Geschichte. Sie spricht zunächst von der Vorliebe des Eremiten – und auch von der Kultur, die er zum Ausdruck bringt – für eine „natürliche" Ernährungsweise, die auf der Nutzung der Vegetation beruht. Es ist eine Lebensweise, die in den Biographien der orientalischen Asketen des 4./5. Jahrhunderts regelmäßig auftaucht. Sie wird schon bald im Westen gang und gäbe – mit einem natürlichen Unterschied. An die Stelle der „Wüste" des Orients tritt der „Wald", der der täglichen Erfahrung der Europäer entspricht. Und da sich die Einsamkeit der Wälder viel besser als die Wüste für eine auf ursprüngliche Produkte gegründete Ernährung eignete, war diese Vorstellung wesentlich besser zu verstehen und bürgerte sich schon bald ein. Lang ist die Liste der Heiligen, die im 6. und 7. Jahrhundert in den Wäldern Europas lebten, um Gott unmittelbar nahe zu sein, und sich von Kräutern, Wurzeln, Knollen, Beeren und Baumfrüchten nährten.

Aber im Europa jener Zeit war – im Unterschied zur syrischen Wüste – die „wilde“ Ernährung des Eremiten nur das besondere Merkmal einer weitverbreiteten Lebensform. Es war eine Erfahrung von Einsamkeit, die gleichwohl stark im gesellschaftlichen und ökonomischen Kontext verwurzelt war, angesichts der Bedeutung, den die Nutzung der brachliegenden Flächen im Produktionssystem gewonnen hatte. Hier kommt uns unsere Erzählung mit einem zweiten entscheidenden Hinweis zu Hilfe: Der Gebrauch natürlicher Ressourcen ist keine Frage der Improvisation, sondern erfordert einen Lernprozeß, der an die Kenntnis des Territoriums und an die Informationen seiner Bewohner gebunden ist. Wenn, in diesem besonderen Fall, der „Lehrende“ ein Tier ist, so liegt das an der freiwilligen Isolation des Eremiten von der menschlichen Gesellschaft. Anderswo betreten die Jäger, die Hirten die Szene: Schweine- und Schafhirten, die den Weg weisen oder als Führer dienen. Dies geschieht in den Heiligenlegenden. Aber auch den Prozeßakten, von denen nicht wenige unter den Dokumenten des 8. und 9. Jahrhunderts erhalten geblieben sind, entnehmen wir, wie die Richter die Hirten aufsuchten, um mehr über die Grenzen, über die Gestalt des Waldes zu erfahren. Keine Spur von Naivität also. Die Nutzung der Natur (gemeint ist die Natur-*Konzeption*, die uns Lévi-Strauss vermittelt hat) ist eine eminent kulturelle Angelegenheit, und der Kontrast zwischen diesen Polen des Natürlichen und des Kultivierten, wenn er denn zum Vorschein kommt, ist eher die Frucht einer ideologischen Entscheidung als eines realen Gegensatzes.

Im übrigen ist die Grenze zwischen der Nutzung der bebauten und der unkultivierten Flächen, zwischen dem „wilden“ und dem „gezähmten“ Wirtschaftssystem wesentlich weniger scharf gezogen, als man denken könnte. Es ist eine bewegliche Grenze, die einmal da ist, einmal nicht, also durchaus flexibel. Die Eroberung neuen Ackerlandes und das Fortschreiten der Kultivierung geschieht nicht ohne Sinneswandel oder Phasen der Verwahrlosung. Die Domestizierung der Landschaft, der Pflanzen, der Tiere schließt verschwommene, ja zweideutige Realitäten nicht aus. [. . .]

Die systematische Verbindung der herkömmlichen landwirtschaftlichen Aktivitäten mit der Nutzung unkultivierter Flächen ist der bestimmende Wesenszug der europäischen Wirtschaft vom 6. bis mindestens zum 10. Jahrhundert. *Weiden und Wälder* ist ein häufig anzutreffender Doppelbegriff in den kartographischen Dokumenten dieser Zeit, um die engmaschige Gleichzeitigkeit von kultivierten und ungenutzten, von benachbarten, vermischten, ineinander übergehenden Flächen zu kennzeichnen in einem Mosaik von Landschaftsformen, dem ein vielfältiges und zusammengesetztes Ganzes erzeugerischer Aktivitäten entspricht: Getreideanbau und Gartenbau, Jagd und Fischerei, Tierzucht in Freiheit, Sammeln wildwachsender Früchte. Damit ging ein stark gegliedertes und differenziertes Ernährungssystem einher, das Produkte vegetarischen Ursprungs (Korn, Hülsenfrüchte und anderes Gemüse) regelmäßig mit solchen von Tieren (Fleisch, Fisch, Käse, Eier) kombinierte. Man beachte, daß dies aufgrund eines Zusammenwirkens milieubedingter und sozialer Faktoren alle sozialen Schichten betraf. [. . .]

Alle konnten sich also bei der Vorratsbeschaffung auf verschiedene Nahrungsquellen verlassen. Fleisch und Fisch (und Käse und Eier) fehlten neben Brot, Mehlbreien und Gemüse auf keinem Tisch. Zur Beschleunigung dieser Nahrungsvervollständigung trug auch die Kirchengesetzgebung bei, die den Verzehr von Fleisch und in manchen Fällen auch den aller tierischen Erzeugnisse an manchen Tagen, Wochen oder Perioden des Jahres untersagte; wie man errechnet hat, an insgesamt über 150 Tagen im Jahr, von kleinen bis zu großen Fastenzeiten. All das, was sich außerhalb einer stark auf das Fleisch ausgerichteten Eßkultur schwer erklären ließe, bedeutete de facto, den Wechsel unterschiedlicher Produkte auf denselben Tischen zu beschleunigen; bedeutete, periodisch Fleisch durch Fisch oder Käse (noch besser aber durch Hülsenfrüchte) sowie tierische Fette durch Pflanzenöl zu ersetzen. Auf diese Weise wirkte auch der liturgische Kalender auf die Ernährungsweise ein und begünstigte damit die Herstellung homogenerer Gewohnheiten in den unterschiedlichen Regionen Europas.

Im Innern dieser gemeinsamen Kultur blieben nicht nur die Zeichen einer unauflösbaren Dichotomie bestehen. Es zeichneten sich auch wichtige soziale Unterschiede ab. In den Gebieten Mittel- und Nordeuropas übernahmen hauptsächlich die oberen Schichten, Laien und Kleriker, die „Mode" von Brot, Wein und Öl. Die niederen Schichten blieben mit größerer Festigkeit ihrer traditionellen Ernährung verhaftet, der sich gelegentlich – wie wir im Fall des Bieres gesehen haben – wichtige Elemente des religiösen Rituals hinzugesellten. Umgekehrt glichen in den Gebieten, die erst kürzlich der Macht und Kultur der germanischen Völker unterworfen worden waren, vor allem die oberen Schichten ihren Lebens- und Ernährungsstil den neuen Gegebenheiten an, indem sie die Jagdleidenschaft und den hohen Fleischverbrauch übernahmen, während die unteren Schichten der herkömmlichen Ernährungsweise verbunden blieben: Das Bild des „armen" Gemüseessers, das uns in zahlreichen literarischen Texten jener Zeit überliefert wurde, ist nicht bloß eine ideologische Konstruktion. Auch muß man zwischen solchen Regionen unterscheiden, in denen es zu einer starken und schnellen Vereinigung der neuen Herrschaftsgruppen mit den Überresten der alten kam – so war es in Frankreich –, und Regionen wie Italien, in denen die Auseinandersetzung lange anhielt und gnadenlos war. Hier vor allem Risse und Widersprüche; dort die solidarische Herstellung einer neuen politischen Realität. Analoge Begebenheiten ließen sich in sämtlichen kulturellen

Bereichen wiederfinden. Es bleibt der Umstand, daß man überall– auch im Süden Europas, auch in den untersten Schichten – begann, mehr Fleisch als in der Vergangenheit zu essen, während das Brot den Norden eroberte.

Hartmut Boockmann

Abhängigkeitsverhältnisse

Die frühmittelalterliche Gesellschaft läßt sich nur mit Mühe und allenfalls in ihren Grundzügen beschreiben. Schon die Frage nach „der" Gesellschaft verkennt, daß bis zum 11. Jahrhundert die verstreut in kleinen Siedlungsinseln lebende dünne Bevölkerung sich nicht ebenso beschreiben läßt wie geschlossene und große Gebiete bewohnende Bevölkerungen späterer Jahrhunderte. Spricht man von „den" Bauern des 9. oder 10. Jahrhunderts ähnlich wie von den Industriearbeitern des 19. Jahrhunderts, so verkennt man, daß die Rede von den Bauern auf Menschen zielt, die wenig oder nichts voneinander wußten, die erst der spätere Blick des Historikers aufgrund gleicher Merkmale zu einer Gruppe zusammenfügt, die jedoch selbst, da sie keine Gruppe bildeten, auch nicht als solche handeln konnten. So darf man die Gesellschaft des frühen Mittelalters nicht einfach in horizontale Schichten gliedern und sich vorstellen, sie habe, von unten nach oben gerechnet, aus Sklaven, unfreien Bauern, freieren Bauern, Grundherren und Fürsten bestanden. Eine solche Beschreibung wäre nicht nur deshalb falsch, weil in ihr weder Kaufleute noch Geistliche einen Platz hätten, und dieser Platz ließe sich auch nicht dadurch gewinnen, daß man in ein solches Gesellschaftsmodell einfach zwei weitere Sozialschichten namens Kaufleute und Geistliche einfügte. Zu den Kaufleuten würden Unfreie gehören, die sich rechtlich nicht von unfreien Bauern unterscheiden, aber man müßte zu ihr auch Händler zählen, die so unabhängig waren wie Adlige. Noch breiter wäre jedoch das Spektrum, das sich hinter einer Sozialschicht Geistliche verbergen würde. Es müßte mit armen Landgeistlichen beginnen, die wiederum so abhängig waren wie der unfreieste Bauer, und es würde bei geistlichen Reichsfürsten enden.

Der Zahl nach hätte man es sowohl bei den Kaufleuten wie bei den Geistlichen mit wenigen zu tun. Fast alle Menschen waren landwirtschaftlich tätig, waren also, wie man in späterer Zeit zu sagen begann, Bauern. Bis zum 11. Jahrhundert bedurfte es eines solchen Wortes nicht. Es verstand sich angesichts der geringen Produktivität der Landwirtschaft von selbst, daß fast alle Menschen landwirtschaftlich tätig sein mußten und nur ganz wenige von dieser Arbeit freigestellt waren. Dennoch haben wir es weder mit einer breiten Sozialschicht der landwirtschaftlich produzierenden Menschen zu tun, noch auch mit voneinander abgehobenen Schichten, also mit Sklaven, Halbfreien, Freien und so weiter. Die Grundfigur der mittelalterlichen Gesellschaft war nicht die horizontale Schicht, sondern die Gruppe derer, die einem Herrn unterworfen waren, die unter seinem Schutz standen und ihm zu Abgaben und Leistungen verpflichtet waren: die „familia“. In einer solchen familia fanden sich Personen, deren wirtschaftliche und soziale Lage höchst unterschiedlich war. Ein großer Grundherr, ein Kloster zum Beispiel, zählte zu seiner familia Unfreie, die sich in nichts von Sklaven unterschieden, ferner Inhaber kleiner Landwirtschaften, die zu so weitreichenden Diensten auf den großen Gutshöfen des Klosters verpflichtet waren, daß sie zu eigener Landwirtschaft nur in bescheidenem Maße kamen. Von ihnen unterschieden sich Bauern, die ganz überwiegend selbständig tätig waren und deren Verpflichtungen dem Kloster gegenüber vorwiegend in Abgaben bestanden, während andere Inhaber von Höfen ebenfalls zur familia gehörten, dem Kloster aber nur zu geringfügigen Abgaben verpflichtet waren und sich von den Inhabern selbständiger, nicht von einem Grundherrn abhängiger Höfe nur wenig unterschieden. Außerdem gehörten zur familia eines großen Grundherrn die Inhaber von Verwaltungsämtern, oft mächtige Leute, deren Lebensform nicht selten der von Adligen glich, und die oft auch zu Adligen wurden.

Wie sich da soziale Wandlungen im einzelnen vollzogen und wer an ihnen teilnahm, läßt sich nur andeutungsweise erkennen. Die Frage, wann und wie eigentlich die aus der griechisch-römischen Antike überlieferte Sklaverei im frühen Mittelalter verschwand, wie aus Sklaven Unfreie im Sinne des Mittelalters wurden, läßt sich mit Sicherheit ebensowenig beantworten wie die Frage nach den außerhalb grundherrschaftlicher Systeme lebenden „freien Bauern". Sind die Freien, von denen wir in den Quellen des Mittelalters lesen und die keine Adligen gewesen sind, die Reste einer ehemals großen Schicht, welche für die germanischen Gesellschaften, in denen ein Adel keine oder eine nur geringe Rolle spielte, charakteristisch war? So glaubte man im 19. Jahrhundert. Heute weiß man, daß der mittelalterliche Adel seine Vorgänger schon bei den germanischen Stämmen hatte. Und man weiß auch, daß viele Freie in der karolingischen Zeit ihre Freiheit aufgegeben und sich unter den Schutz mächtiger Grundherren gestellt haben. Doch lassen sich die Ausmaße dieser Prozesse nicht mit Sicherheit bestimmen. Was sichtbar wird, sind immer nur die konkreten Verhältnisse, wo sie ausnahmsweise schriftliche Spuren hinterlassen haben. Das aber heißt, daß wir Einblicke in die Gesellschaft des frühen Mittelalters fast immer nur anhand der aus geistlichen Grundherrschaften überlieferten Quellen gewinnen können. [. . .]

Die frühmittelalterlichen Verhältnisse werden besonders deutlich dort sichtbar, wo wir es mit der Überlieferung eines großen Klosters zu tun haben. So besitzen wir aus dem bei Regensburg gelegenen Kloster Sankt Emmeram, das auf den in der zweiten Hälfte des 7. Jahrhunderts in Bayern missionierenden fränkischen Wanderbischof Emmeram zurückgeht, eine Fülle von Urkunden, aus denen die rechtliche Situation derer hervorgeht, die mit dem Kloster in Verbindung traten – sei es als Stifter, sei es, daß sie sich in das Kloster aufnehmen ließen.

Gerade im Falle der Aufnahme in ein Kloster waren Schenkungen notwendig, da derjenige, der einem Konvent beitrat, von diesem ja auch künftig versorgt wurde. Nicht selten ging es tatsächlich um Versorgung. Einzelne Frauen – Witwen oder unverheiratete Töchter – oder kinderlose Ehepaare konnten sich und ihren Besitz am besten dadurch sichern, daß sie ihn einer Kirche übertrugen und sich die Nutzungsrechte auf Lebenszeit vorbehielten. Andere Formen der „Alterssicherung“ gab es einstweilen nicht – und auch die städtischen Spitäler des späteren Mittelalters, die ähnliche Sozialleistungen boten, hatten mehr die Züge eines Klosters als die eines modernen Altersheims.

So geht es in der ersten Urkunde aus Sankt Emmeram um eine solche Alterssicherung, während wir es im zweiten Falle mit einem Kaufmann zu tun haben, der vor dem Antritt einer großen Handelsreise für den Fall seines Todes in der Fremde, womöglich im Heidenland, also ohne die Möglichkeit, die Sterbesakramente zu empfangen, eine Stiftung zugunsten seines Seelenheils macht und für den Fall der glücklichen Rückkehr ein Grab bei Sankt Emmeram kauft. Schenkungs-„Objekt“ sind unfreie Personen, welche dieser Fernhändler besitzt und wie eine Sache verschenken kann, die andererseits aber doch keine Sklaven mehr im Sinne der Antike sind. Man sieht das daran, daß sie eine Ehe führen und legitime Kinder haben.

Auch die dritte Urkunde handelt von der Sicherung des Alters, und in diesem Fall erhält man eine Vorstellung von den Kosten. Zwei bäuerliche Höfe sichern den Lebensabend eines adligen Ehepaares. Die Naturalien, die es zu verzehren gedenkt, werden genannt. Bei der folgenden Urkunde geht es um den Schutz von zwei alleinstehenden Frauen. Sie übergeben sich dem Kloster, das heißt sie geben ihre bisherige Freiheit auf. Doch wird sie die Unfreiheit nicht drükken. Sie sollen nur eine geringe Abgabe leisten, und sie sollen darüber hinaus die Gewähr haben, daß sie in ihre frühere Freiheit zurückkehren können, falls das Kloster ihnen den erhofften Schutz nicht gewährt. Wie stets lernt man auch hier eine Reihe von Zeugen und damit zugleich in späteren Jahrhunderten außer Übung gekommene deutsche Namen kennen. In diesem Falle erfahren wir nicht nur, welchen Standes die Zeugen sind – sie gehören demselben Stande an wie die Frau, die sich dem Kloster übergibt –, sondern wir lesen auch, daß das Gedächtnis der Zeugen in einer für unser Verständnis überraschenden Weise angeregt werden soll. In anderen Fällen erhalten die jüngsten Zeugen Ohrfeigen, um sich an den zu bezeugenden Akt später zu erinnern. Hier werden sie an den Ohren gezogen.

In der folgenden Urkunde wird wiederum die Ehe eines Unfreien sichtbar. Der Mann hat eine „Mischehe" geschlossen. Er ist mit einer Freien verheiratet. Welchen Status haben die Kinder? In einem solchen Falle folgen sie der „ärgeren Hand", sie haben also das Recht des schlechter gestellten Elternteils. Da der Vater in unserer Urkunde dem Kloster Sankt Emmeram gehört, gilt das auch für seine Kinder, obwohl diese eine freie Mutter haben.

Elsbet Orth

Vom Königsschatz zum Kataster
Die Steuer im fränkischen Reich

„Damit Bertoald um so eher den Tod fände, schickten sie ihn in [bestimmte] Gaue und Städte [des Reichs] mit dem Auftrag, [. . .] Steuern einzufordern." Dieser Satz aus einer im 7. Jahrhundert geschriebenen Chronik verblüfft vor allem durch seine trockene Sachlichkeit. Was hier zum Jahr 604 aus dem fränkischen Teilreich Burgund berichtet wird, war offensichtlich nichts Unerhörtes. Das zeitgenössische Publikum verstand: Bertoald, Hausmeier und damit einer der mächtigsten Männer im Reiche König Theoderichs, hatte die Feindschaft der Königin Brunhilde und eines ihrer Günstlinge auf sich gezogen. Um ihn aus dem Wege zu schaffen, ohne doch selbst Gewalt anwenden zu müssen, hätte Brunhilde – das suggeriert der Chronist – den König veranlaßt, sein Besteuerungsrecht wahrzunehmen und durch Bertoald Abgaben eintreiben zu lassen. Weitere Details mußte der Erzähler nicht liefern, um die ihm verhaßte Königin der Heimtücke zu zeihen. Der mit den Verhältnissen vertraute Hörer des Berichts wußte: Bertoald würde bei den Steuerpflichtigen auf gewaltsamen Widerstand stoßen.

Auch über die Gründe für solchen Widerstand herrschte zwischen dem Chronisten und seinem Publikum Einvernehmen, sie werden nicht erwähnt. Doch lohnt es, nach ihnen zu fragen. Denn das Steuerwesen verbindet wie ein Gelenk Herrschaft und Untertan, Staat und Gesellschaft. In Besteuerungsrecht, Abgabenzweck und Erhebungspraxis sind die Herrschaftsgrundlagen und Herrschaftsbedingungen eines Staates zu erkennen. Aber auch Lebensumstände und Lebensformen aller im Staate lebenden sozialen Gruppen werden bei der Betrachtung von Steuerrecht und Steuerwirklichkeit sichtbar. [. . .]

Der Rahmen, in dem die fränkische Herrschaft sich ausbreiten konnte, wurde ganz wesentlich von einer statistischen Gegebenheit begrenzt: Die Franken blieben in ihrem Reich immer eine Minderheit. Im Raum des heutigen Frankreich sollen im 5. und 6. Jahrhundert etwa 150000 bis 200 000 Franken gesiedelt haben, das wären ca. fünf bis maximal zehn Prozent der damaligen Gesamtbevölkerung. Sie bildeten die Herrenschicht, die sich den beherrschten eingesessenen Völkern überlagerte. Kein Merowingerkönig konnte daran denken, die gesamte Reichsbevölkerung in Recht und Verwaltung auf fränkische Prinzipien zu verpflichten. Chlodwig und seine Nachfolger versuchten auch nie, einen solchen „Frankisierungs"-Prozeß einzuleiten. Sie ließen die vorgefundenen Stammes- und Volksrechte unverändert bestehen, nutzten alteingeführte Einrichtungen der römischen Provinz weiter und dehnten nach Möglichkeit deren Geltung auf die germanisch bestimmten Reichsteile aus. Mit wichtigen Aufgaben betraute man hochqualifizierte, schreibkundige romanische Beamte. Diese vornehmen Romanen übten nicht mehr denselben formalistischen Zwang aus wie ihre Vorgänger in der Spätantike, dennoch stellten sie eine deutlich erkennbare Kontinuität zur römischen Verwaltungspraxis her. Dies insbesondere auf den Gebieten der staatlichen Domänenwirtschaft, der städtischen Selbstverwaltung, der Gerichtsbarkeit und des Steuerwesens.

Im fränkischen Steuerwesen wird solche Kontinuität an mehreren Stellen sichtbar. Am leichtesten läßt sie sich in den Bezeichnungen auffinden. So benennen beispielsweise Begriffe wie *tributum, census* oder *functio* sowohl in der spätaniken römischen Provinz wie im frühmittelalterlichen fränkischen Reich Steuern und Abgaben. Auch die beiden wichtigsten Steuerarten, die Grund- und die Kopfsteuer, kannte man bereits unter der römischen Herrschaft und erhob sie noch im fränkischen Reich.

Grundsteuern verlangten die merowingischen Könige vor allem im westlichen Teil ihres Reichs. Diese Steuer war, ihrem Namen entsprechend, von denen zu entrichten, die Land besaßen und Erträge aus ihm erwirtschafteten, außerdem von in Städten ansässigen Hausbesitzern. Die Grundsteuerpflicht haftete am Gut, unabhängig davon, wer es besaß. Vornehme Franken und romanische Bischöfe erlangten für ihre Besitzungen zwar häufig königliche Steuerbefreiungsprivilegien. Doch beweist gerade die Existenz dieser Urkunden, daß auch die Angehörigen der führenden Schichten ursprünglich der Steuerpflicht unterworfen waren. Allein das Königsgut war prinzipiell steuerfrei. Es wahrte dieses Sonderrecht, auch wenn es durch Schenkung in andere Hände gelangte.

Die römische Verwaltung hatte mit Grund- und Kopfsteuer Land und Leute zur Finanzierung des Staates heranzuziehen gewußt. Im Frankenreich war eine solche gleichmäßige Besteuerung der Untertanen nicht zu bewerkstelligen. Hier wurde die Steuererhebung hauptsächlich von kraftvoll herrschenden Königen von Fall zu Fall, mehr oder weniger sporadisch durchgesetzt. Immer wieder trafen aber Versuche, das System zu straffen oder gar Neuerungen einzuführen, auf den heftigsten Widerstand der Betroffenen. Vor allem in den Quellen des 6. und 7. Jahrhunderts werden solche Szenen in großer Farbigkeit geschildert. [...]

Neben den Grund- und Kopfsteuern wurden, zunehmend etwa seit der Mitte des 7. Jahrhunderts, verschiedene alte, wohl nie ganz in Vergessenheit geratene Abgaben wieder wichtiger, die aus der fränkisch-germanischen Tradition stammten. Von diesen Abgaben weiß die Überlieferung relativ wenig. Die archaische germanische Verwaltung kam weitgehend ohne schriftliche Aufzeichnungen aus, auch bestritten die kaum mehr in Städten, sondern fast durchwegs agrarisch lebenden Abgabenpflichtigen die Berechtigung der Forderungen nicht. Die Chronisten hatten keinen Anlaß, von dieser Seite des alltäglichen Lebens erzählend Notiz zu nehmen. Die Kenntnis von diesen Einkünften der fränkischen Herrscher stammt deshalb vor allem aus gelegentlichen Erwähnungen in Gesetzen und allgemeinen Verwaltungsvorschriften. Solche Kapitularien – diese Texte verdanken ihren Namen der Einteilung in kurze Kapitel – sind besonders aus karolingischer Zeit in größerer Zahl erhalten. Nicht für alle Abgaben läßt sich heute noch der Rechtsgrund feststellen, der für ihre Erhebung maßgeblich war.

Wie im spätantiken römischen Reich so wurden noch in der fränkischen Zeit die Untertanen nicht nur zur Zahlung von Steuern und Abgaben herangezogen – zur Erfüllung öffentlicher Aufgaben waren auch Dienste von ihnen zu leisten. So ließen die Könige beispielsweise die großen Bauten: Kirchen und Pfalzen, Wege oder Brücken von der Allgemeinheit errichten. Üblich war es in einem solchen Fall, einzelnen Mächtigen bestimmte Teilaufgaben zu stellen, die sie in eigener Regie mit ihren Mitteln und Arbeitskräften zu erfüllen hatten. Um kleinere Bauprojekte ausführen zu lassen, hob der Graf in der ihm zugewiesenen Region Leute aus. Sie durften sich diesem Gebot nicht widersetzen und arbeiteten nach seinen Anweisungen.

Die Dienstleistung bei der Errichtung großer Bauten bedeutete oft eine starke Belastung, auch für die Angehörigen der führenden Schichten. Anders scheint es im Fall der Königsgastung gewesen zu sein, dem *servitium regis*, wie in den Quellen das Anrecht des Königs auf Beherbergung und Unterhalt genannt wird. Bei einem Gefolge von etwa 1000 Leuten wären auch in diesem Fall erhebliche Kosten entstanden. Doch scheint den Untertanen normalerweise diese Bürde nicht auferlegt worden zu sein. Schon die Merowingerkönige bezogen ihren Unterhalt vornehmlich aus den ehemals römischen Staatsdomänen, die sie an sich gezogen hatten, ihren Aufenthalt nahmen sie mit Vorliebe in den alten römischen Stadtpalästen. In gleicher Weise nutzten die karolingischen Herrscher, die ersten Vertreter des mittelalterlichen Wanderkönigtums, bevorzugt das Königsgut, allenfalls das Gut von Reichsklöstern. Auf Königsgut wurden auch die karolingischen Pfalzen errichtet. Die notwendigen Naturalien lieferten die großen Königshöfe, die meist auch für die Beherbergung der Herrscher angemessen ausgerüstet waren. Die Gastungspflicht der Untertanen beschränkte sich normalerweise auf die durch Gesetze immer neu eingeschärfte Verpflichtung, Gesandten und anderen unter königlichem Schutz stehenden Personen unterwegs Unterkunft und Verpflegung zu gewähren.

Die aktive Mitwirkung der Untertanen an der Herrschaftsausübung der Könige blieb nicht auf die inneren Belange des fränkischen Reiches beschränkt. Auch die frühe Expansionspolitik der Merowingerkönige wurde vom Volke getragen: die Heerfolgepflicht der Freien entsprach den Bedürfnissen des frühmittelalterlichen fränkischen Heerkönigtums und brachte mit Landgewinnen und Beute auch den Untertanen Vorteile. Erst unter den Karolingern scheint die Erfüllung der Militärpflicht als beschwerlich empfunden worden zu sein. Es wurde nötig, Dienstunwillige mit schweren Strafen zu bedrohen. Auch wurde die Forderung der persönlichen Heerfolge eingeschränkt. Nur wer vier Hufen Land oder mehr besaß, mußte hinfort noch selbst ins Feld ziehen. Die Masse der Kleinbauern aber war nur mehr verpflichtet, zur Ausrüstung und Versorgung von Kriegern beizutragen. Mit der Aufhebung ihrer militärischen Dienstpflicht verloren diese Bauern auch das Recht, Waffen zu tragen. Sie sanken in den wenig angesehenen Status von Leuten ab, die sich nicht selbst schützen konnten, sondern auf Königsschutz angewiesen waren.

Die Betrachtung der im Frankenreich geforderten Steuern, Abgaben und Dienste hat zu einem merkwürdigen Ergebnis geführt: Die Franken waren offensichtlich bereit, erhebliche Leistungen für ihren Staat und ihren König zu erbringen. Gegen Steuerforderungen im engeren Sinne aber setzten sie sich nachdrücklich und insgesamt erfolgreich zur Wehr. Dieser punktuelle Dissens zwischen Herrscher und Untertanen verdient noch einmal die volle Aufmerksamkeit, denn er dürfte nicht allein aus der Erbitterung über Unkorrektheiten erwachsen sein oder aus der Wut besitzloser Kopfsteuerpflichtiger. Vielmehr ging es offenbar um Grundsätzliches: Man bestritt die Berechtigung des Königs, überhaupt Steuern zu verlangen. Aus der Spätantike, aus der die Institutionen des Steuerwesens übernommen worden waren, ist ein derartiger Rechtfertigungsnotstand des Staates nicht bekannt; römischen Bürgern waren die hohen Forderungen des Staates einsichtig. Der spätantike Staat nämlich hatte nur überleben können, indem er gegen die Bedrohungen der Völkerwanderungszeit ein riesiges Heer aufbot, und dieses Heer zu unterhalten, war nicht nur eine Pflicht gewesen, denn die Erfüllung der Pflicht hatte auch im Interesse jedes Bürgers gelegen, der im Schutze römischer Rechtssicherheit die Vorteile römischer Zivilisation genießen wollte. Für den Bestand des fränkischen Reiches aber spielte von allen Leistungen der Untertanen die Steuer die geringste Rolle. Denn die staatlichen Einrichtungen des Frankenreiches wurden nicht durch Steuern unterhalten. Wo dies nicht durch die von der Allgemeinheit erbrachten Dienste geschah, erhielten die Einrichtungen sich selbst durch Abgaben, die von den Nutzern erhoben wurden. Aus Zöllen bestritt man z. B. die Unterhaltung von Brücken und Straßen; Richter machten sich aus Anteilen von Strafgeldern bezahlt usw. Die Steuern flossen also nicht in der heute üblichen Weise wieder der Allgemeinheit zu, sie wanderten vielmehr in den königlichen Schatz.

Über einen solchen Schatz oder Hort mußte jeder Frankenkönig verfügen; der Schatz war Ausweis des königlichen Herrschaftsrechts über das Reich – Reich und Schatz gehörten nach der Auffassung der Zeit untrennbar zusammen. Diesen Schatz zu besitzen, zusammenzuhalten und zu mehren, hieß also, für alle sichtbar die königliche Macht zu wahren. Überdies war der Schatz notwendig, um aus ihm gegebenenfalls besondere Dienste belohnen oder durch Geschenke die Beziehungen zu fremden Herrschern verbessern zu können. Jedem Franken, der sich mit dem fränkischen Reich identifizierte, mußte also an der glänzenden Ausstattung des königlichen Schatzes gelegen sein. Doch waren nach fränkischer Auffassung Steuern nicht das rechte Mittel, ihn zu füllen. Denn gerade die Art, wie der Schatz zusammenkam, machte ihn zum Ausweis der archaisch strukturierten Macht des Königs: der Schatz wurde gespeist aus den Anteilen des Königs an der Kriegsbeute, aus regelmäßig zu leistenden Tributen von in Abhänigkeit gebrachten Völkern, aus Konfiskationen von Gütern, die wirkliche oder vermeintliche Rechtsbrecher besessen hatten, auch aus geplündertem Kirchengut. Alle Stücke, die im Schatz aufbewahrt wurden, nämlich gemünztes und ungemünztes Gold und Silber, Schmuck, Edelsteine, Waffen, Wagen und kostbar gearbeitete Gerätschaften, auch wertvolle Pferde, alles erinnerte an erfolgreiche Kriegszüge, an die gelungene Unterwerfung fremder Stämme und Völker, an Situationen, in denen einzelnen Feinden die königliche Macht und die Waffentüchtigkeit des Volkes mit Nachdruck demonstriert worden war. Zum Schatz beisteuern zu müssen, hieß also, eine Niederlage einzugestehen. Zu diesem Eingeständnis wollten die Franken, Kriegsgefährten ihrer Könige, nicht gezwungen werden; das Verlangen, den Schatz durch regelmäßig zu zahlende Steuern zu vermehren, mußte ihnen als entwürdigendes Unrecht, als absichtsvoll auferlegte Demütigung erscheinen. Die vehemente Ablehnung galt dem Angriff auf die Ehre, nicht den staatlichen Forderungen überhaupt und schon gar nicht der Verfassung – die Quellen belegen es: Man wollte in einem Königreich leben, bei Königserhebungen oder -wahlen hielt man der bisher herrschenden Dynastie die Treue, doch verlangte man von der Herrschaftspraxis Rücksicht auf die hergebrachte Sozialordnung.

Mit Ausnahme der späten Merowinger behaupteten die fränkischen Könige erfolgreich den Besitz der Macht im Staate. Dennoch war es für sie von Vorteil, Forderungen zu stellen, die mit einer gewissen Selbständigkeit, ja sogar Freiwilligkeit von den Untertanen erfüllt werden konnten. So erklärt sich auch der merkwürdige Umstand, daß fränkische Könige erfolgreich die Darreichung von *dona*, von Geschenken, verlangen konnten. Geschenke werden vielfach erwähnt. Auf sie erhoben die Könige Anspruch anläßlich besonderer Ereignisse wie etwa Hochzeiten in der königlichen Familie. Aber auch zu alljährlich wiederkehrenden Terminen waren Geschenke an die Könige zu liefern – ursprünglich wohl zum sogenannten „Märzfeld“, später zu Beginn des Jahres. Durch die Lieferung solcher Pflichtgeschenke drückten die Franken ihre Zugehörigkeit zum Reich aus und erkannten die Rechtmäßigkeit der Königsherrschaft an. Eine gewisse Freiwilligkeit blieb für sie bei diesem Vorgang zumindest äußerlich gewahrt. Denn im Rahmen der herrschenden Vorstellungen bestimmte im allgemeinen der einzelne selbst Gegenstand und Wert seiner Gabe, und der König durfte die Geschenke nicht zurückweisen. Indem er sie in oft feierlicher Versammlung entgegennahm, akzeptierte er seinerseits den Anspruch der Geber auf eine den Regeln entsprechende Erfüllung der königlichen Aufgaben. Durch Darreichung und Annahme der Geschenke wurde demnach in repräsentativen Formen ein auf Gegenseitigkeit ausgerichtetes Rechts- und Pflichtverhältnis begründet, verwirklicht und bekräftigt. Ähnlich konnten die Leistungsverpflichteten ihre Dienste auffassen. Man wirkte mit dem König zusammen für Ausbau und Sicherung des Reichs.

Die Betrachtung des fränkischen Steuerwesens macht sichtbar, daß der frühmittelalterliche König nicht mittels Institutionen herrschte, die ihre Legitimation aus abstrakter, gesetzter Rechtsnorm beziehen, denen alle Untertanen gleichförmig unterworfen gewesen wären. Dieser Staat ist vielmehr charakterisiert durch ein Netz persönlich geprägter und persönlich empfundener Bindungen und Abhängigkeiten. In diese Ordnung war der fränkische König und noch der König des hohen Mittelalters einbezogen, ihr hatte er mit seinen Forderungen und Maßnahmen Rechnung zu tragen. Der König durfte deshalb grundsätzlich nicht einseitig neues Recht setzen und dessen Durchsetzung erzwingen. Unbestreitbaren Anspruch hatte er dagegen auf freiwillige Leistungen, auch auf Gefolgschaft und Treue. Er herrschte, wie man gesagt hat, über einen „Personenverbandsstaat“.

Gregor von Tours

Die Großzügigkeit des Königs

Als Bischof Desideratus von Verdun, dem König Theuderich viel Unrecht zugefügt hatte, nach vielem Unglück, Schaden und Trübsal mit Gottes Hilfe zur Freiheit zurückkehrte [. . .] und das Bistum bei der Stadt Verdun erlangte, schmerzte es ihn, als er seine Einwohner sehr arm und beraubt sah. Und da er selbst durch Theuderich seines Vermögens entledigt war und nichts an Eigentum hatte, womit er ihnen hätte helfen können, und die Güte und Milde König Theudoberts gegenüber allen sah, schickte er zu ihm eine Gesandtschaft und ließ ihm sagen: „Der Ruhm Deiner Güte breitet sich auf der ganzen Erde aus, da Deine Freigebigkeit so groß ist, daß Du auch denen Hilfe gewährst, die nicht darum bitten. Falls Deine Gnade einiges an Mitteln hat, bitte ich Dich, uns zu leihen, womit wir unseren Bürgern helfen können. Wenn diese Handel treiben und in unserer Stadt Abgaben, wie sie die übrigen leisten, erbringen, werden wir Dein Geld mit Zinsen rechtmäßig zurückgeben." Zur Gnade bewegt, gewährte ihm dieser darauf siebentausend Goldmünzen, die jener annahm und seinen Bürgern zur Verfügung stellte. Doch diese wurden Handel treibend dadurch reich gemacht und gelten bis heute als vermögende Leute. Als der vorgenannte Bischof das geschuldete Geld dem König darbot, antwortete der König: „Ich habe es nicht nötig, das zu empfangen. Mir genügt es, wenn aufgrund Deiner Entscheidung die Armen, die durch Mangel bedrückt waren, durch Deine Überzeugungskraft und meine Großzügigkeit erleichtert wurden." Und nichts fordernd machte der Vorgenannte die Bürger reich.

Michel Mollat

Das Elend der Merowingerzeit

Ursprung und Ausprägung der Armut sind in der Merowingerzeit so unterschiedlich wie die Kategorien von Armen. Man unterscheidet – ein wenig umständlich – zwischen konjunktureller und struktureller Armut, je nach dem, ob äußere Umstände oder institutionelle Bedingungen die Armut verursachten. Wie wir sehen werden, überwog im Frühmittelalter, der im Französischen als barbarisch qualifizierten Geschichtsepoche, die konjunkturelle Armut.

Unter den gewöhnlichen äußeren Faktoren, die das Elend der Armen verursachten oder es verschlimmerten, steht die Pest mit ihren Folgen in Westeuropa wie im Orient an erster Stelle. Von 542 bis 547 drang die erste Welle der Epidemie die Täler der Rhone, der Saône und der Mosel bis Trier hinauf und hielt sich in den Anrainerstaaten des westlichen Mittelmeers bis zum Beginn des 7. Jahrhunderts. Die moralischen und sozialen Auswirkungen der Pest sind kaum präzise einzuschätzen; Gregor von Tours beschrieb ihr Wüten in Clermont und Marseille mit Wendungen, die eigenartigerweise auch auf die Epidemie des Jahres 1720 angewandt werden könnten. Die Pest traf die Reichen und Mächtigen ebenso wie die Armen. Aber unter dem Einfluß chiliastischer Propheten – 590 unter der Führung eines Holzfällers aus der Gegend um Bourges – erhoben sich in einigen Regionen die Armen gegen die Besitzenden. Dabei handelt es sich um Volksaufstände gegen die Spekulation mit der Hungersnot. Sonst aber reagierten die Menschen überall vor allem mit Pilgerfahrten und Prozessionen; die größte und berühmteste führte im Jahr 590 Papst Gregor selbst an. Die Epidemie wurde wie alle Schicksalsschläge überhaupt als eine zur Erlösung führende Prüfung oder gar als Strafe verstanden, auf jeden Fall aber mit dem Begriff der Sünde in Zusammenhang gebracht.

Pestepidemien stellten extrem harte und häufig wiederkehrende Schicksalsschläge dar, doch die Permanenz der Kriegsplage erreichten sie bei weitem nicht. Gregor von Tours beklagte die Opfer der Brandkatastrophen und Verwüstungen in den Kriegen zwischen den fränkischen, burgundischen und gotischen Königen. Mit dem Los der Gefangenen beschäftigte sich 511 das Konzil von Orléans. Wenige Jahre später fand Caesarius bei einer Mission am Hofe Theoderichs in Ravenna mehrere Tausend Deportierte vor, die aus Orange stammten; um sie freizukaufen, veräußerte er die Geschenke, die er von dem Gotenkönig erhalten hatte; und dabei wurde er von einem Schurken betrogen, der ihm denselben Gefangenen zweimal verkaufte. In so weit voneinander entfernten Regionen wie Marseille, Flandern und an den Küsten des Atlantik traf man häufig auf Gefangene, und viele heilige Bischöfe und Äbte wie Eligius, Amandus und Philibert bemühten sich um ihre Freilassung. Aber nicht nur Gefangene, sondern auch Flüchtlinge gab es in diesen gewalttätigen Zeiten zuhauf. Sie suchten Rettung und Sicherheit mit Hilfe des Asylrechts, das den Kirchen von den Königen verliehen und von den Konzilien bestätigt worden war; allerdings erwähnt Gregor von Tours mehrere Fälle, in denen dieses Recht verletzt wurde.

Über die hohe Zahl von Kranken und Schwachen berichten alle Quellen. Gregor von Tours, Fortunat und die Heiligenviten erwähnen häufig *debiles*, Leprosen und ganze Gruppen von Blinden. Damit stellt sich die Frage nach den gesundheitlichen Zuständen in einer unterentwickelten Gesellschaft, für deren Beantwortung uns nur spärliche, aber aussagekräftige Indizien zur Verfügung stehen. Die Friedhofsarchäologie, die noch in den Anfängen steckt, ermöglichte es in Lothringen und neuerdings in Ungarn, nicht nur anhand der Verletzungen der Skelette die zufälligen Todesursachen durch Verbrechen oder Kriege, sondern durch die Untersuchung der Zähne auch Fälle von Atrophie, Rachitis und anderen Mangelkrankheiten festzustellen. Solche angeborenen oder erworbenen Krankheiten können auf unzureichende oder einseitige Ernährung zurückgeführt werden. Interessant erscheint der Vergleich zwischen den für den Orient getroffenen Beobachtungen mit den Resultaten einer Untersuchung über den Hunger zur Karolingerzeit: Die von der Antike überlieferte Ernährungsweise war unausgewogen. Fast vollständig fehlten die Vitamine A, D, E, K und besonders C; da man keine ausreichenden Konservierungsmethoden kannte, aß man einmal zuviel und dann wieder zu wenig, was zweifellos zu Erkrankungen der Verdauungsorgane sowie zu Diabetes, Mangelkrankheiten und Zahnausfall führte.

Welches Brot aßen die Armen in Notzeiten, wenn sie nicht von den öffentlichen Verteilungen profitierten? Nach Gregor von Tours bestand es aus Traubenkernen, Nußblüten, Farnwurzeln mit einem Zusatz (*companagium*) von gewöhnlichem Gras. Beda berichtet von einem Eremiten, der sich weigerte, Speck zu essen, da diese Nahrung einem Armen nicht zustehe. Zweifellos war die Angst vor dem Hunger größer als der Hunger selbst. Für die ausgehungerten Menschen war die Verteilung von Brot und Gemüse zu gleichen Teilen, was den Magen zeitweise sättigte, dann aber wiederum Heißhunger hervorrief, im Endeffekt wenig gesundheitsförderlich. Paradoxerweise gelang es vermutlich gerade den im Wald lebenden Menschen, Eremiten, Köhlern, Schweinehirten und sozialen Außenseitern, durch den Verzehr von wilden Früchten die Ernährungsdefizite auszugleichen und ein hohes Alter zu erreichen.

Über die Lebenserwartung der Armen lassen sich kaum Vermutungen anstellen. Wie alt etwa waren jene *imbecilles ac decrepitati*, die in der Abtei Saint-Wandrille Aufnahme fanden, oder die „guten alten Großväter" (*nononnes*), für die in Auxerre die Kirche Saint-Germain sorgte? Für alle bedeutete das Leben jedenfalls einen einzigen Kampf, in dem sich nur robuste Naturen durchsetzen konnten. Zwar sind uns die Geburtenziffern nicht bekannt, doch deutet der

Anteil der Kinderskelette in den Friedhöfen auf eine erhöhte Kindersterblichkeit hin. Häufig wurden Neugeborene ausgesetzt. Vom Überleben einiger Waisen berichtet die Hagiographie, etwa vom hl. Vincentius, der von einem Herzog adoptiert wurde, und von der hl. Ottilie, die ihr Vater aussetzte, weil sie blind war. In den Kirchen von Tours und Angers waren Marmorschalen angebracht, die eigens dazu dienten, die ausgesetzten Kleinkinder aufzunehmen. Die Formelsammlung von Tours z. B. überliefert eine bewegende Geschichte: Eines Tages beim Morgenläuten fanden die Küster von St. Martin, als sie die Kirchenportale öffneten, ein ganz kleines, in Lumpen gewickeltes Kind (*pannis involutum*), das blutete und sich in Lebensgefahr befand. Drei Tage bemühten sie sich vergeblich, seine Herkunft festzustellen; schließlich fanden sie einen Adoptivvater. Ein durchaus nicht außergewöhnlicher Vorfall, ein Beispiel für eine Vielzahl von unglücklichen Lebensläufen, die das ganze Mittelalter hindurch von den geistigen und sozialen Strukturen geprägt wurden.

Zu den Schwachen der Gesellschaft zählten auch die offenbar zahllosen Witwen, häufig junge, gelegentlich auch vermögende Frauen. Viele waren bereits in ihrer Kindheit mit weit älteren Männern verheiratet worden. Ihnen drohte Gefahr durch Raub oder Vergewaltigung; einige fristeten sicher ein elendes Dasein. Und wieviele Verlassene mag der Begriff Witwe zu einer Zeit bezeichnet haben, da genau wie im Orient vor allem in den unteren Schichten der Gesellschaft die Heirat noch nicht die Kraft einer dauerhaften Bindung entwickelt hatte? Wenn man einer aus dem Testament des hl. Remigius interpolierten Passage folgen darf, so bettelte vor den Portalen seiner Kirche regelmäßig eine Gruppe von vierzig Witwen.

Die Quellen belegen eine beträchtliche Ausdehnung des Bettelwesens, und nirgends kommt Erstaunen darüber zum Ausdruck, daß sich die Menschen von den Bittstellern belästigt fühlten oder ihnen mißtrauten. In Notzeiten war es daher durchaus üblich, Wachhunde einzusetzen und sie auf die Bettler zu hetzen. Sogar den Bischöfen mußte das Konzil von Mâcon 585 verbieten, die Bettler mit einer Hundemeute zu vertreiben. Die Penetranz der Bettler muß solche Ausmaße angenommen haben, daß sogar Caesarius die Verweigerung des Almosens unter diesen Umständen nur für eine läßliche Sünde hielt. So erstaunt es auch nicht mehr, daß bescheidene Zurückhaltung des Armen als Tugend gelobt wurde. Gregor von Tours unterscheidet zwischen den öffentlichen Bettlern und denjenigen Armen, die nicht zu betteln wagten. Von einer Summe von 330 Solidi ließ er 30 an die öffentlichen Bettler verteilen und 150, also das Fünffache, an die verschämten Armen; vielleicht ging er auch davon aus, daß die Bettler auf andere Hilfsquellen zurückgreifen konnten.

Der Bettelarme lebte isoliert an einem festen Ort oder als Vagabund in einer Gruppe. Hatte er eine Wohnstätte, so war dies eine ärmliche Behausung. Die Hütte des hl. Cuthbert z. B. war nach Bedas Bericht rund, mit einer Feuerstelle in der Mitte ausgestattet und von einer doppelten Steinmauer umgeben, also eine typische Hirtenunterkunft (*pastorum tugurium*). Über die Einrichtung solcher Unterkünfte berichtet das Homiliar von Toledo, daß der Arme weder Brennholz noch Kochgeschirr besitze. Nach Beda ließ König Oswald bei seiner Rückkehr nach England an den Brunnen Schüsseln als Trinkgefäße für die vorüberziehenden Armen anbringen. Traten die Armen in Gruppen auf, so sprechen die Quellen oft von einer Menge. Gregor von Tours berichtet über eine Armenrevolte von Clermont im Jahre 536; die Armen wollten durchsetzen, daß ihnen der Priester Cato, der „sie zu nähren pflegte", erhalten blieb. In Metz versuchten die Armen zu verhindern, daß der hl. Arnulf sich in eine Einsiedelei zurückzog. Die vagabundierenden Armen zogen von Stadt zu Stadt und später von Kloster zu Kloster, um Almosen zu erbitten. 567 empfahl das Konzil von Tours, durch regelmäßige Zuwendungen an die Bettler in allen Städten dem Vagabundentum Einhalt zu gebieten.

Die sporadischen Berichte der Quellen lassen erkennen, daß neben den Kranken und Schwachen, den Gefangenen, Witwen und Waisen diejenigen die größte Not litten, die bindungslos umherzogen, die durch Hungersnot, Pest, Verschuldung, drückende Abgabenlasten oder Mißernten Haus und Hof verloren hatten. Solche verarmten Bauern erkannte man offensichtlich schon an ihrer Physiognomie. Beda berichtet über einen Adligen, der verwundet in Gefangenschaft geriet und dadurch die Freiheit wiederzuerlangen suchte, daß er erklärte, er sei ein *rusticus pauper*, ein armer Bauer; aber seine Manieren, seine Sprache und sein Äußeres verrieten ihn, und er wurde als Sklave verkauft. So gilt denn auch im 7. Jahrhundert nicht mehr der – relativ selten gewordene – Sklave als arm, arm ist vielmehr der freie Bauer niederen Standes, den man verachtet. Daß die Gesellschaft in den beiden vorangegangenen Jahrhunderten in zunehmendem Maße durch die agrarische Lebensform geprägt worden war, beschleunigte diese Entwicklung in weiten Bereichen.

Rusticus pauper, schrieb Beda. Schon vorher, im 6. Jahrhundert, bezeugte Gregor von Tours die synonyme Bedeutung der Begriffe Armer und Landmann: *Quidam pauper, quidam homonculus ex ruricolis.* Als arme, besitzlose Bauern charakterisiert er vier Typen; der eine erhebt sich am frühen Morgen, um Holz zu schlagen, *sicut mos rusticorum*, wie bei den Landbewohnern üblich; die Existenz der drei anderen hängt im wesentlichen vom Besitz eines Ochsengespannes ab. Für den einen war dies der einzige Besitz (*nec ei alia possessio*), den beiden anderen dienten die Ochsen zum Pflügen und zum Transport des Düngers.

Caesarius hielt manchmal nur kurze Predigten mit der Begründung, er wolle diejenigen, die dringend arbeiten müßten, nicht allzu lange aufhalten. Spricht er von den Armen, so meint er nicht ausschließlich jene, denen es an Nahrung, Kleidung und Wohnung mangelt. Vielmehr drückt er sich sehr deutlich aus und beklagt in seinen Predigten die Verschuldung der Bauern und den in der Folge unausweichlichen Verlust des Besitzes. Die Härte, mit der die städtischen Obrigkeiten, die *curiales*, die Steuern eintrieben, war nicht zu vergleichen mit dem Egoismus, mit dem die reichen Wucherer ihre Schuldner dazu trieben, ihren Grundbesitz zu verkaufen. „Wenn jemand zu dir kommt und spricht: ‚verkaufe deinen Besitz', dann bist du entsetzt und hältst dieses Ansinnen fast schon für eine Verurteilung [. . .]; und wie könntest du kaufen, wenn nicht ein anderer zum Verkauf gezwungen wäre?"

Unterdrückung und Verachtung, das ist das Los der Armen. Am schlimmsten, so fährt Caesarius fort, ist die Heuchelei des Käufers, der seinen Besitz ausdehnt und sich dabei den Anschein des wohltätigen Beschützers gibt; er zahlt bar, er erweist sich gefällig. Der Verkäufer aber wird mehr oder weniger entwurzelt, und selbst wenn er persönlich frei bleibt, gerät er in Abhängigkeit.

Strukturelle Armut resultiert also aus den sozialen und wirtschaftlichen Organisationsformen. Der Arme ist Bauer, rechtlich frei, und manchmal besitzt er sogar noch ein Grundstück. Aber es fehlt ihm an Nahrungsmitteln und Kleidung, er ist verschuldet, und in dieser prekären Situation sieht er sich von der Merowingerzeit an gezwungen, die Schutzherrschaft eines Mächtigen zu akzeptieren oder gar zu erbitten:

„Wie jedermann weiß, besitze ich nicht die Mittel, mich zu nähren und zu kleiden. Deshalb habe ich Euer Mitleid erbeten, und Ihr habt mir gewähren wollen, daß ich mich Euch übergebe und mich Eurem Schutz anvertraue. Dies habe ich zu folgenden Bedingungen getan: Ihr werdet mir helfen und mich mit Nahrung und Kleidung versorgen, soweit ich Euch dienen und nützlich sein kann. Solange ich lebe, schulde ich Euch Dienst und Gehorsam, soweit dies mit meinem freien Stand vereinbar ist; meiner Lebtag verzichte ich auf das Recht, mich Eurer Macht und Schutzherrschaft zu entziehen".

Keine andere Quelle stellt die um die Mitte des 8. Jahrhunderts faßbare Tendenz so plastisch dar: In einem auf Lebenszeit abgeschlossenen Vertrag begeben sich die Armen in die Schutzherrschaft eines Mächtigen und verpflichten sich ihrerseits zu Dienst und Treue. Die Beziehung zwischen Arm und Reich verändert sich in ihrer Grundstruktur. Fortan ist sie weniger wirtschaftlich als sozial geprägt.

Den Status des armen Landbewohners definiert nicht nur sein Gegenteil, der Stand der Mächtigen, sondern er beinhaltet auch moralische Unterlegenheit. Arm ist, wer empfängt, und zwar im Gegensatz zu demjenigen, der gibt. Er gehört zu jenem *populus minor*, von dem Gregor von Tours spricht und den spätere Zeiten ‚kleine Leute' nennen werden.

Heinrich Schipperges

Die Kranken

Im Prolog zur „Regula" des heiligen Benedikt, die für Jahrhunderte das „Grundbuch mittelalterlichen Zusammenlebens" war, wird des Menschen Wandel im irdischen Leibe nicht nur als große Chance für die Ewigkeit angesehen, sondern auch als Auftrag einer intensiven Weltgestaltung. Gerade der einfache Mensch soll die Bodenkultivierung wie auch die Seelenformung betreiben. Als Modell hierfür dienst das Leben der Mönche, die sich als Bruderschaft in Christo, als eine brüderliche Kampfgemeinschaft verstehen, um in der Zucht ihrer Regel Gott und den Menschen zu dienen und auch für die Kranken zu sorgen.

Mit der Sorge für Gesunde und Kranke ist laut Benedikt von Nursia dem Mönch die Sorge für Seele wie Leib anheimgegeben. Der Mensch wird zur Gesundheit verpflichtet. Krankheit ist ein Opferaltar, auf dem der „defectus naturae“ sich läutert, und sie erweist sich als Gnade, wenn man sie im Geiste Christi geduldig erträgt. Im 36. Kapitel der Regula lesen wir: „Für die Kranken muß man vor allem und über alles besorgt sein. Man soll ihnen dienen wie Christus selbst, dem man ja wirklich in ihnen dient. Denn Er hat gesagt: Ich war krank und ihr habt Mich besucht, und: Was ihr einem von diesen Geringsten getan habt, das habt ihr Mir getan.“ Es hat daher eine persönliche Verpflichtung und eine Herzenssache des Abtes zu sein, daß die Kranken in keinem einzigen Punkte vernachlässigt werden (curam autem maximam habeat abbas). „Andererseits sollen aber auch die Kranken bedenken, daß man ihnen Gott zu Ehren dient, und sie sollen nicht durch überflüssige Ansprüche die sie bedienenden Brüder betrüben. Aber selbst solche Querulanten ertrage man mit Geduld, um sich einen um so höheren Lohn zu verdienen.“

Da Kranksein als schicksalhafter Bestand menschlicher Existenz angesehen wird, verbleiben die Kranken im Verbund der schlichten sozialen Systeme. Sie werden betreut und versorgt im familiären Verband, verbleiben damit auch in der Gemeinschaft und durchweg in den Lebensformen einfacher bäuerlicher Daseinsbereiche.

Nach christlichen Vorstellungen weiß jeder in dieser Gemeinschaft, daß das Reich Gottes inwendig in ihm ist; aber ein jeder fühlt sich auch berufen, auf seine Weise Zeugnis zu geben und sein Licht vor den Leuten leuchten zu lassen, in seinem jeweiligen „Status“ Zeuge zu sein und mit seiner leibhaftigen Existenz Kunde zu geben. Leben kann nach diesen Leitlinien gar nicht anders als im Leibe gedacht werden.

Mit diesen sehr konkreten Leitlinien fällt ein grundsätzliches Licht auf die mittelalterliche Physiologie und Pathologie. Krankheit kann nicht einfach als ein pathogenetischer Prozeß beschrieben werden, sondern wird als ein Unterbleiben oder Unterlassen, ein Defizit (status deficiens) interpretiert, als ein Verfehlen und Ermangeln. Demgegenüber kann ein Prozeß, eine „creatio", nur dem Gesundungsprozeß zugesprochen werden, der aus dem lichten Grün der „viriditas" seine schöpferische Kraft zieht, ein Ordnungsprozeß, der eine ganze Welt in Ordnung setzt und in Gang hält.

Der ganze Mensch ist generell als „natura pathologica" anzusehen; alles unterliegt dem Verfall und der Verformung, einem „modus deficiens", der im Grunde die physiologische Grundverfassung des Menschen kaum noch durchschimmern läßt. Gerade mit diesem krankhaften Zustand (destitutio) ist aber auch die Erinnerung an den Ursprung (constitutio) und an die letzte Bestimmung des Menschen (restitutio) verbunden. Unter dem Urbild des „homo constitutus" finden wir bei Hildegard von Bingen eine komplette Physiologie des Menschen in seiner „constitutio prima", so wie sie eigentlich gedacht war. Dieser Mensch war ganz licht, leuchtete in einem „lumen corporis". Alle Welt stand ihm in seiner „natura gloriosa" zur Verfügung.

Unter diesem Aspekt erst verstehen wir des Menschen Krank-Sein, den „homo destitutus" in seiner „natura deficiens", im Notstand der „destitutio" und „deformatio" und „degeneratio". Seinen ursprünglichen Stand hat der „homo destitutus" grundsätzlich verloren, er wurde hinfällig und krank und führt jetzt eine Existenz der Sorge und der Angst. Er ist korrupt und nähert sich dem Nichts, indem er sein Werk verwirkt und am Wort versagt. Er verliert die lebendig erhaltende Grünkraft, die „viriditas". Er entgleist ständig in seiner labilen Komplexion, er wird krank. Kranksein ist somit kein Geschehen, sondern ein Unterbleiben, kein produktives Agieren, sondern ein Deformieren. Es handelt sich nicht um einen Krankheitsprozeß, sondern eher um eine Fehlentwicklung, eine Desintegration, eine Tendenz zum Nichts und somit eine partielle Vernichtung.

Bezog sich das Schlüsselbild der „constitutio“ auf den ursprünglichen Stand des Menschen, seine Verfassung im Urbeginn, so meint die „destitutio“ dementsprechend die Entartung, den Fall, die Verformung, die Mißstimmung und das Mißverhältnis, wie wir es selbst dann kennen, wenn wir nicht eigentlich krank sind. „Restitutio“ endlich bedeutet die Wiederherstellung und Übereinstimmung, die Ganzheit des Menschen, vergleichbar jener „integritas“, die das arabische Wort „salām“ umschreibt, was nicht nur Frieden heißt, sondern eher das Ganze und Heile, die integrierte Natur des Menschen; es meint seine Restauration und Rehabilitation, eben sein Heil.

Manfred Vasold

Endzeitstimmung: Berichte über die Seuchenwellen des 6. Jahrhunderts

Über die Gründe für den Niedergang Roms und den Aufstieg der Germanen, überhaupt über die Frage, wann die Antike zu Ende ging und das Mittelalter begann, ist viel gerätselt worden. Von der Mitte Europas her blickt man dabei gerne auf das Ende Westroms im späten 5. Jahrhundert. Vom Standpunkt der Seuchengeschichte ist es sinnvoller, die Pest des Justinian in der Mitte des 6. Jahrhunderts noch mit einzubeziehen, denn diese Seuche wirkte im wesentlichen innerhalb des alten Reiches, im Westen in Italien, Frankreich und den angrenzenden Rheinregionen, während sie in den schwachbesiedelten Regionen östlich des Rheins und nördlich der Donau kaum nachzuweisen ist; außerdem muß sie den Bevölkerungsrückgang noch dramatisch verschärft haben, auch wenn Edward Gibbon den Bevölkerungsverlust – er nannte hundert Millionen – bestimmt weit übertrieben hat.

Das klinische Bild und den Verlauf dieser Epidemie hat der byzantinische Historiker Prokop von Cäsarea in seinen *Perserkriegen* wiedergegeben. Er schreibt: „Damals brach eine Seuche aus, die fast die gesamte Menschheit dahingerafft hätte. [...] Für dieses Unglück jedoch kann man einen Grund weder nennen noch ausdenken, außer man sucht ihn bei Gott. [...] Mögen auch die Menschen hinsichtlich Wohnsitz, Lebensweise, Wesensart, Beschäftigung oder sonstwie nichts Gemeinsames miteinander haben, bei dieser einen Krankheit brachte der Unterschied keinen Vorteil. Befiel doch die Seuche die einen zur Sommerszeit, die anderen im Winter, wieder andere zu den übrigen Jahreszeiten. [...]

Sie brach in Ägypten [...] aus. [...] Von dort breitete sie sich in entsprechenden Zeitabständen immer weiter aus, so daß sie schließlich die ganze Erde erfaßte. Man konnte nämlich den Eindruck gewinnen, als ob die Seuche nach einem festgelegten Plane verfahre und in jedem Land eine bestimmte Zeit verweile. Dabei überging sie auf ihrem Schreckenszug niemand, sondern dehnte sich [...] bis zu den äußersten Grenzen der bewohnten Erde aus. [...] Keine Insel, keine Höhle, kein Berggipfel, wo Menschen ihre Heimstätte hatten, wurde von ihr verschont. [...]

Ihren Anfang nahm diese Krankheit jeweils an der Küste und stieg dann ins Binnenland empor. Im zweiten Jahre aber und zwar mitten im Frühling erreichte sie Byzanz, wo auch ich mich damals aufhielt. Dabei ging es folgendermaßen zu: Viele sahen Gespenster in verschiedenster Menschengestalt, und alle, die ihnen begegneten, glaubten, von dem Manne, den sie da trafen, an irgendeiner Körperstelle einen Schlag zu erhalten: mit dem Augenblick aber, wo sie diese Erscheinung hatten, waren sie auch schon von der Krankheit befallen. Anfänglich versuchten die Betroffenen, die Erscheinungen von sich abzuwehren, indem sie die heiligsten Namen anriefen und nach Möglichkeit die übrigen frommen Bräuche übten;

indes half ihnen dies gar nichts, da auch die Mehrzahl derer, die in den Heiligtümern Zuflucht suchten, sterben mußte. [...]

Dies ging so vor sich: Sie bekamen plötzlich Fieber, entweder beim Erwachen aus dem Schlaf oder beim Umhergehen oder bei irgendwelcher sonstigen Tätigkeit. Gegen früher unterschied sich dabei der Leib weder in der Hautfarbe noch fühlte er sich trotz des Fieberanfalles heiß an; nicht einmal eine Entzündung war zu beobachten. Das Fieber trat vielmehr anfangs und bis zum Abend hin so schwach auf, daß die Erkrankten selbst oder der behandelnde Arzt mit keinerlei Gefahr rechneten; denn niemand von den Befallenen schien daran sterben zu müssen. Indessen entstand teils noch am gleichen, teils am darauffolgenden Tage, teils auch wenige Tage später eine Schwellung, und zwar nicht nur dort, wo auch der Bubon genannte Körperteil am Unterleib sich befindet, sondern auch in der Achselhöhle, bei einigen sogar neben den Ohren und irgendwo an den Schenkeln. Bis zu diesem Stadium erging es allen von der Krankheit Ergriffenen fast gleich. Was den weiteren Verlauf angeht, so kann ich nicht sagen, ob der verschiedenen Körperbeschaffenheit auch die Verschiedenheit der Zustände entsprach oder ob sich diese nach dem Willen dessen richteten, der die Krankheit geschickt hatte. Die einen überkam nämlich eine tiefe Bewußtlosigkeit, die anderen wurden tobsüchtig, und beide Gruppen hatten dabei an den der Krankheit eigenen Erscheinungen zu leiden. Wer das Bewußtsein verloren hatte, wußte nichts mehr von all seinen sonstigen Gewohnheiten und machte den Eindruck, als gebe es für ihn kein Erwachen. Wenn sich nun jemand um diese Menschen kümmerte, nahmen sie wohl dazwischen hinein Nahrung zu sich, einige aber, für die niemand gesorgt hatte, starben auch sogleich an fehlender Verpflegung. Die von Irrsinn Befallenen hingegen litten an Schlaflosigkeit und vielen Wahnvorstellungen. Sie meinten, Leute gingen auf sie los und wollten sie töten, worüber sie außer Fassung gerieten und mit fürchterlichem Geschrei die Flucht ergriffen. Ihre Betreuer hatten mit ihnen ihre dauernde Not und mußten fortwährend Schlimmstes mitmachen. Deshalb hatten alle mit ihnen ebenso großes Mitgefühl wie mit den Kranken und zwar nicht, weil sie durch ihren Umgang der Ansteckung ausgesetzt waren – denn weder Arzt noch Privatmann wurde von dieser Seuche befallen, wenn sie die Kranken oder Toten berührten, und viele, die unausgesetzt auch gänzlich fremde Menschen bestatteten oder pflegten, blieben wider Erwarten trotz dieser Dienstleistung verschont, während eine Menge anderer Leute ohne weiteres von der Krankheit ergriffen wurde und sogleich dahinstarb –, sondern weil sie so große Mühen auf sich nehmen mußten. Aufgabe der Krankenpfleger war es ja, ihre Schützlinge, wenn sie aus ihren Betten fielen und sich auf dem Boden wälzten, wieder in ihre frühere Lage zu bringen und diejenigen, die sich aus den Häusern stürzen wollten, gewaltsam zurückzustoßen und wegzuziehen. Wer aber an ein Wasser kam, wollte hineinspringen, nicht sosehr aus Verlangen zu trinken – die meisten drängten ja ins Meer –, sondern vor allem aus Sinnesverwirrung. Große Mühe verursachte den Pflegern auch die Ernährung der Patienten, die nur unter Beschwerden die Speisen zu sich nehmen konnten. Und so kamen viele durch das Fehlen eines Betreuers ums Leben, indem sie entweder verhungerten oder sich von einer Höhe herab zu Tode stürzten.

Verfiel einer aber nicht in Bewußtlosigkeit oder Raserei, dann ging die Schwellung in Brand über, und er mußte unter unerträglichen Schmerzen sterben. Vermutlich hatten wohl auch alle anderen Kranken ebenso zu leiden, doch da sie ihrer Sinne ganz und gar nicht mächtig waren und die Geistesstörung ihnen die Empfindung nahm, kam ihnen der Schmerz nicht zu Bewußtsein. In ihrer Ratlosigkeit und Unkenntnis der Krankheitserscheinungen meinten einige Ärzte, der Krankheitsherd müsse in den Geschwülsten liegen, und entschlossen sich daher, die Leichen zu untersuchen. Sie öffneten einige Geschwülste und fanden jeweils darin einen sehr großen Karbunkel. Es starben aber die einen sogleich, andere erst nach vielen Tagen; dabei war der Körper bei einigen von linsengroßen, schwarzen Blasen übersät, und diese Kranken lebten keinen einzigen Tag mehr, sondern verschieden alle auf der Stelle. Eine Menge bekam auch noch Blutbrechen, was den raschen Tod herbeiführte. [. . .]

Von denen, die keine Betreuung erfuhren, starb eine große Zahl, viele aber kamen auch überraschend mit dem Leben davon. Heilverfahren hinwiederum hatten entgegengesetzten Erfolg; kurz gesagt, kein Mittel war erfunden, mit dem ein Mensch der Krankheit vorbeugen oder nach Erkrankung sein Leben erhalten konnte, vielmehr trat die Seuche ohne jede Veranlassung auf und ebenso vollzog sich das Überleben von selber. Schwangere Frauen, die von der Krankheit befallen wurden, mußten mit dem Tode rechnen; die einen starben nämlich während einer Fehlgeburt, die gebärenden Mütter aber wurden sogleich zusammen mit ihren neugeborenen Kindern hinweggerafft. Drei Frauen sollen jedoch, während ihre Säuglinge starben, lebend davongekommen sein. Hingegen wurde in einem Fall, wo die Frau unter der Geburt verschied, das Kind zur Welt gebracht und blieb am Leben. Alle nun, bei denen sich die Geschwulst vergrößerte und in Eiter überging, wurden von der Krankheit frei und waren gerettet; denn offensichtlich hatte damit der Karbunkel seinen Höhepunkt überschritten, und so galt dies ganz allgemein als Zeichen der Genesung. Wo jedoch die Geschwulst ihr bisheriges Aussehen beibehielt, drohte das eben von mir erwähnte traurige Schicksal. Bei einigen Kranken verdorrte auch nur der Schenkel, auf dem die Geschwulst entstanden, nicht aber in Eiter übergegangen war. Andere bezahlten ihre Genesung wieder mit einem Sprachschaden. In ihrem weiteren Leben konnten sie nur noch lallen oder mühsam undeutliche Laute von sich geben.

Die Seuche dauerte in Byzanz vier Monate lang, drei davon stand sie auf ihrem Höhepunkt. Anfangs lag die Zahl der Sterbefälle nur wenig über dem gewohnten Maß, dann aber nahm das Unheil weiter zu, bis die Todesopfer täglich etwa fünftausend und schließlich zehntausend und mehr erreichten. Zunächst sorgte jeder für die Beisetzung der in seinem Hause Verstorbenen, wobei man freilich die Leichen auch in fremde Gräber warf und dies heimlich oder unter Gewaltanwendung tat. Später geriet alles durcheinander; denn Sklaven blieben ohne Herrn, vorher schwerreiche Leute mußten der Hilfe ihres Gesindes entbehren, das entweder krank darnieder lag oder gestorben war, und viele Häuser standen sogar völlig menschenleer. So kam es, daß in der allgemeinen Notlage mancher Vornehme viele Tage lang unbeerdigt blieb."

Für das Byzantinische Reich hat Prokop den Ausbruch der Seuche und ihr klinisches Erscheinungsbild mustergültig geschildert. Alles deutet darauf hin, daß es die Beulenpest war, die umging, wenngleich auch andere Infektionskrankheiten zusätzlich eine Rolle gespielt haben dürften. Dem Ausbruch der Epidemie gingen offenbar eine Vielzahl von Naturereignissen voraus – Erdbeben, Vulkanausbrüche, Überschwemmungen, Kometen, allgemeiner Mißwuchs, der von Heuschreckenplagen und Hungersnöten begleitet war; diese Erscheinungen – oder der Ausbruch der Pest – bewegten die hereinbrechenden Franken, mit dem byzantinischen Feldherrn Belisar einen Waffenstillstand abzuschließen. Weniger zuverlässig sind die Zahlen, die Prokop nennt. Zwar ist anzunehmen, daß die Sterblichkeit in der Stadt Byzanz hoch war; allerdings sind in dieser Stadt, die damals höchstens 300000 Einwohner zählte, wohl kaum zehntausend an einem einzigen Tag gestorben. J. C. Russell schätzt die Bevölkerungsverluste für die Jahre 541 bis 544 auf 20 bis 25 Prozent, andere Autoren gehen noch höher.

Im März 544 erklärte der Kaiser die Pest für erloschen; aber es dauerte nicht lange, und sie brach aufs neue aus. Die Quellen aus dieser Zeit sind spärlich, und so läßt sich die Seuche – Italien und Gallien ausgenommen – nur undeutlich verfolgen. Sie breitete sich zunächst nach Westen aus, überzog bereits 543/544 die Provence und eroberte von dort aus weite Teile Galliens. Ravenna und Istrien hatten schwer zu leiden; wen sie ergriff, der war binnen drei Tagen tot, schreibt Paulus Diaconus, der die Seuche in Italien beobachten konnte, in seiner *Geschichte der Langobarden.* 546 drang sie bis in die Rheinlande vor. Fortan zeigte sie sich immer wieder, Jahre überspringend, vor allem in Italien, wo sie anno 590 wütete, als Papst Gregor I. zum Papst gewählt wurde. Einer frommen Legende zufolge trägt die Engelsburg ihren Namen, seit damals über ihr ein Engel zum Zeichen der Versöhnung sein flammendes Schwert in die Scheide zurücksteckte.

Vom 6. bis 8. Jahrhundert flackerte die Beulenpest da und dort immer wieder auf; 13 Schübe will man insgesamt gezählt haben. Andere Seuchen traten ihr zur Seite, sie lassen sich nicht im einzelnen bestimmen. [. . .]

Das seuchengeschichtliche Erbe der Antike an die Völker Mittel- und Westeuropas ist nicht zu übersehen. Dank der Ausdehnung des römischen Reiches bis weit in den Osten entstand rings um das Mittelmeer – solange dieses Reich dauerte – ein Verkehrs- und Kommunikationssystem, in dem sich auch Krankheiten ausbreiteten. Viele Infektionskrankheiten – Pest, Pocken, Lepra und wahrscheinlich auch andere – gelangten auf diese Weise in den Westen.

Fortan bedrohten Seuchen die Bevölkerung Europas. Die römische Zivilisation blieb zunächst in den westlichen Provinzen – und gerade in Frankreich – bis weit über das Jahr 500 hinaus bestehen; noch im 6. und 7. Jahrhundert findet man hier lebhaftes römisches Provinzleben. Doch allmählich sterben die Städte ab, sie drohen in Vergessen und Elend zu versinken. Zu groß sind die Bevölkerungsverluste, diese hohe Zivilisation von einst am Leben zu erhalten.

Die Geschichtsbücher des Bischofs Gregor von Tours spiegeln diese Welt der Naturkatastrophen, der Seuchen, der Hungersnöte, der Feuersbrünste und der Erdbeben – eine dräuende Welt, in der der Tod der stete Weggefährte des Menschen ist. Gregor von Tours hat in seinen zehn Büchern mehrmals die Pest erwähnt, die in den 580er und zu Beginn der 590er Jahre sein Gallien durchzog. Bisweilen vermengen sich in seinen Berichten Beobachtungen mit Fieberträumen, wie in dem folgenden, in dem er wahrscheinlich eine Pockenepidemie schildert:

„Im Gebiete von Paris floß wirkliches Blut aus einer Wolke nieder und fiel vielen Leuten auf das Gewand und befleckte es so, daß sie vor Abscheu ihre eigenen Kleider nicht mehr tragen mochten. Diese Wunderzeichen erschienen an drei Orten im Gebiet jener Stadt. Im Gebiete von Senlis fand ein Mann, als er am Morgen aufstand, sein Haus im Innern mit Blut bespritzt. Es war aber in diesem Jahr eine große Seuche unter dem Volke; verschiedene Krankheiten, Frieseln, Blattern und Ausschlag brachten einer großen Zahl von Menschen den Tod. Von denen aber, die sich in acht nahmen, kamen viele davon. Wir hörten auch, daß zu Narbonne in diesem Jahr die Drüsenpest heftig wütete, so daß es keinen Aufschub gab, wer von ihr ergriffen wurde."

Es fehlen dann jedoch, für lange Zeit, Hinweise auf die Pocken; erst im 13. Jahrhundert scheinen sie durch Kreuzfahrer aus dem Orient erneut nach Westeuropa gekommen zu sein. Dafür wüten im Europa der Karolingerzeit, im 7. und 8. Jahrhundert, eine Reihe anderer Seuchen. Sie lassen eine deutlich geschrumpfte Bevölkerung zurück; der demographische Tiefstand könnte um das Jahr 700 gelegen haben. In den hundertfünfzig oder zweihundert Jahren davor ging die Bevölkerung in diesem Raum um ein Drittel oder mehr zurück. Zwischen Rhein und Elbe, auf dem

Territorium der ehemaligen Bundesrepublik Deutschland, lebten um das Jahr 500 eine halbe Million Menschen oder etwas mehr, vielleicht auch 600000 bis 700000 so schätzt man, wenig mehr als zwei Personen auf dem Quadratkilometer, die nur etwa ein bis zwei Prozent des Bodens unter den Pflug genommen hatten und sich von dessen Erträgen ernährten.

Gerhard Köbler

Das Ding auf dem Malberg

Wenn jemand gemäß den königlichen Gesetzen zum Malberg geladen wird und nicht kommt, auf dem Malberg reabtena (Säumnis) genannt, werde er, wenn nicht echte Not ihn gehindert hat, zu 600 Pfennigen gleich 15 Schillingen verurteilt. Mit diesen Worten beginnt nach dem einführenden Prolog der Text des Pactus legis Salicae (Einung des salfränkischen Rechts). Er fährt dann fort: Jener aber, der einen anderen lädt und selbst nicht kommt, auf dem Malberg reabtena genannt, werde, wenn nicht echte Not ihn abgehalten hat, zugunsten dessen, den er geladen hat, zu 600 Pfennigen gleich 15 Schillingen verurteilt. Und jener, der einen anderen lädt, soll mit Zeugen zu dessen Haus gehen und, wenn jener nicht anwesend ist, ihn so laden, daß er die Frau oder irgendjemanden von der Familie auffordert, jenem bekannt zu geben, daß er von ihm geladen sei. Ist jener in einem königlichen Auftrag unterwegs, kann er ihn nicht laden. Ist er in eigenen Angelegenheiten innerhalb des Gaues, kann er geladen werden.

Diese Sätze sind aus mehreren Gründen von besonderer Bedeutung. Zum ersten schon allein deswegen, weil sie dem Pactus legis Salicae entstammen. Bei ihm handelt es sich um die älteste von insgesamt acht verschiedenen überlieferten

Fassungen des salfränkischen Volksrechts, von denen mehr als 80 Handschriften bekannt sind.

Besondere Aufmerksamkeit verdienen sie auch deswegen, weil sie sich recht auffällig als Sätze des Typs Konstitution (Festsetzung, Gesetz) ausweisen. Hierauf deutet insbesondere die ausdrückliche Erwähnung der leges dominicae (königlichen Gesetze) hin, bei denen der Plural erkennen läßt, daß das lateinische Wort lex hier nicht die Bedeutung Recht, sondern die Bedeutung Gesetz hat. Hinzu kommt die Nennung des königlichen Auftrages. Ziel dieser Konstitution, der vor allem in den Titeln 49, 48, 57 weitere Parallelen zur Seite stehen, könnte es gewesen sein, die vom König für das Verfahren neu geschaffenen Regeln besonders bekannt zu machen. Dementsprechend sind diese Sätze als neue Regelungen anzusehen, welche der Vorstellung, daß das Recht gut und alt sei und nicht geschaffen werden könne, eindeutig widersprechen.

Bedeutsam ist dabei schließlich noch die auffällige Stellung dieser Sätze. Sie bilden den ersten von insgesamt 65 Titeln und werden etwa dem ganz ausführlich behandelten und damit als außerordentlich wichtig angesehenen Diebstahl von Schweinen, Rindern, Schafen, Ziegen, Hunden, Vögeln und Bienen noch vorangestellt. Diese Stellung kann nur die Bedeutung haben, daß mit ihnen eine Kernfrage des damaligen Rechts gelöst werden sollte. Und diese kann nur gelautet haben: Wie kann ein Verletzter erreichen, daß der Verletzende sich einer Behandlung der Verletzung in der Allgemeinheit stellt?

Die Lösung für diese Frage setzt der König. Er gebietet für den Fall einer Ladung das Erscheinen des Geladenen in der Versammlung. Lateinisch wird diese als mallus bezeichnet. Dieses Wort ist mit gotisch mathl, Versammlung, und mathljan, reden, zu verbinden, welche die Versammlung als den Ort des Redens kennzeichnen. Dementsprechend geht es bei der neuen Einrichtung des Ladens in die Versammlung darum, daß der Verletzte den Verletzer vor allem zum Reden über die Verletzung bringt.

Die Ladung selbst wird nicht näher geschildert. Vielleicht enthielten einst die angesprochenen königlichen Gesetze Näheres hierzu. Immerhin zeigt die Klärung zweier Sonderfragen doch schon, daß vermutlich eine recht konkrete Einzelregelung bestanden hat. Ist der Betreffende abwesend, so darf die Ladung gegenüber Angehörigen angebracht werden. Im Gegensatz zur einfachen Abwesenheit in eigenen Angelegenheiten befreit die Abwesenheit im Königsdienst ebenso wie die echte Not von den angedrohten Folgen beim Ausbleiben.

Diese Folgen bestehen in der Verurteilung zu 15 Schillingen. Fragt man nach deren Wert, so können die anschließenden Sätze über den Diebstahl helfen. Sie zeigen, daß ebenfalls 15 Schillinge zu leisten sind, wenn ein Mastschwein oder ein Rind unter 2 Jahren gestohlen wird. Dementsprechend dürften 15 Schillinge bereits einen beträchtlichen Wert darstellen, der allein dafür zu entrichten ist, daß man eine Ladung nicht beachtet.

Die Versammlung (mallus) findet dann anscheinend auf dem Malberg (in mallobergo) statt. Nach Titel 46 § 6 der Lex Salica tagt sie unter dem Vorsitz des Königs oder des sog. thunginus. Dieser thunginus ist seinerseits mit dem althochdeutschen Wort ding zu verbinden, das spätere Quellen zur Erklärung von mallus verwenden. Der thunginus ist damit der Leiter des Dings.

Spätere Quellen kennen für solche Versammlungen einen ausgesprochenen Formalismus. Danach wird das Ding durch eine Hegung eingeleitet. Zu ihr gehört es nach diesen späteren Quellen, daß der Versammlungsort durch Zweig und Schnur oder durch Pflock und Seil oder später durch festere Begrenzungen räumlich abgesteckt wird. Danach fragt der Leiter, ob es Dingzeit sei und fordert mit den anscheinend aber nur in Friesland häufiger bezeugten Worten: Ich gebiete Lust und verbiete Unlust, allgemein Schweigen bzw. Frieden. Wegen der starken zeitlichen Streuung und der örtlichen Beschränktheit der ältesten, keineswegs eindeutigen Hinweise sind aber erhebliche Zweifel am Alter der Hegung angebracht. Wahrscheinlich ist lediglich, daß der Ort und Zeitpunkt der Versammlung festgelegt waren und daß angesichts der dort zu behandelnden Streitfälle ein erhöhtes Friedensgebot bestanden haben dürfte.

Vermutlich griff in der Versammlung selbst der Ladende den Geladenen mit dem Vorwurf, daß er eine Verletzung begangen habe, an. Er wandte sich also in erster Linie an seinen Gegner, dies aber vor der Allgemeinheit. Daß sein Verhalten als Klage bezeichnet wird, dürfte demgegenüber bereits eine Neuerung sein, welche unter christlichem Einfluß entstanden sein könnte. Klagen bedeutet nämlich ursprünglich weinen oder jammern. Gegenüber dem Gegner hilft weinen oder klagen nicht viel. Nützlich ist dies allerdings gegenüber einem Mächtigen. Zeigt man ihm unter Weinen und Jammern seine Verletzung, so gebraucht er vielleicht seine Macht, um den Verletzer zur Rechenschaft zu ziehen. Besonders wahrscheinlich ist diese Wirkung bei einem mächtigen Christen und damit auch beim christlichen König, weil dieser weiß, daß Gott die Verwirklichung des Rechts und die Beseitigung des Unrechts will.

Dementsprechend wird der bloße Leiter der Versammlung unter antik-christlichem Einfluß zum Richter. Seine Aufgabe besteht im Richten. Richten bedeutet ursprünglich recht machen d. h. gerade machen. Das Unrechte, das nicht dem Recht entspricht, soll wieder gerade und damit recht gemacht werden. Die dafür erforderliche Handlung heißt althochdeutsch girihtida, ein Wort, welches Glied für Glied, lateinisch correctio entspricht. Von der Handlung des Richtens geht der Name später dann über auf die Versammlung, in welcher sie geschieht. Damit ist das Gericht als die Einrichtung geschaffen, in welcher das Recht verwirklicht wird. Thunginus und mallobergus haben sich damit überlebt.

Auf die Rede des Ladenden hin konnte der Geladene die ihm entgegengehaltene Tat zugestehen oder leugnen. Räumte er sie ein, so hatte er die vom Recht vorgesehene Leistung, wie sie aus zahlreichen Einzelverhandlungen allmählich als üblich erwachsen war, zu erbringen. Leugnete er dagegen, so erging ein Urteil dahingehend, daß er sich zu einer bestimmten Zeit an einem bestimmten Ort in einer bestimmten Weise von dem Vorwurf entlasten müsse. Beispielsweise sollte nach einem Urteil des 7. Jahrhunderts in Angers der Angegriffene zum Nachweis seiner Freiheit mit 12 anderen nach einer bestimmten Zahl von Tagen in der Kirche schwören, daß weder er noch seine Eltern seit 30 Jahren Dienste geleistet hätten. Oder es erbrachte im Jahre 679 der durch das Urteil Betroffene mit sechs Eidhelfern den Eid, daß er und sein Vater ein streitiges Grundstück 31 Jahre besessen hätten. Damit war dann der Streit entschieden.

Das Urteil, das in diesen Streitfällen erging, fällte nicht der thunginus, Graf oder sonstige Richter. Sie leiteten nur die Verhandlung. Das Urteil kam vielmehr aus der Versammlung, dem sog. Umstand, heraus zustande. Dabei kennt die lex Salica bereits besondere Urteiler. Sie heißen Rachinburgen, was meist als Rechenbürgen oder Ratbürgen erklärt wird. Unter Karl dem Großen werden sie durch die Schöffen ersetzt, deren Name mit den Wörtern schaffen bzw. schöpfen in Verbindung steht. Sie waren vermutlich freie angesehene Leute, welche durch praktische Erfahrung zur Entscheidung von Streitfragen befähigt waren, aber neuere Entwicklungen ohne weiteres aufnahmen.

Aaron Gurjewitsch

Libri poenitentiales: Die frühmittelalterlichen Bußbücher

Der Vorrat an Mitteln, mit denen die Kirche auf die Gemeinde geistig einwirkte, erschöpfte sich nicht in Predigten, erbaulichen Erzählungen, Lebensbeschreibungen oder Berichten von Erscheinungen. Neben ihnen nahmen die Beichte und Buße einen hervorragenden Platz ein. Von einem Christen wurde verlangt, daß er sein Verhalten zur Begutachtung vorlegte und ihm die Kirche eine Beurteilung gemäß einer ausgearbeiteten Stufenleiter von Aufmunterungen und Verboten angedeihen ließ. Auch die Beichte war eine Art der Selbstanalyse, die unter Leitung eines Priesters erfolgte. Die Buße bestand im Bekenntnis der Sünden, die in Gedanken oder in der Tat begangen worden waren, und in der Sühne, die der Priester auferlegte. Auf die Sühne folgte die Vergebung der Sünde. In der frühchristlichen Kirche war die Buße öffentlich; das Mitglied einer Gemeinde mußte seine Verfehlungen in Gegenwart aller Brüder bekennen. Während des Frühmittelalters vollzog sich ein allmählicher Übergang von der öffentlichen Buße zur Ohrenbeichte, der aber in Jahrhunderten nicht abgeschlossen war. Bis zum Ende des Mittelalters wurde außer der Ohrenbeichte die öffentliche Buße der Sünder geübt. Dennoch brachte der Wechsel von der in Gegenwart aller stattfindenden Buße zu einer Unterredung des Pfarrkindes mit dem Priester unter vier Augen ohne Zweifel eine Umwälzung der sittlichen Stellung der Persönlichkeit mit sich.

Während des Frühmittelalters waren die Verhaltensweisen, die der kirchlichen Lehre entsprachen, in den Christen noch nicht fest verwurzelt. Der Beichtvater konnte sich nicht auf die sittlichen und religiösen Kenntnise seiner Gemeinde verlassen. Um sie zur Buße zu bringen, mußte er herausfinden, ob sie nicht gegen Christi Gebote und die den

Gläubigen gebührenden Verhaltensweisen gesündigt hätten. Anscheinend pflegten sich nicht einmal alle Priester die Grenze zu verdeutlichen, die erlaubtes Verhalten von sündhaftem schied; auch wußten sie nicht, welche Bußen für welche Vergehen aufzuerlegen waren. Jedenfalls sahen die Kirchenmänner ihre Aufgabe häufig darin, Leitfäden auszuarbeiten, die von den Beichtvätern im Umgang mit der Gemeinde benutzt werden konnten.

So waren die Bußbücher entstanden (libri poenitentiales), die Verzeichnisse der Sünden und der Sühnestrafen enthielten. Einige von ihnen haben die Form mehr oder weniger ausführlicher Preislisten, indem sie die Sünden und danach die kirchlichen Strafen aufzählen: Fasten, Gebete, den Ausschluß aus der kirchlichen Gemeinschaft und andere Sühnemaßnahmen. Andere Werke sind wie ein Fragebogen aufgebaut: Der Beichtvater verhörte das Beichtkind und erlegte ihm die entsprechende Buße auf, nachdem er die Art und Schwere der Vergehen festgestellt hatte.

Diese Gattung des kirchlichen Schrifttums war während des 5. und 6. Jahrhunderts in der Welt des iroschottischen Christentums aufgekommen, dem eine verinnerlichtere Frömmigkeit eigen war. Mönche aus Wales und Irland hatten sie später im Frankenreich (seit dem Ende des 6. Jahrhunderts), in England (während des 7. Jahrhunderts) und in allen anderen katholischen Ländern verbreitet, wo diese Schriften eine Vielzahl von Nachahmern und Fortsetzern fanden. Kirchenversammlungen verurteilten eine Zeit lang „die Bußbücher, deren Fehler offenkundig und deren Verfasser unbekannt sind," und geboten den Bischöfen, diese „codicilli, qui contra canonicam auctoritatem scripti sunt" aus dem Verkehr zu ziehen und dem Feuer zu übergeben, „damit nicht länger mit ihrer Hilfe unkundige Geistliche die Leute irreführen können."

Somit war die Entstehung dieser Gattung der mittellateinischen Literatur nicht unmittelbar durch die kirchliche Lehre eingegeben, sondern erschien als Antwort auf die

Forderungen des täglichen Lebens, das die Kirche trotz des Widerstandes ihrer höchsten Amtsträger dazu drängte, von den Bußbüchern Gebrauch zu machen. Das Vorgehen gegen diese Werke blieb erfolglos: die Geistlichkeit brauchte die Bußbücher, um ihre Gemeinde zu erziehen und in Schranken zu halten.

Überliefert sind viele Dutzend Bußbücher, die zu verschiedener Zeit, vom 7./8. Jahrhundert bis ins Hochmittelalter, geschrieben worden sind. Die frühesten nennen keinen Verfasser oder sind nachträglich hervorragenden Lehrern der Kirche zugeschrieben worden, wie Theodor von Tarsos, Egbert oder Beda. Als Verfasser der später entstandenen Abhandlungen über Sünden und Bußen treten bekannte Kirchenmänner hervor. So stammt zum Beispiel der zu Beginn des 11. Jahrhunderts geschriebene „Corrector" von dem Bischof Burchard von Worms und bildet das 19. Buch seines „Decretums", einer Sammlung kirchlicher Rechtsvorschriften.

All diese Werke sind in einem ziemlich einfachen, wenn nicht rohen Latein geschrieben, damit ihr Inhalt jedem Beichtvater verständlich war, denn der mußte mitunter das Bußbuch dem Beichtkind vorlesen, dessen Fragen und Vorschriften er zu diesem Zwecke in die Volkssprache zu übersetzen hatte. Erhalten hat sich die Übersetzung einer der angelsächsischen Fassungen, des Poenitentiale Egberti. Wie es darin heißt, erfolgte die Übertragung ins Englische, „damit die ungebildeten Leute es leichter verstehen können". Die Notwendigkeit, alle möglichen Sünden in genauester Abstufung ausführlich in Gestalt von Fragen darzulegen, wird folgendermaßen begründet: „In Anbetracht dessen, daß es (das Beichtkind) sich schämt, soll es der Priester mit den Worten anreden: ‚Vielleicht, mein Liebster, kommen dir nicht gleich alle deine Taten ins Gedächtnis. So will ich danach fragen, damit du nicht etwa infolge der Einmischung des Teufels etwas vergißt.' Darauf sollen die Fragen der Reihe nach gestellt werden."

In anderen Abhandlungen ist dagegen die Vorschrift enthalten, sie sollten nur von Geistlichen benutzt werden, die das Recht hätten, die Beichte zu hören, während Laien den Inhalt des Bußbuches nicht kennen sollten, damit sie durch die ausführlichen Sündenverzeichnisse nicht auf Anreizung des Teufels in Versuchung geführt und zu unrechten Gedanken und Handlungen verleitet würden. Doch auch in diesem Fall verlegte sich der Beichtvater darauf, das Beichtkind wegen seiner Sünden zu verhören, wenn auch in verkürzter Form. Nach einem einleitenden Gespräch mit dem Beichtkind und nach Gebeten sollte sich der Beichtvater ihm mit den Worten zuwenden: „Mein Sohn, schäme dich nicht, deine Verfehlungen zu offenbaren, denn niemand ist ohne Sünde als Gott allein. Nötig ist vor allem, daß du selbst deine Sünden betrachtest und bekennst." Weiter sollte er einige denkbare Verfehlungen freimütig aufzählen. Doch diente der Hauptteil des Bußbuches mit seiner gründlichen Aufzählung aller Sünden und der dafür aufzuerlegenden Strafen dem Geistlichen als Leitfaden bei der Bestimmung der Art und des Maßes der Buße. [...]

So mußte einer, der einen Totschlag an einem Verwandten oder seinem Herrn begangen hatte, lange Zeit fasten und sich des Fleisches und des Weins enthalten. Er durfte sich nicht waschen und keine Waffe in die Hand nehmen – es sei denn im Krieg gegen Heiden – und während seiner Buße nicht mit anderen Christen verkehren. Falls er irgendwohin zu reisen hatte, mußte er zu Fuß gehen und durfte auf keinen Fall ein Pferd besteigen oder einen Wagen benutzen. Oftmals war die Sühne nicht auf Gebete, Fasten und Wachen beschränkt. Dem Büßer konnte vorgeschrieben werden, im Nassen, auf Brennesseln oder verstreuten Nußschalen, in einer kalten Kirche oder sogar im Grab neben einer Leiche den Schlaf zu suchen. Das Wachen konnte einer Folter gleichen: als „Kreuz", wenn der Büßer mit ausgebreiteten Händen dastehen und Verse der Bibel vor sich hersagen mußte – als palmatae, wenn er mit den Handflächen den

Boden zu schlagen hatte – als disciplina, was Geißelung und Selbstgeißelung bedeutete. Mitunter waren die Sühneleistungen, die in den Bußbüchern vorgeschrieben wurden, ihrem Wesen nach nicht von den Strafen verschieden, die die frühmittelalterlichen Rechtsbücher vorsahen. Für eine Wunde, die einem Bischof oder einem Fürsten zugefügt worden war, mußte der Preis einer Sklavin bezahlt werden, falls die Narbe drei Jahre lang sichtbar blieb. Dem Schuldigen, der einem Bischof Haare aus dem Kopf gerissen hatte, sollten für jedes ausgerissene zwölf eigene herausgezogen werden. Den Bußbüchern hafteten deutliche Merkmale der Gesellschaft an, deren Sündhaftigkeit sie bekämpfen sollten – einer Gesellschaft, in der Grausamkeit und körperliche Gewalt nicht als etwas Ungewöhnliches oder Unmenschliches betrachtet wurden.

III. Der Aufstieg der Karolinger

Herrschaft und Mission: Die Karolinger und die Christianisierung östlich des Rheins

Peter Brown

Die Ablöse der merowingischen Könige

Um die Mitte des 8. Jahrhunderts wurden im Abendland und im Morgenland politische Systeme errichtet, die nur noch wenig Ähnlichkeit hatten mit jenen der alten Welt, auf deren Trümmern sie standen. Mit der Gründung von Bagdad im Jahre 762 nahm das islamische Imperium sein entschieden morgenländisches Gesicht an. Ostrom wurde Byzanz. Dem Reich gingen die bürgerlichen Eliten und die weltweiten Horizonte verloren. Es war nun ein von äußeren Feinden bedrängter Staat von stärkerer innerer Kohärenz als das frühere größere Imperium. Der Bilderstreit machte deutlich, in welchem Maße dessen neue Herrscher bemüht waren, sich des dringend benötigten göttlichen Beistands zu vergewissern, indem sie Bräuche reformierten, die ihnen aus einer reicheren und leichtlebigeren Vergangenheit überkommen waren. Neue Männer aus neuen Territorien (die im Kalifat von Bagdad aus dem östlichen Iran kommen mochten, im byzantinischen Reich aus dem östlichen Kleinasien) waren genötigt, schnell zu bauen in Ländern, wo viele der alten Wahrzeichen in Trümmern lagen.

Auch der fränkische Staat im nordwestlichen Europa durchlief eine Periode ähnlich stürmischer Entwicklungen. Der neue Adel Austrasiens, der in den Grenzgebieten des nordöstlichen Gallien und östlich des Rheins herangewachsen war, schloß sich immer dichter einer zwischen Maas und Ardennen ansässigen Familie an, deren Oberhaupt Pippin von Herstal war (gestorben 714), ein Neffe der Äbtissin Gertrud von Nivelles. Als *Maiordomus*, der jedoch an

Stelle des merowingischen Königs, dessen „Hausmeier" er nur dem Namen nach war, die königliche Macht ausübte, erneuerte Pippins Sohn Karl (gestorben 741), der später den sehr zutreffenden Beinamen „Martell", der „Hammer", erhielt, den alten „Schrecken der Franken". Karl bewies seinen Anhängern, daß Krieg ein sehr gewinnbringendes Geschäft sein konnte. Im Jahr 733 schlug er ein muslimisches Heer, das Tours hatte plündern wollen, und plünderte hinfort die von Christen bewohnten Gebiete des Südens seinerseits so gründlich, wie die Muslime, wenn nicht das Kriegsglück gegen sie entschieden hätte, seine heimische Francia ausgeplündert hätten.

Die Edelleute Austrasiens, *bellatores,* Kriegsmänner sowie begeisterte Jäger und bei Gelegenheit fromme Stifter zugunsten neuer Klöster nordischer Art, schuldeten dem noch immer von antiken Erinnerungen heimgesuchten Süden wenig. Im Gegensatz zu den „Römern" Aquitaniens verstanden sie kein Latein, nicht einmal wenn es ihnen langsam vorgelesen wurde. Fränkisch war die Sprache, die sie redeten. Schreiben war nicht ihr Geschäft. Die Worte, auf die es in ihrer Welt ankam – Treueschwüre und Heldensagen –, mußten ausgesprochen werden, um ihre ganze Kraft zu entfalten.

Dieser Adel und die Familie Pippins und Karl Martells, die sich anschickte, seine Führung zu übernehmen, entdeckten, daß sie überall zuschlagen konnten von Aquitanien bis zur Rheinmündung, bis nach Thüringen und bis an die Donau, um sich Reichtum zu verschaffen und bereits bestehende Untertänigkeit zu festigen. Die nun weit über die Grenzen ihrer Heimat in die Ferne schweifenden austrasischen Franken wurden die dominierenden Partner in einer Konföderation sehr unterschiedlicher Regionen, wo einst mehr oder weniger ausdrücklich die Vorherrschaft der merowingischen Könige anerkannt worden war. Anscheinend wurde die Siegesgewißheit dieser fränkischen Edlen von ihren Pferden geteilt. Wenigstens erwähnte bei einer

Erörterung der Wahrsagerei der große Theologe Gottschalk im folgenden Jahrhundert, daß nach seiner Erfahrung Schlachtrosse die Zukunft spürten, da sie jedesmal munterer würden, wenn der Seite, auf der sie kämpften, der Sieg bestimmt sei. Auf einem Feldzug weit von Francia an der dalmatischen Küste hatte er ein Patenkind gebeten, die Pferde deswegen zu beobachten. Und dessen Beobachtung hatte seine Annahme bestätigt. Vor einem siegreichen Angriff hatten auch dort die Pferde der fränkischen Reiterei besondere Munterkeit gezeigt.

Solche Krieger brauchten einen „wirklichen" König. Die symbolische Monarchie der späteren Merowinger beruhte auf archaischen vorchristlichen Vorstellungen und profaner spätrömischer Bürokratie. Das System war, von seiner geringen Effizienz abgesehen, unverkennbar überholt. Die königliche Macht konnte nicht länger einerseits rein symbolisch gewürdigt, andererseits vollkommen profan ausgeübt werden. Wie in Byzanz und in Britannien wollten nun auch in Francia die dominierenden Eliten sich ein Beispiel an dem alten „Volk Israel" nehmen. Das „Volk Israel" hatte sich Könige erwählt, um mächtig zu werden. Die Könige erwählten sich die Israeliten, auf daß diese „das Volk in den Krieg führten". Das „Volk der Franken" sollte diesem Beispiel folgen.

Auch die römischen Päpste brauchten neue Beschützer. Mächtige langobardische Könige, deren Ehrgeiz nicht länger durch starke oströmische Garnisonen beschränkt wurde, drohten Rom, die noch immer höchst kosmopolitische einstige Hauptstadt eines Weltreichs von ehrwürdigem Alter, ihrem eigenen italienischen Reich einzuverleiben, wo sie auf die Rolle einer südlichen Provinzstadt beschränkt worden wäre. Um sich wenigstens eine Atempause zu verschaffen, folgte Papst Zacharias den jahrhundertealten Maximen imperialer Diplomatie in dem Bemühen, den Aufstieg einer neuen Macht jenseits der Alpen zu begünstigen, die eventuell das Interesse der Langobarden von Rom ablenken würde. Als Karl Martells Sohn Pippin 751 pflichtgemäß seine diesbezügliche Meinung erkundete, erklärte denn auch der Papst, daß „das Volk der Franken“ auf die Merowinger verzichten könne. Die Zeiten waren gefährlich. Rom, noch im vorigen Jahrhundert Hauptstadt des ganzen westlichen Mittelmeers, an dessen Ufern ja damals ringsum nur Christen wohnten, hatte jetzt in Nordafrika und in Spanien feindliche muslimische Nachbarn. Und die nun auf die nördliche Küste des Mittelmeers beschränkte christliche „Ordnung“ hatte von schwachen Königen nichts zu hoffen und viel zu fürchten. Einen starken König bewilligte der Papst den Franken also gern. Umso lieber, als Francia von Rom weit entfernt lag.

Pippin wurde nach der neuesten Mode zum König gesalbt, nämlich mit Öl, wie bekanntlich das Volk Israel seine Könige gesalbt hatte. Die Langobarden reagierten auf diese Herausforderung mit der Besetzung Ravennas. Anfang Januar 754 langte der Nachfolger Papst Zacharias', Papst Stephan II., erschöpft von der eiligen Reise über die Alpen mitten im Winter am Hofe des fränkischen Königs an und erbat in Sankt Peters Namen fränkische Hilfe für Italien. Dergleichen war bisher unerhört. Der Papst wiederholte die Zeremonie der Salbung dergestalt, daß dadurch Pippins Familie als einziges königliches Geschlecht berufen würde, über die Franken zu herrschen. König Pippin begründete die nach Karl Martell genannte „karolingische“ Dynastie. Pippins ältester Sohn, ein ernsthafter Zehnjähriger, begleitete den von der Reise erschöpften Papst zur Villa seines Vaters. Dieser Junge sollte zukünftigen Generationen bei seinem Beinamen *le magne* bekannt werden, den man ihm später in dem damaligen späten, sehr späten Latein Galliens gab, um ihn von seinem frühverstorbenen Sohn gleichen Namens zu unterscheiden, so daß denn „Karl der Große“ ursprünglich nur „Karl der Ältere“ gewesen zu sein scheint. Aber wir wollen nicht vorgreifen. Stephan erhielt Schutz für Rom. Nach zwei Italienzügen kehrte 756, „mit Schätzen und Geschenken beladen“, Pippin über die Alpen nach Francia zurück. Er hatte den langobardischen König gezwungen, ihm ein Drittel des königlichen Schatzes abzutreten, den jener hinter den hohen Mauern Pavias zu behüten gehofft hatte.

Die Bereicherung des Landes durch Kriegsbeute und Tributzahlungen aus dem Süden und die durch die Beschleunigung des diplomatischen Verkehrs der fränkischen Regierung ermöglichten guten Beziehungen nach Rom gaben den Bischöfen und Äbten im Umkreis des neuen Königs die Mittel an die Hand, eine triumphierend „korrekte“ Mikro-Christenheit in Francia aufzubauen. Die günstigen Bedingungen, die sie dafür vorfanden, gestatteten ihnen, ihre Pläne in einem Maße zu verwirklichen, neben dem das im vergangenen Jahrhundert Gewollte und Erreichte, das Werk der „Römer“ Benedikt Biscop und Wilfrid, ja selbst das Ringen des spanischen Episkopats um kultische Uniformität vergleichsweise unbedeutend und provinziell anmutet.

Der Wille, in diese besondere Mikro-Christenheit den größten Teil Westeuropas einzubeziehen, zeigte sich deutlich zuerst an der nordöstlichen Peripherie von Francia bei der Christianisierung Frieslands und Deutschland. Der Prozeß lief auf eine Schließung der Grenzen hinaus. Die ehemals viel offenere Welt, in der soziale und politische Strukturen verhältnismäßig locker organisiert und religiöse Bekenntnisse ziemlich wandelbar gewesen waren, wurde nun zunehmend strengerer religiöser Kontrolle unterworfen von Männern, die eine neue Ordnung verwirklichen wollten und dabei den Schutz fränkischer Könige genossen, deren Ressourcen und Zuversicht ständig wuchsen. [...]

In Irland und im sächsischen Britannien andererseits hat die Schranke, die der *limes* bezeichnete, die Phantasie der Menschen nie beschäftigt. Dort erregte der Begriff der *peregrinatio* die Gemüter, der Pilgerschaft, die einen der eigenen Heimat entfremdete um Gottes willen. Angesichts der

Fremde, in die der Pilger sich begab, sobald er seine Sippe und seine Heimat verließ, waren die Zustände, die andere Grenzen voneinander trennten, in seinen Augen nicht von bemerkenswerter Verschiedenheit. Fremde grenzte da an Fremde. Im übrigen entdeckten die traurigen Augen der Christen in der Fremde, daß schon in der nächsten Nachbarschaft ihrer Heimat selbst das Christentum noch vielen fremd war.

„Verbannte Gottes" kamen zuerst aus Irland. Doch die Strukturen der neuen angelsächsischen Kirchen Britanniens begünstigten die Neigung zur frommen Pilgerschaft auch dort. Knaben aus adeligen Familien wurden in Britannien vom fünften, spätestens vom siebenten Lebensjahr an im Kloster erzogen. Wählten sie das geistliche Leben, brachte das reife Mannesalter sie in eine gefährliche Situation. Denn wenn sie vierzig Jahre alt geworden waren, war es an ihnen, Ämter zu übernehmen, als Bischöfe oder Äbte Autorität über die eigene Heimat und Sippe auszuüben, und so in das Geflecht von Kompromissen verstrickt zu werden, das wie früher schon in Irland nun auch in Britannien ein Christentum hervorgebracht hatte, das durchsetzt war mit zutiefst profanen, kaum postheidnisch zu nennenden Elementen. Bei dieser Aussicht aber zogen es viele fromme Männer vor, die Heimat zu verlassen und die Klarheit einer wahrhaft christlichen Ordnung anderenorts zu suchen. Ein tiefes Gefühl für die einstweilen in der Heimat noch nicht verwirklichte wahrhaft christliche Ordnung zeichnete diese Heimatflüchtigen gewöhnlich aus.

Der erste dieser neuen Generation von Fremden, Willibrord (658–739), empfing seine Bildung zunächst in Wilfrids Mikro-Christenheit Northumbriens, sodann in Irland, wo er, schon als Verbannter, in Cluain Melsige (Clonmelsh, County Carlow) studierte und seine Berufung erlebte. 690 erschien er mit einer kleinen Gefolgschaft von Mönchen bei Pippin von Herstal, dem Vater Karl Martells, und bot diesem seine Dienste an. Willibrord erbot sich nicht wie ein früherer Fremder aus Irland, Columbanus, den Seelen Pippins und seiner Hofleute „Medizin“ zu verabreichen, er begehrte vielmehr, die Seelen von Heiden zu retten, diejenigen der kürzlich unter fränkische Herrschaft geratenen Friesen, die an der Rheinmündung wohnten. Doch wenn erforderlich auch diejenigen anderer heidnischer Völker wie der Dänen und der Sachsen. [. . .]

Von Northumbrien aus gesehen, wo Willibrord herkam, war Friesland das Tor Europas. Friesische Kaufleute versorgten die kauflustigen angelsächsischen Könige Britanniens mit den Waren des Rheinlands. Kostbare Glasarbeiten, gemünztes Silber und sogar schwere Mörser aus deutschem Stein wurden gegen Sklaven geliefert. In ganz Nordwesteuropa revolutionierte friesische kommerzielle Aktivität den Handelsverkehr. Nach 670 wurden die merowingischen Goldmünzen, die – wenn auch wesentlich kleiner als diese – noch immer das Vorbild der Prägungen des römischen Reichs erkennen ließen, abgelöst durch silberne *sceattas.* Diese wurden für den Gebrauch der Kaufleute geprägt, die sich an dem nun florierenden Nordseehandel beteiligten. Die neuen Münzen trugen nicht das Zeichen des Kreuzes, viele zeigten vielmehr Wotan mit triumphal flatterndem Haar. Franken und Friesen kämpften um die Herrschaft über Dorestad (heute Duurstede in Holland), einen Handelsplatz am Rhein. Dorestad wurde einer der großen Häfen Europas. Im Jahre 800 bedeckten die hölzernen Anlegebrücken und Handelshäuser des Orts ein Areal von 250 Hektar, das römische Mainz hatte weniger als die Hälfte dieser Fläche (100 Hektar). Weiter nördlich unter den *terpen* (künstlich aufgeschütteten Hügeln) der Gegend um das heutige Groningen und Friesland erfreute sich eine Gesellschaft freier Bauern und Kaufleute seltenen Wohlstands. Die Leute waren wohlgenährt und hatten Vieh im Überfluß. Sie stellten einen wertvollen, dem Tweed ähnlichen Stoff in großen Mengen her. Friesland widerlegte die von den Christen immer häufiger vorgebrachte Behauptung, daß letztlich das Heidentum notwendig ein Symptom von Unterentwicklung sei. [. . .]

Im Jahre 716 gesellte sich ein Landsmann zu Willibrord, ein bemerkenswerter Mann, sechs Fuß groß, vierzig Jahre alt, Verfasser einer nach neuen Gesichtspunkten organisierten lateinischen Grammatik, aber kein stiller Gelehrter. Er kam aus einem Kloster im südlichen Britannien, sein Name war Wynfrith (Winfrid); der hl. Bonifatius (675–754) sollte er dann werden als „Apostel der Deutschen". Wynfriths leidenschaftliche Ordnungsliebe war schon ganz ausgeprägt, als er seine heimische Insel verließ, sie galt der neuen, der christlichen Ordnung. Auch in der Grammatik, wie in allen anderen Dingen, mußten sich, seines Erachtens, „die Bräuche vergangener Zeiten" an dem „korrekten Geschmack der neuen Zeit" messen. Seine Grammatik war dementsprechend durchgehend modern. Wynfrith verwarf die heidnische Vergangenheit. Beispiele guten lateinischen Stils zitierte er nicht aus den Werken heidnischer Autoren, sondern allein aus denen der christlichen Väter. Auf die Titel seiner Grammatik zeichnete er ein Rechteck, das ein Kreuz mit dem Namen Jesu Christi einschloß. Und er war ein Mann, der gute Vorsätze ausführte. Er konnte die Vergangenheit abstreifen. 719, bei seinem ersten Besuch Roms, nahm er, einer northumbrischen Sitte folgend, einen römischen Namen an und nannte sich Bonifatius. Im Gegensatz zu Benedikt Biscop legte er aber gleichzeitig seinen sächsischen Namen für immer ab. Aus Wynfrith machte er ein für allemal Bonifatius.

Doch blieb er den Kirchen des südlichen Britannien auch in der Folge verbunden „durch die für den Himmel gemachten goldenen Ketten der Freundschaft". Bonifatius erfüllte die Hoffnungen einer ganzen Generation, die sich angesichts des Erfolges ihres eigenen treuen und braven, aber nicht sonderlich heroischen Christentums ein gewisses Gefühl des Ungenügens nicht verhehlen konnte. Angelsächsische Bischöfe, Mönche und Nonnen dachten gern an

Bonifatius. Er war dort draußen, am gefährlichen Rand der Welt. Er brachte den britischen Sachsen bei einer Gelegenheit in Erinnerung, daß die festländischen Sachsen sich auf eine Blutsverwandtschaft mit ihnen beriefen. Dies zu tun war den Sachsen eingefallen, nachdem ihnen im Jahre 738 Karl Martell an der Spitze eines fränkischen Heers eine empfindliche Niederlage beigebracht hatte. „Wir sind das gleiche Fleisch und Blut." Wenn sie sich denn schon Christen ergeben sollten, wollten sie sich immer noch lieber als den hochmütigen Franken Leuten unterwerfen, in denen sie Verwandte erkennen konnten. In Britannien hatte man auf diese angebliche Verwandtschaft bisher nicht viele Gedanken verschwendet. Doch empfand man allgemein, daß Bonifatius in heroischer Umgebung lebte. Selbst ein König von Kent bat ihn brieflich, ihm doch ein paar Jagdfalken zu senden, da er vernommen habe, daß die Falken in Sachsen „sehr viel geschwinder und angriffslustiger" seien. Adelige Nonnen, denen ihr Geschlecht verbot, ihm auf den harten Weg in die freiwillige Verbannung zu folgen, gedachten seiner in rührender Weise als eines fernen, tröstenden *abbas*, Vaters und Bruders zugleich. Sein lebenslänglicher Freund, Bischof Daniel von Winchester, gab ihm gute Ratschläge für das Verhalten bei Diskussionen mit Heiden. Er sollte dabei nicht argumentieren „in beleidigender oder ärgerlicher Weise, sondern ruhig und mit großer Mäßigung". Unter anderem schrieb der Bischof, Bonifatius solle den Heiden zu bedenken geben, daß, „während den Christen der Besitz von Ländern gestattet ist, die reich sind an Öl und Wein und anderen Waren, die Heiden sich mit den kalten Ländern des Nordens begnügen müssen". Denn, meinte der Berater des Apostels der Deutschen, „die Überlegenheit der christlichen Welt" müsse den Heiden bei jeder Gelegenheit vor Augen geführt werden.

Unterstützt zunächst von Karl Martell und dann von Pippin, dem zukünftigen König, erlangte Bonifatius zwischen 722 und 739 eine Reihe von immer umfassenderen päpstlichen Vollmachten für die Mission in „Deutschland“. Schon 732 wurde er zum Erzbischof und päpstlichen Vikar des gesamtdeutschen Missionsgebiets erhoben. 742 bestellte ihn der Papst zum privilegierten Berater Pippins und anderer „Herrscher der Franken“ bei der Einberufung von Konzilien der fränkischen Kirche. Bonifatius nahm eine durchaus neuartige Stellung ein. Seine Kompetenzen waren nicht eindeutig definiert. Die fränkischen Bischöfe hatten hinsichtlich des besten Verfahrens, eine christliche Ordnung aufzurichten, ihre eigenen, sehr genauen Vorstellungen. In Francia war Bonifatius keineswegs der Held seiner Generation. Manche fränkischen Bischöfe waren Christen eines Typus, den er aus der Heimat nur allzu gut kannte und in diesem neuen Land nicht wiederzufinden gehofft hatte. Sie waren Aristokraten. Sie glaubten, daß ein Mann ein guter Jäger sein müsse und daß ein Ehrenmann, selbst ein Bischof, den Mörder seines Vaters (der natürlich ebenfalls ein Bischof gewesen war) mit eigener Hand zu töten hatte. Es schmerzte Bonifatius, bei Hof mit solchen Leuten verkehren zu müssen und bei Pippins großen Festmählern in ihrer Gesellschaft zu tafeln. Es blieb ihm aber nichts anderes übrig. Er schrieb seinem Freund Daniel: „Ohne das Patronat des fränkischen Fürsten kann ich weder die Gläubigen regieren [...] noch die Priester beschützen [...] noch kann ich in Deutschland die Ausübung heidnischer Riten und die Götzenanbetung verbieten, ohne seine Befehle und die Furcht, die er einflößt.“ [...]

Im Laufe von dreißig Jahren hatte Bonifatius Spuren seines Wirkens überall im westlichen Deutschland hinterlassen, von Bayern bis zur Wasserscheide von Lahn und Weser, wo nördlich sich die Gebiete der unbekehrten Sachsen erstreckten. Seine Missionskirchen waren von Angriffen der Heiden noch immer gefährdet. Noch im Jahre 752 wurden von den Sachsen auf Raubzügen deren dreißig zerstört. Eine Basis für seine Missionsarbeit hatte er in den neuerdings von Franken besiedelten Ländern am Main und am Neckar gefunden, im zukünftigen Franken. Von dort aus organisierte er die Kirchen in Hessen und Thüringen. 571 gründete er Fulda „an einem bewaldeten Ort inmitten einer großen Wildnis", wie er an den Papst schrieb. Die Beschreibung des Orts entsprach römischen Erwartungen. Doch lag Fulda an der bedeutendsten Handelsstraße, auf der man seit unvordenklichen Zeiten Germanien von Osten nach Westen durchquerte, und schon die Merowinger hatten dort eine Festung gehabt. [...]

In gewissem Sinne waren Bonifatius und seine Nachfolger Erben des ihnen vorausgehenden Jahrhunderts christlicher Expansion. In einem großen Teil des nördlichen Europa war das Christentum von oben herab eingeführt worden, nachdem unternehmende und anpassungsfähige Führer, Adlige und Könige es als ihre Religion angenommen hatten. Eine Auseinandersetzung mit den alten Glaubensvorstellungen hatte es kaum gegeben, jedenfalls nicht auf die Weise, in der sie rings um das Mittelmeer seit apostolischen Zeiten geführt worden war. In Gesellschaften, deren Führer sich für Christus erklärt hatten, wurden die alten Überzeugungen einfach beiseite geworfen und alles Weitere der Zeit überlassen; kaum daß man diese Überzeugungen überhaupt als eigenständiges und anpassungsfähiges religiöses System erkannte. Aus der Sicht der christlichen Missionare waren solche alten Glaubensvorstellungen nur Anomalien einer bestimmten Sorte unter vielen anderen. Oft wurden sie als eigentümliche Überzeugungen der niederen Schichten angesehen und insbesondere Gestalten am Rande der Gesellschaft zugeschrieben, die schon zu heidnischen Zeiten verachtet und gefürchtet waren, so den Hexen und Zauberern.

Männer, die wie Bonifatius von heiligem Ordnungsstreben beseelt waren, konnten wohl hoffen, solche überholten Bräuche, von denen überdies viele schon christliche Elemente aufgenommen hatten, mit der Zeit durch Strenge und Erziehungsarbeit ganz zu unterdrücken und durch rein christliche zu ersetzen.

Loris Sturlese

Bonifatius und die „wilden Völker Germaniens“

Im Briefwechsel des Bonifatius klingen verschiedene Fragen an, die uns die unzivilisierte und schreckliche Welt der „wilden und ungebildeten Völker Germaniens“ [...] ein wenig erhellen. Es präsentiert sich eine Welt, in der betrunkene Bischöfe bewaffnete Banden zur Vernichtung von Christen und Heiden anführten, in der Diakone ihre Nächte in Unzucht verbrachten [...] und in der die bereits bekehrte Bevölkerung weiterhin heidnische magische Riten pflegte, häufig sogar im Einvernehmen mit einem verunsicherten Klerus, der den unterschiedlichsten häretischen Versuchungen ausgesetzt war. Diese Welt war voller Schwindler und Ganoven, die sich als Geistliche höheren Ranges ausgaben, sie wurde von Fürsten beherrscht, die in der Kirche nur ein Machtinstrument sahen, und sie war umgeben von heidnischen, „im Schatten des Todes“ lebenden Völkern, deren Bekehrung sich für die Missionare als immer schwierigeres und dramatischeres Unternehmen gestaltete.

All dies berichtet Bonifatius, „der die dunkelsten Ecken des deutschen Landes durchqueren muß“, [...] seinen Freunden und Schutzherren und vor allem auch der römischen Kurie. Er war mit der angesehenen Aufgabe eines päpstlichen Legaten betraut und stand als Erzbischof von Mainz der größten Erzdiözese Deutschlands vor. In dieser Funktion wurde er täglich mit komplizierten Fragen dogmatischer Natur konfrontiert: Ob, zum Beispiel, eine Witwe den Taufpaten eines ihrer Söhne heiraten dürfte, oder ob jene Taufen als ungültig zu betrachten seien, die ein ungebildeter bayerischer Priester mit den Worten: *Baptizo te in nomine patria et filia et spiritus sancti* gespendet hatte, und folglich wiederholt werden müßten. In beiden Fällen konnte Bonifatius auf keine sicheren kanonischen Präzedenzfälle zurückgreifen und mußte darum Entscheidungen aus eigener Initiative treffen. Er entschied sich beidemal im positiven Sinne, womit er gewaltig danebengriff und so eine lebhafte Auseinandersetzung provozierte, die erst, nachdem ihm der Papst persönlich seine Mißbilligung bekundet hatte, beigelegt wurde.

Der Verlauf dieser Diskussionen, insbesondere derjenigen zum zweiten Fall, über deren Ausgang wir durch einen nüchternen Brief von Papst Zacharias I. genau informiert sind, hebt zunächst die außerordentliche normative Bedeutung hervor, die damals bei theologischen Entscheidungen der Überlieferung, den Gewohnheiten und der Autorität zukam. Sie beleuchtet aber auch einen in der alltäglichen Praxis eines Erzbischofs wie Bonifatius mindestens ebenso wichtigen Faktor – die Notwendigkeit, die eigene Vernunft zu gebrauchen. Gegenüber der Autorität der Überlieferung mußte man sich beugen (der Papst machte Bonifatius tatsächlich Unwissenheit der Tradition zum Vorwurf, und dieser gehorchte). Wenn die Überlieferung jedoch nicht ausreichte oder wenn – aus welchem Grund auch immer – keine Texte oder Auskünfte über die Tradition existierten, dann war man gezwungen, mit Vernunftgründen zu argumentieren.

Genau so handelte Bonifatius, da ihm keine Informationen zur Verfügung standen, wie sein Briefwechsel anschaulich dokumentiert. In seinem Schreiben an Nothelm, Erzbischof von Canterbury, verteidigte er seine Entscheidung, die Trauung zwischen Witwe und Taufpate zu genehmigen, folgendermaßen: „Ich verstehe gar nicht, warum die geistige Verwandtschaft in diesem Fall der geschlechtlichen Vereinigung eine so große Sünde sein soll, wenn es feststeht, daß wir alle durch die heilige Taufe Söhne und Töchter Christi und der Kirche und somit Brüder und Schwestern sind“ [...].

Ein solcher Argumentationsgang setzt genaue Vorstellungen vom Unterschied zwischen dem „geistigen“ und dem „fleischlichen“ Bereich voraus, vom Wert der Sakramente und von der Bedeutung von Ehehindernissen. Es handelt sich – wie mir als Laie scheint – um eine durchaus überzeugende Argumentation, die heutzutage jeder Kanonist akzeptieren würde, obgleich bereits ein rascher Blick in den 12. Band von Mansis *Concilia* zeigt, daß Bonifatius zu seiner Zeit die gesamte Autorität geschlossen gegen sich hatte. Im Briefwechsel des Bonifatius finden wir noch weitere Beispiele dafür, daß vernünftiges Argumentieren ein wichtiges Rüstzeug eines jeden Missionars war. Bischof Daniel von Winchester empfahl Bonifatius, die heidnischen Polytheisten mit folgendem Gedankengang zu entwaffnen: „Laß sie die Behauptung aufstellen, daß alle Götter und Göttinnen wie Menschen geboren würden. [. . .] Wenn sie auf diese Weise gezwungen sind einzusehen, daß die Götter einen Beginn haben, also den Zeitpunkt, an dem sie voneinander geboren wurden, dann frage sie, ob sie der Meinung seien, diese Welt habe einen Beginn oder sie habe ohne Beginn schon immer existiert. Wenn sie einen Beginn hat, wer hat sie dann geschaffen? [. . .] Erwidern sie Dir, die Welt habe ohne Beginn schon immer existiert, [. . .] dann frage weiter, wer die Welt regierte, bevor die Götter geboren wurden? [. . .] Vielleicht vermuten sie, daß die Götter und die Göttinnen heute noch weitere Götter und Göttinnen zeugten? Wenn nicht, dann frage, wann und warum sie aufgehört hätten zu begatten und zu gebären? Wenn sie aber heute noch gebären, dann müßte die Anzahl der Götter unendlich sein [. . .]".

Bonifatius war also nicht nur der leichtgläubige Gewährsmann jenseitiger Visionen, wie er uns in dem berühmten, auch von Jacques Le Goff zitierten Brief an die Äbtissin Eadburga begegnet.

Gewiß reicht die Tatsache, daß er sich in seiner Welt denkend zu orientieren versuchte, nicht aus, um ihm in einer Geschichte des philosophischen Denkens einen Platz zu sichern, sie sollte jedoch als Fingerzeig verstanden werden. Denn vor der Autorität muß man sich freilich beugen, angesichts rationaler Argumente hingegen beginnt man nachzudenken und zu diskutieren. Die Auseinandersetzung mit Einzelfällen führt notwendigerweise zur Reflexion über allgemeine Ideen, und daraus ergeben sich Themen und Inhalte von philosophischer Relevanz. Hier ist genau der Punkt erreicht, an dem der Philosophiehistoriker gefordert ist.

Aaron Gurjewitsch

„Volksheilige", Heiden und Häretiker

Der „Apostel der Deutschen" geriet mit einem Geistlichen namens Aldebert zusammen, dessen Tätigkeit ihm die ernstesten Besorgnisse erweckte. Während Bonifatius alle Kräfte anstrengte, um die fränkische Kirche zu erneuern und sie zu einer festgefügten und lenkbaren Einheit zu machen, die fähig sein sollte, den endgültigen Sieg des Christentums unter allen Völkern und Stämmen des fränkischen Reichs zu sichern, schuf Aldebert eine Sekte, zu der sich eine große Anzahl von Menschen aus den unteren Gesellschaftsschichten bekannte. Diese Leute stellten den Kirchenbesuch ein und versammelten sich unter Kreuzen, die Aldebert auf Wiesen, an Quellen oder wo es ihm sonst beliebte, hatte aufstellen lassen. Er forderte, die Gebete nicht in Domen, die von den Bischöfen geweiht waren, an Gott zu richten, sondern in kleinen Kapellen, die er auf offenem Felde erbaut hatte. Ferner verwarf er die Notwendigkeit der kirchlichen Beichte, indem er erklärte, ihm wären auch so alle Verfehlungen bekannt; und von ihnen sprach er gern frei. Selbstverständlich hatte Bonifatius große Eile, Aldebert für einen „betrügerischen Geistlichen, Irrlehrer, Schismatiker, Diener des Satans und Vorläufer des Antichrists" zu erklären. Aldebert wurde zuerst auf einer Versammlung der fränkischen Bischöfe im Jahre 744 verurteilt und danach auf einer Kirchenversammlung in Rom, die der Papst Zacharias einberufen hatte (im Jahre 745).

Bei der Verhandlung über Aldebert wurde festgestellt, daß er ein Mann „aus Gallien“ gewesen sei, sich als heiliger Wundertäter ausgegeben und es verstanden habe, eine Menge von Frauen und Bauern zum Glauben an ihn zu veranlassen. „In viele Häuser sei er eingedrungen“, so daß alle die Überzeugung gewonnen hätten, er wäre „ein Mann von apostolischer Heiligkeit“, der Wunder vollbringen könnte. Sogar unwissende Bischöfe habe er in Versuchung geführt, weshalb sie ihn geweiht hätten. Zu guter Letzt sei er so voll Hochmut gewesen und habe sich so überhoben, daß er sich den Jüngern Christi gleichgestellt hätte.

Wie ein Bruchstück aus einem Schreiben Aldeberts überzeugt, das der römischen Kirchenversammlung vorgelegen hatte, war er von niederer Herkunft. Nach seiner Meinung hatte ihn Gottes Gnade schon vor seiner Geburt ausgezeichnet: im Mutterleibe sei ihm ein Gesicht zuteil geworden, das ihm Heil kündete. Weiter behauptete Aldebert, ein Engel Gottes hätte ihm aus fernen Gegenden der Welt wundertätige heilige Reliquien gebracht, weshalb Gott ihm jede Bitte gewähren würde. Außerdem verfüge er über ein Schreiben von Jesus Christus selber, das in Jerusalem vom Himmel gefallen und vom Erzengel Michael gefunden worden wäre. Der Inhalt des Briefes und Aldeberts Schreiben werden in den Aufzeichnungen der römischen Kirchenversammlung nur in Auszügen wiedergegeben. Die Kapellen, deren Bau Aldebert befohlen hatte, waren ihm selber geweiht; auch wurden ihm Gebete von einer Unmenge Menschen dargebracht, die den anderen Bischöfen mit Verachtung begegneten und den bestehenden Kirchen den Rücken gekehrt hatten. Die Leute beteten ihn mit den Worten an: „Aldeberts Verdienste werden uns helfen.“ So weit ging die Verehrung, daß Aldeberts Nägel und Haare als Heiligtümer verteilt wurden, als ob es Reliquien des Apostels Petrus wären. Die Menschen warfen sich vor ihm nieder und waren bereit, ihre Sünden zu bekennen, doch, wie bemerkt, hielt er die Beichte für überflüssig: „Ich weiß um alle eure Sünden", sagte er, „denn eure Geheimnisse sind mir bekannt. Es bedarf keiner Beichte, doch sind euch eure früheren Sünden vergeben. Kehrt in Frieden und beruhigt in eure Häuser zurück."

Auf der Kirchenversammlung wurde auch ein Gebet verlesen, das Aldebert verfaßt hatte; neben leidenschaftlichen Wendungen, die sich an Gottvater und Jesus Christus richteten, fand sich darin eine Beschwörung der Engel Uriel, Raguel, Tubuel, Michael, Adinus, Tubuas, Sabaoc, Simiel. Als dieses Gebet den versammelten Bischöfen und Priestern kundgemacht wurde, forderten sie, es dem Feuer zu übergeben, weil es gotteslästerlich wäre, denn die Namen der Engel, die Aldebert angerufen hatte, wären in Wirklichkeit Namen von Teufeln, nur Michael nicht. Kenne doch die Kirche lediglich drei Engel bei Namen: Michael, Gabriel und Raphael. Die Anrufung des Bösen bildete die vornehmste Grundlage für die Verurteilung Aldeberts durch die römische Versammlung. Der Papst und die Bischöfe erklärten ihn für einen „Wahnsinnigen" und Unzurechnungsfähigen. Er wurde seiner Würde entkleidet, zur Kirchenbuße verurteilt, und ihm wurde gedroht, daß er, wenn er in seinen Sünden und Irrtümern verharren und das Volk weiter irreleiten wollte, aus der Kirche ausgeschlossen würde. Die von ihm errichteten Kreuze wurden dem Feuer überliefert.

In den Jahren des Kampfes gegen ihn und weitere „falsos sacerdotes et hypochritas" von seiner Art hatte Bonifatius an den Bischof von Winchester geschrieben: „Nicht bewässern sie, was wir gesät haben, damit es wachse, sondern sie strengen sich an, es zu vertilgen und zu verderben, indem sie neue Sekten bilden und das Volk in Irrtümer aller Art versenken." Daß Aldebert und Clemens auch nach der Verurteilung in ihren „Irrtümern" verharrten, ist kaum zu erklären, wenn man nicht annimmt, daß sie weiterhin Anhänger fanden. Weil er Aldebert in ein Kloster gesperrt hatte, sah sich Bonifatius nach eigenen Angaben Angriffen ausgesetzt. Er beklagte sich beim Papst, daß die Lehre der Kirche Verluste erlitte und er selber Verfolgungen und Schmähungen durch viele ihm feindlich gesinnte Leute ausgesetzt wäre, die in Aldebert einen „hochheiligen Apostel", „Schützer, Fürsprecher" und „Wundertäter" sähen. [. . .]

Weil der selbsternannte Heilige gezwungen war, den Beweis zu führen, daß er am Übernatürlichen Anteil hatte, indem er sich sozusagen über den Kopf der Kirche hinweg an die Gefühle der erregt nach Wundern dürstenden Masse wandte, mußte er sich unweigerlich der Mittel bedienen, die von der Kirche verboten waren. Oben war bereits von Magie und Hexenkünsten die Rede. Vor ihnen schreckten die falschen Gottesboten des 6. Jahrhunderts offenbar nicht zurück, wie Gregor von Tours geschildert hat. Hinweise auf Zauberkünste lassen sich wohl auch aus den Verhandlungen gegen Aldebert schöpfen. Abgesehen davon, daß er an seine Anhänger seine Nägel und Haare verteilte, die Heilkraft haben sollten, pflegte sich Aldebert in seinem Gebet mit Beschwörungen an acht Engel zu wenden, von denen nach Ansicht der Kirche sieben den Teufeln zuzurechnen waren. Aldebert selber hat vielleicht nicht so genau zwischen den Engeln des Herrn und gefallenen Engeln unterschieden. Sonst hätte er sich der Sünden der Abgötterei und der schwarzen Magie schuldig gemacht.

Der Spruch der römischen Kirchenversammlung läßt auch bei dem zweiten Verurteilten dessen Unklarheit über den unüberbrückbaren Gegensatz zwischen dem christlichen Glauben und dem Götzendienst erkennen, denn Clemens hatte gelehrt, Christus habe alle Insassen der Hölle befreit: laudatores Dei simul et cultores idolorum.

Der andere Zug, die Kirchenfeindlichkeit, ist in Aldeberts Verhalten deutlicher zu verfolgen. Die Anklage gegen ihn lautete, er habe das Volk vom Besuch der alten Kirchen abgehalten, die Bischöfe mißachtet und seinen Anhängern geboten, bei den von ihm errichteten Kreuzen und an neuen, ihm selbst geweihten Kapellen zu beten. Die auf diese Weise entstandene Gefahr, einen Teil der Herde zu verlieren, und – noch schlimmer – die von dem Seher ausgehende Aufregung dienten als Grundlage, Aldebert der Ketzerei, der Kirchenspaltung und anderer Todsünden schuldig zu sprechen. Jedoch verdient folgendes in diesem Zusammenhang besondere Aufmerksamkeit. Bonifatius beschwerte sich, daß Aldebert seine Kapellen und Kreuze auf Feldern, Wiesen und an Quellen errichtete. In einem Brief, den der Papst Zacharias drei Jahre nach der römischen Kirchenversammlung an Bonifatius richtete, wurden wiederum Priester angezeigt, die zwar nicht namentlich genannt werden, die aber „die ihnen zugetanen Leute sammeln und ihren trügerischen Gottesdienst nicht in einer katholischen Kirche begehen, sondern auf ländlichen Plätzen oder in Bauernhütten, wo ihre törichte Dummheit sich vor den Bischöfen verbergen kann und sie den Heiden nicht den katholischen Glauben verkünden, den sie nicht einmal selber haben".

Vielleicht hob der Papst nicht ohne Grund hervor, daß die falschen Priester in den Wäldern oder bäuerlichen Siedlungen am ehesten der Aufsicht der Bischöfe entgingen. Aldebert jedoch hatte nach allem, was wir wissen, keineswegs die Absicht, sich von irgend jemanden zu verbergen, sondern versammelte seine Schar auf offenen Plätzen. Gerade auf Hügeln und Feldern, an Quellen und Bächen kamen nach alter Gewohnheit die Anwohner zusammen, um ihre Feiern zu halten. Dort brachten sie Opfer dar, sangen und tanzten sie und übten ihre heidnischen Bräuche. Die staatliche Gesetzgebung und die kirchlichen Vorschriften, die Predigten und die Bußbücher erregten sich immer wieder über diese unrechten Gewohnheiten, prangerten sie an und verboten sie, indem sie den Übeltätern fürchterliche Strafen in dieser wie in jener Welt androhten. Im „Verzeichnis der abergläubischen Bräuche und heidnischen Vorstellungen", das gerade im 8. Jahrhundert zusammengestellt wurde (möglicherweise von einem englischen Glaubensboten in Sachsen) und eine kurze Zusammenfassung von Entäußerungen des Heidentums bildete, die der Kirche gefährlich erschienen, wurden neben anderen verbotenen Dingen Opfer im Walde und auf Felsen genannt. Die „Predigt über Gotteslästerungen“, die anscheinend auch ins 8. Jahrhundert gehört, warnt die Gemeinden vor der Rückkehr zu den alten heidnischen Opfern in Hainen, unter Bäumen, auf Felsen und an ähnlichen Plätzen. Die Verehrung der Naturkräfte war ein Ausdruck der weltanschaulichen Eigenart der Bevölkerung des damaligen Europa und erwies sich als außerordentlich zählebig, sowohl zu der Zeit der Christianisierung als auch während des eigentlich christlichen Zeitalters. [...]

Die selbsternannten Heiligen boten dem Volk also eine Religion, die eine merkwürdige Mischung aus Christlichem und Heidnischem bildete. Offenbar war eine solche absonderliche Vermengung eher nach dem Herzen früherer Heiden als die strenge Kirchlichkeit. Während der Papst „die Volksverführer, Landstreicher, Ehebrecher, Mörder, Gotteslästerer“ entlarvte, „die im Gewand von Priestern und Bischöfen auftraten“, klagte er, daß die Zahl der falschen Priester viel größer wäre als die der katholischen. Das ist doch eine Übertreibung? Ohne Zweifel und gewiß eine beträchtliche. Aber sie bringt zugleich die Beunruhigung zum Ausdruck, die die eigenwilligen Heiligen dem Oberhaupt der Kirche nicht ohne Grund einflößten, indem sie auf einen Teil der Bevölkerung des Frankenreichs Einfluß übten.

Ian Wood

Willibalds *vita Bonifatii*

Es ist durchaus möglich, daß es Bonifatius war, der Pippin 751/52 zum König salbte. Jedenfalls wurde seine Rolle in der Reform der fränkischen Kirche in den 40er Jahren des 8. Jahrhunderts immer wichtiger. [...] Aber eigentlich war

Bonifatius nicht auf den Kontinent gekommen, um an der Reorganisation kirchlicher Strukturen zu arbeiten, sondern um die Länder östlich des Rheins zu christianisieren, und während einer Missionsreise wurde er auch 754 in Friesland ermordet. Dementsprechend entschloß sich Willibald, sein erster Biograph, Bonifatius vor allem in seiner Rolle als Missionar Frieslands, Germaniens und Bayerns darzustellen. Zwar ist Willibalds Erzählung nicht der einzige Text über die Geschichte der Kirche am Rhein und an der Donau in der ersten Hälfte des achten Jahrhunderts, doch gemeinsam mit einer Sammlung von Briefen, die die Arbeit des Bonifatius und seines Schülers Lull darstellt, scheint man ihr mehr Glauben als anderen Quellen geschenkt zu haben. [...]

Willibalds meisterhafte Erzählung, vor allem seine dramatische Darstellung des Martyriums und die Überlieferung zahlloser Briefe des Heiligen und seines Schülers Lull, haben dafür gesorgt, daß Bonifatius als die zentrale Figur der Christianisierung der Gebiete östlich des Rheins gesehen wird. Verfaßt wurde die Vita sicherlich bald nach dem Tod des Heiligen. Sie ist neben Bischof Lull von Mainz auch noch einem gewissen *episcopus* Megingoz gewidmet, der in der Zeit von 763 bis 769 als Bischof von Würzburg bezeugt ist. [...] Allerdings sollte man nicht vergessen, auf die Probleme hinzuweisen, die mit einer Interpretation der Vita Bonifatii verbunden sind. Vieles in der Geschichte bleibt unklar und eine präzise Chronologie der Ereignisse fehlt eigentlich. Manchmal könnte Willibald dabei aber durchaus absichtlich ungenau gewesen sein. So betonen etwa andere Quellen die große Bedeutung, die das Kloster Fulda für Bonifatius hatte, das nicht nur seine Gründung war, sondern auch der Ort, an dem er begraben werden wollte, was auch tatsächlich geschah. Willibald erwähnt Fulda nur viermal, zweimal davon nur indirekt. Der letzte Hinweis auf Fulda ist derart vage, daß ein flüchtiger Leser glauben könnte, Bonifatius wäre in Mainz begraben worden. Wenn man bedenkt, daß die Vita vor allem Lull, dem Bischof von Mainz, gewidmet wurde, und daß die Beziehungen zwischen Mainz und Fulda nicht immer die besten waren, so scheint es möglich, daß Willibald die Bedeutung des Klosters in seiner Geschichte bewußt vernachlässigte.

Arbeo von Freising und die bayrische Kirche

Aber es gibt noch einige weitere Gründe, den Bericht Willibalds über die Arbeit des Bonifatius in Frage zu stellen. Um 769 schrieb der Bischof von Freising, Arbeo, eine Vita des bayrischen Heiligen Corbinian. [...] Und 772 verfaßte er eine zweite Vita: das Leben Emmerams, wiederum eines bayrischen Heiligen, der im siebenten Jahrhundert in Regensburg als Märtyrer gestorben war. [...] Den beiden hagiographischen Arbeiten Arbeos wurde von Vertretern der deutschen Kirchengeschichte nicht derselbe Wert beigemessen wie der Vita Bonifatii des Willibald, trotzdem verweisen die beiden Heiligenleben darauf, daß es schon in den 60er und 70er Jahren des achten Jahrhunderts in bestimmten Gegenden alternative Ansichten über die Entwicklung und Organisation der Kirche gab. Aus der Vita des heiligen Emmeram ist klar ersichtlich, daß Arbeo und seine Zeitgenossen davon ausgingen, daß Bayern schon im siebenten Jahrhundert größtenteils christianisiert war, obwohl es sicherlich noch heidnische Praktiken gab und vieles andere, was von einem kirchlichen Standpunkt aus als unorthodox gelten mußte. In der Vita Corbiniani wird etwa über Hexerei oder unkanonische Ehen bei den Agilolfingern, der Herzogs-Dynastie Bayerns, berichtet. Ein ähnliches Bild des Christentums und gesellschaftlicher Praktiken von zweifelhafter Moral entwirft die im neunten Jahrhundert verfaßte Vita Kiliani. Über Kilian, einen irischen Missionar, der im siebenten Jahrhundert nach Bayern gekommen war, erzählte man, daß er sich in Würzburg niedergelassen hätte und daß es ihm gelungen wäre, den *dux* Gozbert und sein Volk zu bekehren, bevor er als Märtyrer sterben mußte, weil er Gozberts Heirat mit der Witwe seines Bruders kritisierte.

In der Vita Corbiniani dürfte Arbeo seinen Helden ganz bewußt als eine Figur nach dem Muster des Bonifatius entworfen haben. Wie Bonifatius geht Corbinian nach Rom, wo er von Gregor II. zum Bischof erhoben wird und das Pallium erhält. Ebenso scheint Arbeo, wenn er über die frühe Geschichte der Bistümer Regensburg und Freising erzählt, bemüht, die Bedeutung der Behauptungen Willibalds über die Einteilung Bayerns in vier Diözesen und die Einsetzung der Bischöfe Johannes in Salzburg und Erembert in Freising durch Bonifatius herunterzuspielen. Bedenkt man also, daß Arbeos hagiographische Arbeiten unmittelbar nach der Abfassung der Vita Bonifatii geschrieben wurden, liegt der Schluß nahe, daß sie auch als Polemik gegen Willibalds Darstellungen gedacht waren. Nicht nur in Freising, sondern auch in Salzburg hatte man seine eigenen Ansichten zu dem Thema. Die im neunten Jahrhundert in Salzburg zusammengestellte Geschichte der Bekehrung der Bayern und Karantanen *(Conversio Bagoariorum et Carantanorum)* beginnt ihren Bericht mit der Vita des heiligen Hrodbert/Rupert. Rupert war gegen Ende des siebenten Jahrhunderts offensichtlich wegen Schwierigkeiten mit den karolingischen Hausmeiern von Worms nach Salzburg übersiedelt. Es ist auffällig, daß die Verehrung Ruperts in Salzburg genau zu der Zeit einsetzt, als Arbeo seine Viten schrieb. Die Überführung der Reliquien Ruperts im Jahre 774 von Worms nach Salzburg scheint vom damaligen Salzburger Bischof Virgil, dem Arbeo die Vita Corbiniani widmete, veranlaßt worden zu sein, einem der „Helden“ der Conversio, und einem der großen Gegenspieler des Bonifatius in der 40er Jahren.

In Willibalds Erzählung bleibt vieles dunkel, was die Geschichte der Kirche Bayerns vor Bonifatius betrifft. So

„vergißt" er zum Beispiel zu erwähnen, daß es in Passau einen vom Papst geweihten Bischof auch schon vor der Organisation der Diözesen durch Bonifatius gab. Allerdings könnte es sein, daß Willibald hier eine radikalere Linie vertrat als Bonifatius und dessen Schüler selbst. So war etwa Erembert, der von Bonifatius eingesetzte Bischof von Freising, wahrscheinlich der Bruder Corbinians, und nach dem Bericht Arbeos war Bischof Garibald von Regensburg, der ebenfalls sein Amt durch Bonifatius erhielt, verantwortlich für die Überführung des heiligen Emmeram. Ebenso ließ Bischof Burghard von Würzburg, auch ein Wunschkandidat des Bonifatius, den Körper Kilians mit der Zustimmung des Papstes Zacharias und Bonifatius in seine Stadt bringen. Daß Willibald hier eine extremere Position als manche anderen vertrat, könnte zum Teil aus der politischen Situation zu erklären sein. Zwischen 725 und 740/41 scheinen die Agilolfinger die Autorität Karl Martells akzeptiert zu haben, und während dieser Zeit war es auch Bonifatius möglich, in Bayern zu arbeiten. In den unruhigeren Zeiten nach Karls Tod 741 haben die Agilolfinger in ihrer Kirchenpolitik auf andere Partner als die fränkische Kirche gesetzt, und Bonifatius wird in dieser Periode den bayrischen Fürsten wohl kaum besonders willkommen gewesen sein. [...] Der Konflikt zwischen Karolingern und den Agilolfingern wurde erst 788 mit der Absetzung des bayrischen Herzogs Tassilo III. beendet.

Heidentum, Häresie und Kirchenreform

Nach dem Bericht Willibalds beteten die Brüder Dettic und Deorulf, die in Hessen herrschten, als Bonifatius dort missionierte, Götzenbilder im Namen Christi an. Andere Hessen opferten Quellen und Bäumen, wie der berühmten Eiche von Geismar, oder betrieben „Wahrsagerei, Losdeuten und Zauberwahn". Über Thüringen zur Zeit Theotbalds und

Hedens, die in der Vita als Tyrannen dargestellt werden, behauptet Willibald, daß die christliche Religion dort vollständig ausgelöscht worden wäre und häretische Sekten großen Zulauf gefunden hätte. Heidnische Praktiken wie Naturkulte und Wahrsagerei sind uns auch in zahlreichen anderen Texten bezeugt, zum Beispiel in dem von Bonifatius verfaßten Verzeichnis der abergläubischen Bräuche und heidnischen Praktiken (*Indiculus superstitionum et paganiarum*). Das gilt allerdings nicht für die heidnischen Auffassungen von Dettic und Deorulf. Für diese Behauptung ist Willibald leider unsere einzige Quelle. Allerdings gibt es gute Gründe, sie zu bezweifeln. Heden, einer der beiden angeblichen thüringischen Tyrannen, von denen Willibald berichtet, daß sie ihr Land dem Heidentum preisgaben, unterstützte zum Beispiel Willibrord bei der Gründung des Klosters Echternach. Von ihm weiß man auch, daß er in einen Konflikt mit Karl Martell geriet, was die schlechte Presse, die er von Willibald erhielt, erklären könnte. Theotbald wiederum ist als Gründer einiger Kirchen in Hessen bezeugt.

Aber auch Bonifatius selbst übertrieb manchmal in seinem Eifer, häretische Praktiken aufzufinden und anzuklagen, wofür er sogar einmal von Papst Zacharias in einem Brief zurechtgewiesen wurde. Bonifatius hatte die Wiederholung der Taufe von Christen verlangt, die das Sakrament mit einer grammatisch unkorrekten Taufformel erhalten hatten. Virgil von Salzburg und Sidonius, der spätere Bischof von Passau, verweigerten den Befehl, rekurrierten nach Rom und behielten Recht. Zacharias sandte seinem Legaten eine ausführliche Belehrung über die Ungesetzlichkeit des Auftrags, der eine unkanonische Wiedertaufe bedeutet hätte. Den Papst selbst brachte Bonifatius in Verlegenheit, als er das seiner Ansicht nach heidnische Treiben um die Neujahrsfeiern in Rom kritisierte. Mit anderen Worten: Bonifatius hatte strengere Ansichten als viele seiner Zeitgenossen, und daraus kann man folgern, daß Bonifatius und seine engsten Mitarbeiter auch ein rigoroseres Konzept von Evangelisierung hatten als andere Missionare.

Trotzdem scheint Bonifatius die unorthodoxen Formen des Christentums in Hessen, Thüringen und Bayern mit dem Heidentum der Sachsen und Friesen nicht verwechselt zu haben. Nur wenige seiner Briefe beschäftigen sich mit der Bekehrung von Heiden. Eines der wichtigsten Stücke der Briefsammlung, die Ratschläge Daniels von Winchester über die Bekehrung der Heiden, stammt aus einer sehr frühen Zeit der Karriere des Bonifatius auf dem Festland. Den Brief, in dem Bonifatius seine Freunde in England bittet, durch Gebete die Christianisierung der Sachsen zu unterstützen, schrieb er 738. In diesem Jahr fügte Karl Martell den Sachsen eine vernichtende Niederlage zu, was erklären könnte, warum Bonifatius nun eine Mission für möglich hielt. Der größte Teil der Korrespondenz ist aber mit der Organisation, den Regeln und den religiösen Ausdrucksformen der Kirche befaßt. Daher erklärt sich auch die Bedeutung, die man dem Bau bzw. der Wiedererrichtung von Kirchen und Kapellen, aber auch der Gründung von Klöstern beimaß. Wie wichtig solche lokalen Kloster- und Kirchengründungen waren, kommt auch in der Bekehrungsgeschichte der Bayern, der *Conversio Bogoagiorum et Carantanorum,* deutlich zum Ausdruck. Um einen Abfall vom Christentum oder ein Abgleiten in häretische Formen des Glaubens in diesen Gebieten zu verhindern, mußten die Gründungen und der sie betreuende Klerus allerdings unter ständiger Kontrolle stehen. Es war also notwendig, diese lokalen Stationen im Rahmen einer Bistumsorganisation bischöflicher Autorität zu unterstellen. Somit war Missionsarbeit immer auch mit den Aufgaben einer Kirchenreform verbunden.

„Kaiser Karl, mit Recht von allen Völkern der Große genannt“ (768–814)

Elsbet Orth

Die Kaiserkrönung Karls des Großen

Am 25. Dezember des Jahres 800 wurde Karl der Große zum Kaiser gekrönt. Sein Kaisertum war neu, im Frankenreich noch ohne Vorbild, von Herkommen und Recht nicht legitimiert. Zeitgenossen und Nachwelt nahmen dennoch nicht Anstoß an diesem Krönungsfest und an der neu eingeführten Würde. Denn längst schon ragte Karl der Große unter den christlichen Herrschern des Westens als der mächtigste hervor. Und zu Recht stellte der Geschichtsschreiber Notker der Stammler etwa 100 Jahre nach dem Ereignis fest, der Sache nach sei Karl ja bereits Lenker und Kaiser vieler Nationen gewesen, durch die Kaiserkrönung habe er also nur den Namen zur Sache hinzugewonnen. [...]

Gemäß liturgischer Vorschrift zelebrierte Leo III. die Weihnachtsmesse in der Peterskirche, wo zuvor wochenlang über seine Verfehlungen beraten worden war und wo er gerade eben erst seinen Reinigungseid hatte ablegen müssen. Freiwillig hätte er die Kirche wohl kaum zur Feier der Krönung gewählt, hingegen dürfte gerade dieser Schauplatz den Wünschen Karls des Großen genau entsprochen haben. Den fränkischen König und überhaupt die Franken verband nämlich mit dem Apostelfürsten und seiner Grabeskirche besonders hohe Verehrung. Um so mehr mußte es auffallen, daß Karl der Große an diesem hochbedeutenden Tag sich nicht fränkisch kleidete, wie es seine Gewohnheit war. Er erschien in der Kirche nicht im knielangen Gewand mit kurzem, *cape*-ähnlichem Überwurf, sondern in römischer Tracht, in der fußlangen Tunica, darüber die *chlamys,* den hellenistisch-römischen Mantel; dazu trug er Schnürsandalen. Diese *campagi* gehörten in Byzanz zur Bekleidung von Militär und Beamten und – purpurfarben und prunkvoll verziert – zum Ornat des oströmischen Kaisers. Ausgerechnet am Tag seiner Kaiserkrönung entschied Karl der Große sich also dafür, nicht als König der Franken, sondern als Römer vor die Öffentlichkeit zu treten. Sicherlich betonte er mit dieser Geste seine Beziehung zur Ewigen Stadt, deren Bewohner als Zeugen seiner Erhebung der Kaiserkrönung öffentlich zustimmen sollten. Aber seine Entscheidung hatte auch und vor allem einen handgreiflich politischen Sinn und Zweck: Nach eindeutigem Quellenzeugnis legte Karl der Große mit der Übernahme der Kaiserwürde den Ehrentitel ‚Patrizius der Römer' ab. Er könnte dies für alle sichtbar getan haben, indem er in der Kirche den römischen Mantel abstreifte, vielleicht gleich zu Beginn des Meßgottesdienstes, spätestens aber, als ihm Papst Leo im Verlauf der Krönung den in Byzanz gebräuchlichen purpurfarbenen Kaisermantel umlegte. Karl dürfte also als ‚Patrizius der Römer' die Kirche betreten haben, die er als Kaiser verließ.

Über die Ereignisse dieses Tages haben zwei Augenzeugen berichtet, beide in amtlichem Auftrag: der Biograph Papst Leos III. und der Hofgeschichtsschreiber des fränkischen Reichs. Nach ihrer genauen, wenn auch nicht allzu ausführlichen Schilderung eröffnete Papst Leo die Feierlichkeiten mit dem Meßgottesdienst zum Weihnachtsfest. In dessen Verlauf kniete Karl der Große vor der Confessio Sancti Petri, dem Altar über dem Grab des Apostels. Als er sich vom Gebet erhob, nahm Papst Leo eine erlesen kostbare Krone von diesem Altar und setzte sie dem Herrscher aufs Haupt. Wahrscheinlich salbte er ihn auch mit heiligem Öl, jedenfalls sprach er das bei der Salbung übliche Weihegebet. Den König bei seiner Erhebung, aber auch bei späteren feierlichen Anlässen zu *salben,* ihn durch diese sakramentale Weihe aus dem Laienstand herauszuheben, war ein fränkischer, genauer: ein karolingischer Brauch, den man in Byzanz nicht übte. Wohl nach dem Vorbild der alttestamentarischen Könige hatte Pippin die Salbung eingeführt, zusammen mit dem Gedanken des Gottesgnadentums, um sein usurpiertes Königtum theoretisch und zeremoniell zu begründen. Eine *Krone* hatte Pippin hingegen noch nicht getragen. Mit diesem seit Konstantin dem Großen wichtigsten Herrschaftszeichen der europäischen Monarchen schmückte sich im fränkischen Reich zuerst Karl der Große in seiner Königszeit, ohne aber je förmlich zum König gekrönt worden zu sein. Nur *eine* Königskrönung hatte es vor dem Jahr 800 in seinem Reich gegeben, die seiner beiden jüngeren Söhne im Jahr 781.

Zur Salbung und Krönung kam an Weihnachten des Jahres 800 noch die *Akklamation* als drittes zeremonielles Element hinzu; mit dem Ruf: „Karl, dem gottesfürchtigen, dem erhabenen, dem von Gott gekrönten, großen und friedenbringenden Kaiser Leben und Sieg?" stimmten alle in der Kirche Anwesenden dem Erhebungsakt zu. Erst an dieser Stelle des Fests, nach vollzogener Krönung, scheint der Kaisertitel zum ersten Mal ausgesprochen worden zu sein. Das heißt, die Verleihung der Würde ging der Erteilung des Titels voraus, der Name kündigte nicht die Sache an, sondern folgte ihr nach: Die Stellung der Akklamation in diesem Krönungszeremoniell ist ungewöhnlich. Sie weicht vom sonst nachgeahmten oströmischen Vorbild ab. In Byzanz vertrat die öffentliche Akklamation den Wahlakt und ging deshalb der Krönung zeitlich und an anderem Ort voraus. Indem Papst Leo die Reihenfolge änderte, steigerte er die Bedeutung der Krönung und damit seiner eigenen Mitwirkung; der Akklamation nahm er den konstitutiven Charakter, in dieser Abfolge war sie nicht mehr als eine „bestätigende Ovation".

Der *weltlichen* Akklamation folgte die *kirchliche* in Form eines kunstvollen, von Klerikern und einem Chor im Wechsel vorgetragenen Gesangs. In den Quellen trägt diese kirchliche Akklamation den Namen *Laudes,* genau wie die Lobgesänge, die beim *Adventus*-Fest für den hohen Gast gesungen wurden. Nach ihrem Inhalt sind beide *Laudes*-Arten allerdings verschieden. Die Gemeinsamkeit beschränkt sich auf den emphatischen, hymnischen Charakter der Herrscherverherrlichung. [...]

Als irdischen Stellvertreter Christi stellen die *Laudes* den Herrscher heraus. Er ist deshalb immer mitgemeint, seine Tugenden sind immer mitbeschworen und aufgerufen bei jeder Lobpreisung Christi; und als gottgefällig und von den Untertanen ersehnt wird eine im wesentlichen militärisch erfolgreiche Herrschaft besungen. Bitten um Erhörung, wie sie für Litaneien typisch sind, und Glückwünsche für den Kaiser beschlossen die kirchliche Akklamation und auch den Vorgang der Kaiserkrönung. Dem Gekrönten huldigte der Papst in Formen, die bei den byzantinischen Kaisern gebräuchlich waren, wahrscheinlich fiel er ihm zu Füßen. Niemals wieder in der jahrhundertelangen Geschichte des abendländischen Kaisertums nahm ein Papst vor dem weltlichen Herrscher eine derart demütigende Haltung ein. [...]

Die Ansicht, Karls des Großen Rangerhöhung sei allein von Papst Leo ausgegangen, konnte sich auch deshalb so lange halten, weil diese Kaiserkrönung dem Papsttum auf lange hin die bedeutendsten Vorteile brachte. Am Weihnachtstag des Jahres 800 lösten die Päpste sich endgültig und förmlich vom byzantinischen Kaiser. Faktisch war dies schon vor Jahrzehnten geschehen. Hinfort beanspruchten sie mit Nachdruck Schutz vom fränkischen, später vom deutschen Kaiser. Vor allem aber erlangten die Päpste immer wieder neu die kaiserliche Anerkennung ihrer Gebietsansprüche auf den späteren Kirchenstaat und auf Rom.

Schon zur Zeit Leos III. suchte man in Rom, das Verfügungsrecht über das Kaisertum auf Dauer dem Papsttum zu sichern. Nach altrömischem Muster charakterisierte man dort die Kaiserkrönung als einen Erhebungsakt, den der

Papst und die Römer ausschließlich aus eigener Vollmacht vollzögen. Den Gekrönten beschränkte diese Deutung auf eine rein passive Rolle, und für einen etwaigen Anspruch auf Krönung ließ diese Argumentation keinen Raum. Diese päpstliche Rechtskonstruktion wies Karl der Große zurück, indem er sie überbot und seine Würde nicht von menschlichen Entscheidungen und Handlungen herleitete, sondern von Gottes Eingreifen. Eine bildkräftige Umschreibung für sein Gottesgnadentum übernahm er aus der Titulatur der byzantinischen Herrscher. Er sagte von sich, er sei „von Gott gekrönt", *„a Deo coronatus"*. Die Formel fügte Karl der Große auch in den Kaisertitel ein, den er seit dem Jahr 801 in Urkunden führte. Vollständig lautete der Titel: „Karl, der allergnädigste, erhabene, von Gott gekrönte, große und friedenbringende Kaiser, der das Römische Reich regiert und der auch durch das Erbarmen Gottes König der Franken und der Langobarden ist." Der Titel verbindet das Hergebrachte mit dem Neuen, das Königtum über Volksstämme mit dem Kaisertum über das ganze Herrschaftsgebiet, dessen Einheit durch den Namen konstituiert wird. Dieses gewaltige, fast den ganzen europäischen Kontinent umfassende Reich nennt Karl der Große ‚Imperium Romanum'. Mit der Benennung rückt er sein Reich in die altrömische Tradition und stellt es dem byzantinischen gleichrangig an die Seite. Karl wollte also im Westen kein neuartiges Kaisertum errichten, sondern eines, das dem byzantinischen genau entsprach. Auch aus dem Zeremoniell des Krönungsfestes spricht diese Absicht. Zahlreich und exakt sind in dieses Zeremoniell oströmische Repräsentationsformen und -formeln übernommen, unter ihnen die wichtigsten oströmischen Herrschaftszeichen wie Krone und Kaisermantel. Mittels dieser Zitate hebt Karl der Große sein Kaisertum ganz unmißverständlich auf die Stufe des oströmischen Vorbilds. [. . .]

Wie über Karls Einstellung zu Byzanz so gibt das Krönungszeremoniell auch Auskunft über seine Kaiseridee:

Schon Jahre vor der Krönung wurde das Reich Karls des Großen und seine Herrschaft als ein ‚Imperium Christianum', ein christliches Kaisertum gerühmt. Der Herrscher selber betrachtete es als seine Aufgabe, wie ein neuer Konstantin für die Kirche zu wirken, die Christenheit nach außen zu schützen und für die Reinerhaltung des Glaubens Sorge zu tragen, über die Grenzen seines Reiches hinweg Vorkämpfer und Anführer des gesamten *populus christianus* zu sein. In der Krönungsfeier waren diese Gedanken vor allem in den liturgischen Herrscher-*Laudes* präsent.

Mit dem Wortlaut der weltlichen Akklamation erinnert das Zeremoniell an einen anderen Wesenszug der karolingischen Kaiseridee: Am Weihnachtstag des Jahres 800 akklamierte man dem gerade gekrönten Imperator und Augustus, nicht aber, wie man hätte erwarten können, dem Imperator Romanus oder Imperator Romanorum. Römisch sollte die neue Würde also nicht sein und nicht an die Stadt Rom gebunden. Als Sitz und Sinnbild des karolingischen Imperiums feierte man vielmehr ein neues Rom: die eben damals erbaute Aachener Pfalz. In der bewußten Abwendung von Rom trug Karls ‚Aachener Kaisertum' eigenständig fränkische Züge.

Kaiser und Reich sind längst ferne, unwirkliche Vergangenheit. Dennoch sind wir mit dem Ereignis vom Weihnachtstag des Jahres 800 noch immer lebendig verbunden: Durch sein Kaisertum hat Karl der Große die abendländische westliche Welt zum ersten Mal geeint. Politisch war seinem gewaltigen Reich keine Dauer beschieden, schon nach wenigen Jahren zerfiel es auf immer. Aber die im Jahr 800 begründete oder damals zuerst ins Bewußtsein getretene Einheit der lateinischen Christenheit überlebte in schwankendem Ausmaß und unterschiedlicher Ausprägung auf kulturellem und geistigem Gebiet, auch hinsichtlich der Lebensformen und im Wandel der Grundsätze politischer Organisation. Übernational gemeinsam erinnerter Bezugspunkt dieser abendländischen Einheit blieb der Name des ersten mittelalterlichen Kaisers. In diesem Sinn ist Karl der Große noch heute, als was ihn ein Panegyriker zur Zeit seiner Kaiserkrönung gerühmt hat: *pater Europae* – der Vater Europas.

Andreas Kraus

Herzog Tassilos Glück und Ende

748 starb Herzog Odilo, die Nachfolge trat sein siebenjähriger Sohn Tassilo an, die Vormundschaft führte seine Mutter Hiltrud, die Schwester Pippins. Noch im gleichen Jahr bemächtigte sich der Halbbruder Hiltruds, Grifo, der Sohn Karl Martells und der Agilolfingerin Swanahild, die Karl Martell 725 aus Bayern mitgenommen und zu seiner Gemahlin gemacht hatte, seines jungen Neffen und regierte selbst in Bayern, um von hier aus seinen Halbbrüdern die Herrschaft im ganzen Reich streitig zu machen. Er fand tatsächlich auch in Bayern Unterstützung, floh aber dann außer Landes, als Pippin erneut mit einem starken Heer heranrückte.

754 starb Hiltrud, Pippin übernahm jetzt auch die Vormundschaft über seinen Neffen Tassilo, der offenbar die nächsten Jahre am Hofe Pippins oder im Feldlager zubrachte; wer Bayern regierte, wissen wir nicht. 757 zu Compiègne schwor Tassilo dem Frankenkönig einen Eid, der vielfach als Lehenseid gedeutet wurde, in dem Classen aber einen bloßen Treueid sieht, wie er Freunden und Verbündeten geleistet wird, der aber nicht die Pflichten eines Lehensmannes begründet hat. Gleichzeitig wurde Tassilo für mündig erklärt. Wenige Jahre später, 763, verließ er eigenmächtig im aquitanischen Feldzug das Heer der Franken und schwur zornig, seinen Onkel nie wieder sehen zu wol-

len. Sein Selbstgefühl gestattete es nicht, wie ein Vasall behandelt zu werden.

Der Augenblick für den Versuch, sich der fränkischen Oberhoheit zu entziehen, war gut gewählt. Der Krieg mit Aquitanien dauerte noch Jahre, Pippin war bis zu seinem Tode 768 nicht mehr in der Lage, Bayern unter die fränkische Herrschaft zurückzuzwingen. Als er kurz vor seinem Tode sein Reich teilte, blieb das Land Bayern unerwähnt. Von jetzt an regierte der bayerische Herzog, wie es seine Vorfahren getan hatten, in uneingeschränkter Selbständigkeit, unabhängig nach außen wie nach innen. Er nannte sich „vir illuster", wie sich auch die Merowinger nannten, kirchliche Quellen bezeichnen ihn als „princeps", wie die Hausmeier bezeichnet wurden. Seine Urkunden datierte er nach den eigenen Herrscherjahren, wie es die Könige der Franken taten. In den Quellen wird seine Herrschaft bezeichnet mit dem Wort für Königsherrschaft, „regnare", das Herzogtum heißt „regnum". Seine Herrschaft war tatsächlich königsgleich. Ein Schatten mochte auf dieses Hochgefühl der ersten Jahre fallen, es gab bayerische Adelige, die trotz der entschiedenen Haltung ihres Herzogs auch nach 763 deutliche Sympathien für Pippin bekundeten; ein Poapo, der zur Stifterfamilie von Scharnitz-Schlehdorf gehört und nach dem vielleicht das Poapintal benannt ist, ein Teil des Oberinntals, in dem er Besitz hatte, datierte 765 anläßlich einer Schenkung für Freising nur nach den Königsjahren Pippins, einige andere nennen neben ihrem Herzog auch den Frankenkönig, wieder andere schicken ihre Söhne ins Frankenreich zur Erziehung. Wie stark diese Gruppe war, muß offenbleiben; daß sich Pippin, als er Vormund Tassilos war, im Herzogtum seines Neffen Freunde geschaffen hatte, geht aus vielen Anzeichen hervor, Adelige als fränkische Lehensträger weiß man im Raum von Auxerre, es mögen mehr gewesen sein. Andere Zeichen adeliger Opposition gegen den Herzog treten jedoch in der ersten Phase der Regierungszeit Tassilos nicht in Erscheinung.

Der Herzog war dafür wohl auch zu mächtig. Das traditionelle Bündnis mit den Langobarden, deren Bündniswert freilich infolge ihrer Niederlage gegen Pippin stark gesunken war, lebte wieder auf und wurde bekräftigt durch die Heirat Tassilos mit Liutbirg, der Tochter des Königs Desiderius. Da 768 auch Karl, der Sohn und einer der Nachfolger Pippins, ein Ehebündnis mit den Langobarden geschlossen hatte, um seinen Bruder Karlmann, der den Süden des Reiches erhalten hatte, politisch auszumanövrieren, schien die bayerische Position durchaus abgesichert. 772 stand Tassilo auf dem Höhepunkt seiner Machtentfaltung. Er hatte damals die Karantanen besiegt, die nach dem Tode ihres mit den Bayern verbündeten Herzogs sich überall im Land gegen die bayerischen Missionare erhoben hatten, im gleichen Jahr war er in Rom in eine Art geistliche Verwandtschaft mit Papst Hadrian I. eingetreten, der den Herzogssohn Theodo taufte und salbte, wie 770 den Sohn Karlmanns, 781 den Sohn Karls des Großen. [...]

Die Tragödie begann 771, mit dem Tode Karlmanns, des Bruders Karls des Großen, der jetzt, obwohl die Söhne seines Bruders noch lebten, sein Herrschaftsgebiet übernahm, mit ihm auch die Gegnerschaft zu den Langobarden, seine langobardische Gemahlin verstieß und sich, noch 772, in Rom vom Papst zum Patricius Romanorum ernennen ließ. Im Jahr darauf begann der Feldzug gegen die Langobarden, der 774 damit endete, daß Karl der Große sich selbst die Eiserne Krone aufs Haupt setzte und fortan als König der Franken und Langobarden urkundete. Der bayerische Herzog, der keinen Finger gerührt hatte, um seinem Schwiegervater Desiderius zu helfen, war jetzt isoliert und um jede außenpolitische Bewegungsfreiheit gebracht. Seine Unabhängigkeit hing in Wirklichkeit nur noch von den Dispositionen des Frankenkönigs ab, dem es im Augenblick offenbar wichtiger war, Sarazenen und Sachsen zu bekämpfen als sich Bayerns zu bemächtigen, das ohnedies hilflos war. Das wurde 781 sehr deutlich, als es Karl dem Großen gelang, auch den Papst zur Frontstellung gegen den Bayernherzog zu bewegen; eine gemeinsame Gesandtschaft Hadrians I. und des Frankenkönigs erinnerte Tassilo an die Eide von Compiègne, und als der König den Herzog zur Teilnahme am Hoftag von Worms im gleichen Jahr aufforderte, gehorchte Tassilo, erneuerte den Eid und stellte zwölf Geiseln. Die nächsten Jahre vergingen nicht ohne Spannungen, wir hören von Kämpfen an der bayerischen Südgrenze mit fränkischen Befehlshabern, und es scheint, als habe Tassilo gesehen, daß sich der Ring um ihn zu schließen begann; 787 bat er den Papst um Vermittlung, doch Hadrian lehnte ab, erinnerte ihn an seinen Eid und drohte bei Eidbruch mit dem Bann. Wie es scheint, war damit vor allem eine lähmende Wirkung auf die bayerischen Gefolgsleute Tassilos verbunden, jedenfalls mußte er, als er einer neuerlichen Vorladung des Königs nach Worms nicht gefolgt und Karl mit drei Heeren konzentrisch herangerückt war, auf dem Lechfeld kampflos kapitulieren. Er übergab dem Sieger einen Stab als Zeichen für das Herzogtum, als Lehen erhielt er es noch einmal zurück – ohne daß recht verständlich wäre, warum der Herzog nicht schon jetzt abgesetzt wurde. Im Jahr darauf nämlich, 788, als er mit seiner Familie einer Vorladung nach Ingelheim gefolgt war, stellte ihn der König unter Anklage; verurteilt wurde er allerdings nicht auf Grund der Vorwürfe, die man zunächst gegen ihn erhob – Bündnis mit den Awaren und schlechte Behandlung der Vasallen des Königs –, sondern wegen eines Vergehens, das 25 Jahre zurücklag, der Entfernung aus dem Feldlager Pippins 763; der Vorgang wurde jetzt als Bruch des Lehenseides gedeutet und Tassilo zum Tode verurteilt, schließlich aber begnadigt und mitsamt der Familie ins Kloster gesteckt. Damit war die Dynastie der Agilolfinger beseitigt, ihre Anhänger in Bayern wurden ebenfalls verbannt, das Land fiel als Provinz an die Karolinger.

Mit dem Justizmord an Tassilo, der fallen mußte, weil Karl der Große niemanden in seinem Umkreis dulden konnte, wie Classen sagt, der „seine Herrschaft auf eigenes Recht und eigene Überlieferung gründete", war eine welthistorische Entscheidung säkularen Ausmaßes verbunden. Daß sie auch für Bayern positiv war, wird man schwerlich leugnen können; in der Tat hat nicht die Ungerechtigkeit des Vorgehens, sondern die Wirkung der Einbindung Bayerns ins Frankenreich die Beurteilung des Ereignisses von 788 in der bayerischen Historiographie bis zur Zeit der Aufklärung bestimmt. Ans Herzogtum der Agilolfinger, vor allem an den Glanz der Tassilo-Zeit, knüpfte das bayerische Selbstverständnis erst wieder mit Lorenz von Westenrieder an, in einer Zeit, die nicht zufällig auf das Ende des Alten Reiches zusteuerte.

Walter Pohl

Der Awarenkrieg

Der Awarenkrieg, den Karl 791 eröffnete, war in jeder Hinsicht eine große Inszenierung. Franken und Sachsen, Friesen, Thüringer, Bayern, ja sogar Slawen kamen im Sommer in Regensburg zusammen. In der Heeresversammlung wurden die Awaren feierlich der unerträglichen „militia" angeklagt und der Krieg beschlossen. Das Heer wurde nun geteilt; eine Abteilung zog unter dem Kommando des Comes Theoderich und des Kämmerers Meginfred am nördlichen Donauufer entlang, das Hauptheer hielt sich südlich des Stromes. Außerdem wurde eine Donauflotte aufgeboten, die vor allem mit Bayern bemannt war. Die Marschroute des Nordheeres war lange umstritten; denn auf der Rückkehr kehrten Sachsen und Friesen unter Meginfred und Theoderich angeblich über Böhmen heim. Viele Forscher dachten daher an einen Weg durch Südböhmen und dann den Kamp entlang. Doch kann in der damaligen Vorstellung ‚Böhmen' durchaus bis an die Donau gereicht haben. Noch schwerwiegender sind die beiden Freisinger Urkunden, die im Feldlager von Lorch ausgestellt wurden und in denen Meginfred als Zeuge genannt wird. Beide Heere dürften also soweit wie möglich der Donau gefolgt sein, wo sie mit der Flotte Kontakt halten konnten. Die Versorgung des für die Verhältnisse der Zeit riesigen Heeres erforderte eine solche Teilung; der Nachschub wurde vermutlich vor allem zu Wasser transportiert. Um das Heer verpflegen zu können, mußte man die Ernte abwarten, was den relativ späten Kriegsbeginn – „eo tempore quo solent reges ad bella procedere" – erklärt.

Anfang September schlug man bei Lorch an der Enns das Lager auf. Am Montag, dem 5. September, begann ein dreitägiges Fasten und Beten, begleitet von feierlichen Messen, um dem großen Unternehmen den himmlischen Segen zu sichern. Nähere Details berichtet ein Brief des Königs selbst, den er kurz darauf an seine Gemahlin Fastrada schickte. Die Priester, so schreibt der König, hätten den Wein- und Fleischgenuß untersagt, freilich diejenigen ausgenommen, die die „infirmitas" ihres Alters oder ihrer Jugend entschuldigte. Es war zudem gestattet, sich vom Weinverbot freizukaufen, die „potentiores" zum Preis von einem Solidus pro Tag, die Ärmeren „unusquisque secundum propriam bonam voluntatem vel iuxta possibilitatem", jeder nach dem eigenen guten Willen und gemäß seiner Möglichkeit. Leider ist nicht überliefert, wie viele Streiter sich die Erlaubnis zum Weingenuß etwas kosten ließen; Karl selbst war, wie Einhard erzählt, dem Fasten eher abgeneigt. Währenddessen mußte jeder Priester eine Messe lesen, die Kleriker Psalme singen und Litaneien beten. „Sic consideraverunt sacerdotes nostri", so hielten es unsere Priester für richtig. Das liturgische Spektakel verrät manches über die Glaubenswelt der Zeit. Vor Beginn des eigentlichen

Feldzuges vereinigte es noch einmal Kämpfer und Nichtkämpfer und sollte dadurch das Unternehmen beflügeln. [. . .]

Es dauerte nach den drei Fasttagen also noch mindestens zwei Wochen, ehe das Heer abmarschbereit war. Inzwischen wurde der erste Sieg aus dem Süden gemeldet. Dort hatte die „scara“, die Schar des jugendlichen Pippin, unter Führung des Duces von Istrien (vermutlich Johannes) und Friaul schon Mitte August die Grenze zu den „partes Avariae“ überschritten. An einer awarischen Befestigung kam es zur Schlacht, wobei das „uualum“ erobert wurde, viele Awaren getötet und hundertfünfzig von ihnen gefangen wurden. Nach dem Sieg zog man sich offensichtlich zurück. Der König dürfte in Lorch die Siegesmeldung aus Italien abgewartet haben, ehe er selbst aufbrach.

Auf Widerstand stießen die beiden Heere bei ihrem Marsch donauabwärts zunächst nicht. Erst tief im Awarenland traf man auf awarische Befestigungen. Das Heer des Meginfred eroberte und zerstörte eine Verschanzung am Kamp; südlich der Donau lag die awarische Grenzwehr erst am Wiener Wald, „iuxta Comagenos civitatem in monte Cumeoberg“. Auch hier floh die awarische Besatzung. Daß die Awaren sich überhaupt hinter Befestigungen verschanzten, mag für ein Reitervolk ungewöhnlich wirken, doch die Angaben der Quellen sind eindeutig. Sie zeigen, wie weit sich die Awarenkrieger sich schon von ‚nomadischer‘ Lebensweise entfernt hatten.

Hier, am „Chuneberg“, mußte der etwa dreizehnjährige Ludwig, der spätere Kaiser, umkehren, den der Vater für diesen Feldzug erstmals mit dem Schwert umgürtet hatte. Sein Eindruck dürfte nicht sehr vorteilhaft gewesen sein, denn er kam nicht mehr in diese Gegend. Ein anderer illustrer Gast verließ im „Hunnenhag“ am „Chunisberg“ das Frankenheer für immer, nämlich Angilram, Bischof von Metz, der hier am 26. Oktober, allerdings ohne Feindeinwirkung, verstarb. Der strapaziöse Feldzug kostete noch mehreren seiner Kollegen das Leben; auch sie waren allerdings nur indirekt Opfer der Awaren, da diese keinen Widerstand leisteten.

Jenseits des Wiener Waldes betrat das Heer Karls nicht nur awarisches Siedlungsgebiet, sondern auch das alte Pannonien. Ob der Grenzort Omundesthorf, den Salzburger Annalen nennen, hier lag oder anderswo, ist unsicher; denn im 9. Jahrhundert reicht die Avaria-Pannonia bis zur Enns. Vielleicht ist die Namensnennung ohnehin anachronistisch. Die Awaren ließen die fränkischen Heere in den leeren Raum vorstoßen, ohne Widerstand zu leisten; eine Strategie, die zwar wenig ruhmvoll, aber recht wirksam war. Es muß schon Mitte Oktober gewesen sein, als Karls Armee die Raab erreichte; an der Mündung des Flusses wurde für einige Tage ein Lager aufgeschlagen. Hier setzte nicht nur die fortgeschrittene Jahreszeit, sondern vor allem eine Seuche den Franken zu, die binnen kurzer Zeit einen großen Teil der Pferde hinwegraffte. König Karl beschloß nun, auf einem Umweg über das alte Savaria heimzukehren, während er dem Nordheer befahl, den Weg über ‚Böhmen' zu nehmen. Insgesamt verbrachte das Frankenheer 52 Tage im Feindesland, falls diese Zahl nicht eine Dublette ist. Doch muß die Angabe ungefähr stimmen; nimmt man den Abmarsch von Lorch kurz nach dem 20. September an, so ist die Rückkehr wohl auf Anfang bis Mitte November zu datieren.

Das konkrete Ergebnis des Feldzuges war mager; der entscheidende Schlag gegen die Awaren gelang nicht. Die Annalen berichten bloß von Verwüstungen, Plünderungen und den vielen Gefangenen, die man weggeschleppt hatte. Das wertete die karolingische Propaganda als Sieg, ja als Triumph. Tatsächlich hatten die Angreifer östlich des Wiener Waldes dicht besiedeltes Land erreicht; die Ausgrabungen im Wiener Becken und der kleinen ungarischen Tiefebene geben einen ungefähren Eindruck davon, was hier zu erbeuten war. Es handelte sich vor allem um kleinere Bauernsiedlungen; die awarischen Reiter und andere Krieger hatten sich wohl wie die Besatzungen der Schanzen an Kamp und Wiener Wald rechtzeitig davongemacht. Gold und Schätze wie im Ring gab es westlich der Raab vermutlich kaum zu erbeuten. Die Siegespreisungen der fränkischen Schreiber sind also sicherlich übertrieben. Zudem erfaßten die fränkischen Operationen nur einen kleinen Teil des Awarenreiches; „ex magna parte vastata", zum Großteil verwüstet, wie die Annales Mosellani feststellen, war das Awarenland nicht.

Auf der anderen Seite bestand der Erfolg gerade darin, daß zwei fränkische Heere ungestört „absque bello" wochenlang das Awarenreich verwüsten konnten, ohne daß sie jemand daran hindern konnte. Ein solches Ereignis mußte der Verfassung des Khaganates – in beiden Bedeutungen – einen nachhaltigen Schaden zufügen, die Glaubwürdigkeit der Herrscher beeinträchtigen. Die inneren Konflikte und Abspaltungen, die wenige Jahre später vermeldet werden, haben ihre Wurzeln nicht zuletzt in der Wehrlosigkeit, die Karls großangelegtes Unternehmen bloßgelegt hatte. Es ist deshalb nicht gerechtfertigt, den Zug von 791 als reinen Fehlschlag zu bezeichnen; daß einige Bischöfe und eine Menge Pferde im rauhen Awarenland umgekommen waren, heißt noch nicht, daß Karls Heer „desoliert" nach Regensburg zurückkam. Vermutlich blieb das Land bis zum Wiener Wald in fränkischer Hand. Daß die Entscheidung noch bevorstand, wußten auch die Franken, wie Karls intensive Rüstungen der folgenden Jahre beweisen. Doch mehr als je war er entschlossen, sie möglichst bald zu erzwingen.

Der Awarenkrieg blieb auf der Tagesordnung; unter anderem deswegen hielt sich Karl bis Ende 793 in Regensburg auf. Das Festhalten am ‚Heidenkrieg' und die großen Vorbereitungen dienten wohl auch der innenpolitischen Entlastung in einer unruhigen Zeit. Besonders die Möglichkeiten der Donauflotte sollten verbessert werden. „Auf Flußschiffen wurde eine Brücke errichtet, die mit Ankern und Seilen so verbunden war, daß man sie zusammensetzen und wieder auseinandernehmen konnte.“ Allen Comites wurde aufgetragen, für gute Brücken und Schiffe zu sorgen. Der schnellen Verlegung der ‚Donaumarine‘ sollte eines der ehrgeizigsten Projekte der Zeit dienen, nämlich der Bau eines Kanals zwischen Altmühl und Rednitz, um eine schiffbare Verbindung zwischen Donau und Rhein zu schaffen. Im Herbst 793 schlug der Kaiser sein Lager an der Baustelle auf; freilich mußte das Prestige-Projekt trotz großen Arbeitskräfte-Einsatzes schließlich aufgegeben werden und blieb den Landesvätern viel späterer Zeiten überlassen.

Karls ehrgeiziges Engagement im Südosten rief seine Gegner auf den Plan. Die eben erst unterworfenen Sachsen hofften auf einen awarischen Gegenschlag und forderten die Awaren durch Gesandte zum gemeinsamen Kampf auf. Im Juli 792 wurde eine fränkische Flottille auf der Elbe überfallen; 793 brach ein allgemeiner Aufstand los, dem sich auch Slawen und ein Teil der Friesen anschlossen. Selbst im fernen Spanien vertraute der Emir von Cordoba auf die Stärke der Awaren, die das Frankenheer im entlegenen Pannonien binden würde. Zudem brach im Herbst 792 noch ein unerquicklicher Familienzwist aus, als Karls ältester Sohn, der Bastard Pippin „der Bucklinge“ (nicht mit dem italischen König identisch), sich erhob; die Schuld an der peinlichen Affäre wurde der „crudelitas“ der Königin Fastrada zugeschrieben. Die vielen Schwierigkeiten erforderten von Jahr zu Jahr eine Aufschiebung des großen Awarenkrieges; 794 mußte man gegen Sachsen und Sarazenen kämpfen, und der Sachsenkrieg zog sich bis ins Jahr 795.

Die Hoffnung der Feinde Karls auf die awarische Großmacht trog. Der halbe Erfolg der Franken von 791, der ihre Gegner ermutigt hatte, wurde erst durch seine Nachwirkungen zum großen Sieg. Offensichtlich waren viele Awaren von der Überlegenheit der fränkischen Waffen überzeugt. Spannungen zwischen den Fürsten und alte Rivalitäten kamen nun, wo die Herrschenden durch ihre Wehrlosigkeit kompromittiert waren, zum Ausbruch. Wann die „intestina clades“, der Bürgerkrieg, von dem die Reichsannalen erst zu 796 berichten, ausbrach, wissen wir nicht. Die inneren Auseinandersetzungen erreichten ihren Höhepunkt im Jahr 795, als das Verhängnis offenbar wurde.

Noch während des Sachsenkrieges erschienen in Hliune an der Elbe, wo Karl sein Lager aufgeschlagen hatte, Gesandte des Tudun aus Pannonien. Sie boten dem König die Unterwerfung ihres Herrn mit Land und Leuten an. Der Tudun wünsche auch den christlichen Glauben anzunehmen. Er folgte damit einem alten Verhaltensmuster der Steppenreiter, die relativ schnell einen erfolglosen Herrscher verließen, um sich dem Sieger anzuschließen. Der starke Zusammenhalt, der die Awaren im Karpatenbecken immer ausgezeichnet hatte, war verloren; damit war das Schicksal des Khaganates besiegelt, bevor es eine entscheidende Niederlage erlitten hatte.

Noch im selben Jahr nützten die Franken die Schwächung des Gegners zu einem abenteuerlichen Handstreich. Die Idee dazu hatte wohl nicht der König, der eher in ‚imperialen‘ Dimensionen dachte, sondern vermutlich Erich, der Dux von Friaul. Vielleicht trug die Erfahrung mit dem schwerfälligen Riesenheer von 791 dazu bei, daß er auf eine schnelle Operation kleineren Maßstabs setzte. Er rüstete eine Schar aus, die ins awarische Reichszentrum vorstoßen sollte; Leiter des Kommandounternehmens war der Slawe Woynimir, der wohl mit den Gegebenheiten im Awarenreich besser vertraut war. Schnelligkeit und plötzliches Auftauchen waren immer die Trümpfe der Awaren gewesen: Nun wurden sie mit ihren eigenen Waffen geschlagen. Woynimirs Leute erreichten noch im Herbst 795 den ‚Ring‘ und erbeuteten einen Teil des sagenhaften Awarenschatzes. Erich selbst nahm an dem heiklen Unternehmen offensichtlich nicht teil. Die Spekulationen über die Stellung Woynimirs sind wenig fundiert; man sollte ihn weder als „Dux der Slawen an der Save“ noch gar als Kroatenfürsten hinstellen. Über die damaligen Verhältnisse in der ‚Avaria‘ östlich von Friaul wissen wir so gut wie nichts, außer daß hier bis 791 awarische Grenzwächter gestanden waren. Es ist durchaus möglich, daß Woynimir bei den Franken Karriere gemacht hatte; einem slawischen ‚Stammesfürsten‘ hätte Erich wahrscheinlich nicht so leicht seine Leute unterstellt, noch dazu, wo es um so eine wichtige Mission ging.

Großer Entscheidungen bedurfte es nun nicht mehr, im Jahr 796 fiel den Franken der Sieg ganz von selbst in den Schoß. Der Tudun erschien, wie versprochen, mit großem Gefolge bei Karl, leistete ein Treuversprechen und nahm die Taufe, worauf er reich beschenkt wurde. Karls Sohn Pippin und Dux Erich von Friaul wiederholten in diesem Jahr mit einem größeren Heer, in dem auch Bayern und Alamannen mitzogen, das Unternehmen Woynimirs. Der Zug glich mehr einer Staatsaktion als einer Kampfhandlung. Auf dem Vormarsch von Friaul an die Donau stieß man nicht auf Widerstand. Als die Franken an der Donau ihr Lager aufschlugen, erschien der neue Khagan, den man nach den Bürgerkriegen erhoben hatte. In seinem Gefolge waren seine Gemahlin, die Katun, Tarkhane und andere Würdenträger. Die Vorgeschichte seiner Unterwerfung schildert in dramatisierter Form das Preisgedicht auf König Pippin. Unguimeri, „Avarorum genere“, hält dem Khagan höhnisch vor, daß sein Reich vernichtet, seine Herrschaft beendet sei; ihm bleibe nur mehr die Unterwerfung. Daß der Khagan Pippin entgegenzog, um sich zu unterwerfen, bestätigen die Reichsannalen. Pippin schickte sofort Boten mit der guten Nachricht an den Vater, der mit seinem Heer in Sachsen stand.

Durch die Unterwerfung des Khagans fühlten sich offensichtlich nicht alle Awaren gebunden; ein Teil hatte sich über die Theiß zurückgezogen, um dort die weitere Entwicklung abzuwarten. Pippins Heer übersetzte nun die Donau und besetzte den verlassenen Ring, der noch einmal gründlich ausgeplündert und schließlich zerstört wurde. Von hier nahm er wiederum Kontakt mit Karl auf. Als vordringliche Aufgabe betrachtete man nun die Awarenmission. Die Kleriker, die das Heer begleitet hatten, hielten noch im Lager an der Donau unter der Leitung des Patriarchen Paulinus von Aquileia eine Konferenz über Missionsfragen ab. Das Protokoll enthält ausführliche Erörterungen über die Pflicht zur Heidenmission; aber auch konkrete Fragen, die durch die Bekehrung der „gens bruta et irrationabilis vel certe idiotae et sine litteris" aufgeworfen wurden. Auch der Salzburger Bischof Arn zählte vermutlich zu den Teilnehmern; Alkuin gab ihm in einem kurz nach Pfingsten 796 geschriebenen Brief einige beruhigende Ratschläge auf den Weg mit: „Die Heeresmacht, die mit dir geht, ist zu eurer Sicherheit und Verteidigung bestimmt [. . .] das (Awaren)-reich war lange stabil und mächtig. Doch stärker ist, wer es besiegt hat." Er mahnte auch, bei der Awarenmission nicht die in Sachsen gemachten Fehler zu wiederholen. Die Korrespondenz Alkuins in dieser Zeit verbindet die Glückwünsche zum Sieg über die „gentes populosque Hunorum" mit großen Hoffnungen auf ihre Bekehrung; sie zeigt auch, daß man mit vielen guten Vorsätzen an diese Aufgabe heranging. Paulinus von Aquileia und Arn von Salzburg, die zuständigen Bischöfe, waren allerdings weniger enthusiastisch, wie Alkuins Mahnungen zeigen. Dennoch war im Verständnis der Zeit die „subiectio pacifica" von der „christianitatis fidei promissio" nicht zu trennen. Beides war wesentlich schwieriger zu erreichen als es der schnelle Sieg vermuten ließ; erst allmählich wurde im eroberten Pannonien die Infrastruktur aufgebaut, die beides gewährleisten konnte.

Wieweit das Jahr 796 schon das Schicksal des Awarenreiches besiegelte, ist umstritten. Manchmal wird die Auffassung vertreten, daß erst ein bulgarischer Angriff von 804/05 zum Untergang des Khaganates führte. Daß die awarische Kampfkraft nicht völlig gebrochen war, sollten die Jahre 799–803 zeigen; die Franken hatten ja keinen einzigen entscheidenden Sieg errungen. Doch beweist gerade die kampflose Unterwerfung, wie weit der Niedergang des Awarenreiches fortgeschritten war. Dieser Prozeß setzte sich nach 796 fort, wobei die Franken bald sogar an einer ‚Konservierung' der awarischen Vasallen-Fürstentümer interessiert waren. Mit einem einheitlichen Awarenreich ist nach 796 nicht mehr zu rechnen. Im alten Pannonien westlich der Donau regierte der Tudun als Vasall König Karls; er war im Aufstand von 799–803 der Hauptgegner der Franken. Östlich der Theiß hatte diejenige Gruppe Zuflucht gefunden, die nicht unter fränkischer Herrschaft leben wollte; ihr Anführer war vielleicht der Kapkhan. Möglicherweise hatte sich auch der Khagan hierher zurückgezogen; denkbar ist ebenso, daß er nun zwischen dem Tudun, auf den die Franken setzten, und der Gegenpartei zur Bedeutungslosigkeit verdammt war. Die Franken begnügten sich mit der nominellen Unterwerfung des gesamten Khaganates und mischten sich in die Angelegenheiten der Theiß-Awaren nicht mehr ein; diese wiederum gaben den Franken keinen Anlaß, sich mit den Gebieten östlich der Donau weiter zu befassen.

Eberhard Schmitt

Die Beziehungen Karls des Großen zum Kalifen Harun al Raschid

Die Beziehungen zwischen Orient und Okzident bilden einen wichtigen Bereich der Erforschung des Mittelalters. Bereits im 8./9. Jahrhundert lassen sich Gesandtschaften zwischen Karolingern und Abbasiden ermitteln. Karl der Große hatte großes Interesse an einem guten Verhältnis zu Hārūn al-Raschīd, dem Kalifen in Bagdad. Einer seiner Beweggründe hierfür ergab sich aus einer Art Schutzfunktion für die östlichen Christen im Heiligen Land, um die ihn der Patriarch von Jerusalem gebeten hatte. Die Kaisermacht in Byzanz konnte diese Funktion wegen ihrer gespannten Beziehungen zu den Reichen des Islams nicht wahrnehmen. Ein weiteres Motiv Karls des Großen für seine Kontakte nach Bagdad war sicher, daß er mehr Informationen über die Wunder des Orients erhalten wollte. Man hatte z. B. von den Elefanten als Symbolen der Herrschermacht gehört. Karl der Große äußerte über seine ersten Gesandten im Jahre 797 den Wunsch nach einem Exemplar dieser Tiere.

Erst im Jahr 801 gelangte die Nachricht, Gegengesandte des Kalifen seien in Italien eingetroffen, an ihn. Sie berichteten, daß der einzige Überlebende der fränkischen Gesandtschaft von 797, der Jude Isaak, mit Geschenken auf der Rückreise sei. Isaak hatte den Landweg entlang der nordafrikanischen Küste gewählt und war von dort zu Schiff nach Porto Venere in Ligurien gelangt. Am 20. Juli 802 kam er mit dem Elefanten Abū'l-'Abbās und den übrigen Geschenken in der Pfalz zu Aachen an.

Wahrscheinlich schickte Karl der Große noch im selben Jahr eine zweite Gesandtschaft unter Radbert über Jerusalem nach Bagdad. Doch erst 807 berichten die Reichs-Annalen wieder von der Ankunft einer Gruppe aus Bagdad und aus Jerusalem im Frankenreich. Das gemeinsame Auftreten von arabischen und christlichen Mitgliedern in der Gesandtschaft ließ erkennen, daß es zu einer Annäherung – möglicherweise bis zu weitgehender Gemeinsamkeit in der Politik des Kalifen und des Patriarchen – gekommen war. Hārūn al-Raschīd übermittelte an Karl den Großen kostbare Geschenke, daneben übertrug er ihm die Verfügungsgewalt über das Heilige Grab zu Jerusalem, was freilich von eher symbolischer Bedeutung war. Man kann also insgesamt von einer positiven Bilanz der Beziehungen Karls des Großen zum Orient sprechen. Unter seinen Nachfolgern wurde diese Politik nicht fortgesetzt.

Die Auswirkungen der oben erwähnten Gesandtschaften auf die Zeitgenossen waren erheblich. Darüber berichten auch andere Annalen als die des Reichschronisten Einhard, sodann Viten und Chroniken der Zeit. Besonders der Elefant, der in die kaiserliche Menagerie der Pfalz zu Aachen gebracht wurde, erzeugte großes Aufsehen. Auch die anderen arabischen Geschenke werden in zahlreichen Zeugnissen der Zeit ausführlich beschrieben; besonders erregte eine seltsame Uhr Neugierde, sie wurde unter die Wunderwerke des Orients gerechnet.

Dies alles regte die Phantasie der mittelalterlichen Menschen so an, daß zahlreiche Legenden um die Beziehungen Karls des Großen zum Orient entstanden; sogar eine Fahrt zum Heiligen Grab wurde ihm zugeschrieben. Auch hundert Jahre danach und in den folgenden Jahrhunderten finden sich immer wieder neue Varianten des Geschehenen und der Beschreibungen der Wunder des Ostens in den schriftlichen Quellen im Bereich des ehemaligen karolingischen Reiches. [. . .]

Josef Riedmann

Die Südgrenze des Karolingerreichs

Der Begriff „Deutschland“ ist schwer zu definieren. Das trifft ebenso für den Verlauf der Grenzen dieses Gebildes zu, namentlich aber für den Süden. Auch wenn wir uns auf die politische Organisation beschränken und von der überwiegend deutschen bzw. deutschsprachigen Besiedlung absehen, entgehen wir dieser Problematik nicht, denn die Gleichsetzung „Heiliges Römisches Reich“ mit „Deutschland“ mag bei allen gebotenen Vorbehalten für die Nord-, Ost- und Westgrenze noch einigermaßen akzeptabel erscheinen und damit verhältnismäßig präzise Aussagen über die in den Jahrhunderten wechselnden Abgrenzungen gegenüber den Nachbarn erlauben. Im Süden reichte hingegen das Sacrum Imperium stets weit über jene Bereiche hinaus, die auch bei einer sehr großzügigen Interpretation des Begriffes „Deutschland" miteingeschlossen sind. [. . .]

Als Alternative zur Gleichsetzung von „Deutschland" und „Sacrum Romanum Imperium" bietet sich ein Eingehen auf den Umfang des sogenannten engeren Reichsgebietes, des *regnum Teutonicum* oder *Teutonicorum,* an. Diese Bezeichnung begegnet bekanntlich vereinzelt seit dem 10. Jahrhundert, um dann seit dem Investiturstreit immer häufiger verwendet zu werden. Sie steht in der historischen Nachfolge des ostfränkischen Reiches aus der späten Karolingerzeit, weshalb zunächst kurz untersucht werden soll, welcher Grenzverlauf im Süden für die Herrschaftsbereiche bestimmt war, die seit der ersten Reichsteilung durch Karl den Großen im Jahre 806 wirksam wurden oder auch nur in Aussicht genommen worden waren. [. . .]

In der frühesten derartigen Entscheidung von 806 wies Karl seinen Söhnen Karl, Ludwig und Pippin drei Herrschaftskomplexe zu, die sich in ihrer Gestalt wesentlich von den später realisierten Gebilden unterschieden. In unserem Zusammenhang interessiert die Abgrenzung des Anteils des ältesten erbberechtigten Kaisersohnes Karl gegenüber dem Pippins. Für Karl war das Kerngebiet der *Francia* mit Einschluß der im Osten dazugewonnenen Bereiche vorgesehen. Pippin sollte über das *regnum Langobardorum* herrschen, doch in der nördlichen Grenzziehung seines Sprengels orientierte man sich offensichtlich nicht an den Verhältnissen im Langobardenreich, denn auch Bayern und Teile Alemanniens südlich der Donau sowie Churrätien wurden damals zu Pippins Anteil geschlagen. Die sich damit abzeichnende Südgrenze eines mächtigen fränkischen Nordreichs – der Begriff Deutschland ist in diesem Zusammenhang wohl nicht angebracht – hätte also einen Verlauf aufgewiesen, der sich von der späteren Realität beträchtlich unterschied: Wesentliche Teile Süddeutschlands wären als nördliches Vorfeld einem Machtbereich mit dem Schwerpunkt südlich der Alpen zugeordnet gewesen. Dabei präsentierte sich diese uns heute ungewohnte Konstellation durchaus nicht als völlig unhistorisches Gebilde: Das antike Imperium Romanum mit seiner Donaugrenze und insbesondere noch der Herrschaftsbereich des Ostgoten Theoderich werden in der modernen Forschung als Parallelen und Vorläufer dieser Grenzziehung des Jahrs 806 genannt, die nur in Ansätzen für wenige Jahre wirksam wurde. Pippins Sohn Bernhard, der seit dem Jahre 813 als Unterkönig in Italien regierte, scheint nördlich der Alpen keine Befugnisse besessen zu haben, und damit verschwand auch die Idee eines politischen Gebildes mit seinem Zentrum südlich der Alpen – auch in diesem Falle wäre die Verwendung des Begriffes „Italien" höchst anfechtbar – einschließlich eines im Norden vorgelagerten, breiten alemannisch-bayerischen „Markengürtels".

Etwas dauerhaftere Konturen im Sinne der künftigen Entwicklung gewann die Abgrenzung zwischen Norden und Süden mit dem Vertrag von Verdun des Jahrs 843. Damals wurde zwischen dem ostfränkischen Reich Ludwigs des Deutschen und dem Mittelreich Kaiser Lothars eine Scheidelinie bestimmt, die vom Guarnero (Kvarner) beim heutigen Rijeka in der nördlichen Adria nach dem Norden zu den Karawanken und von dort weiter nach dem Westen in das Gebiet der Dolomiten, über das Bozner Becken in Südtirol und den Vinschgau zum Ursprung von Inn und Rhein in der heutigen Schweiz verlief. Damit wurde die bereits in der vorkarolingischen Epoche ausgebildete Südgrenze Bayerns und des slawischen Karantanien zur Scheide zwischen dem werdenden Deutschland und Italien. Diese beiden Begriffe sucht man im 9. Jahrhundert allerdings noch vergebens als Nachbarn in zeitgenössischen Quellen. Soweit diesbezügliche Angaben vorliegen, ist von *Bavaria,* mitunter auch von *Alamannia* (im Sinne von Schwaben) im Norden und *Italia* oder *Lombardia* im Süden die Rede. Eine prägnante Aussage in dieser Richtung bietet ein Diplom Arnulfs von Kärnten aus dem Jahre 888, in dem der Herrscher die Übereignung von Gütern in der Umgebung von Bozen beurkundete. Ihre Lokalisierung lautet: *in Bauuariae partibus sitae inter montana alpesque Italiae parti conticuae iacentes.* Sie liegen also in Bayern innerhalb des Gebirges und der Alpen, dem Gebiet von Italien benachbart. Die Bezeichnung *Germania* oder gar *Teutonia* als Gegenstück zu *Italia* ist in diesem Zusammenhang nicht zu erwarten, obwohl das Adjektiv *teutiscus* im Sinne einer ethnischen Bestimmung bereits einige Jahrzehnte vorher in Trient, also im italisch-langobardisch-bayerischen Grenzraum bezeugt ist.

Die Südgrenze des ostfränkischen Reiches blieb in der skizzierten Form nach 843 noch längere Zeit in Geltung. Allein im Zuge der Auflösung des nördlichen Teils des lotharingischen Zwischenreiches kam es zu einer Verschiebung der Zugehörigkeit im Südwesten, als Ludwig der Deutsche durch den Vertrag von Meerssen 870 auch das Gebiet nördlich des Genfersees bis hinüber an die Saône zuerkannt erhielt. Eine nahezu horizontale Linie von Chalôn sur Saône im Westen bis zu den Kärntner Karawanken trennte nun Norden und Süden.

Natürliche Gegebenheiten spielten bei dieser Grenzziehung insofern eine Rolle, als die Scheidelinie sich zwar nicht an einem dominierenden Flußverlauf und auch nicht an den höchsten Erhebungen der Gebirge orientierte, aber doch an schwer passierbaren Engstellen in den nach Süden führenden Tälern fixiert war. Derartige geographische Faktoren, die sogenannten Klausen, im Lateinischen *Clusa* (von *claudere* – schließen), im Italienischen „Chiusa", waren bereits von den Römern als Grenzpunkte oder Grenzzonen betrachtet worden, und sie hatten sich offenbar in den Stürmen der Völkerwanderung sowie im frühen Mittelalter bei der Abgrenzung der territorialen Einflußsphären zwischen den Langobarden im Süden und den Alemannen, Bajuwaren und Karantanen im Norden bewährt. In diesem Sinn entsprach der südliche Grenzverlauf des ostfränkischen Reiches seit 843 dem des agilolfingischen Bayern unter Tassilo III., denn bereits um 600 hatten die Bajuwaren den Alpenhauptkamm auf dem Brennerpaß in Richtung Süden überschritten und noch im 7. Jahrhundert die Kontrolle bis in das Bozner Becken ausgedehnt. Die zitierte Aussage Arnulfs von Kärnten aus dem Jahre 888, welche die Gegend von Bozen als in Bayern, aber in der unmittelbaren Nachbarschaft zu Italien gelegen definiert, trägt dieser Entwicklung Rechnung.

Horst Fuhrmann

Das Erscheinungsbild Karls des Großen

Wann lebte Karl der Große? Wie bei vielen mittelalterlichen Persönlichkeiten kennen wird sein Todesdatum genau, 28. Januar 814, aber wann er geboren wurde, wissen wir nicht mit gleicher Bestimmtheit, da man im Mittelalter auf den Geburtstag weniger achtete als auf den Todestag, dessen Wiederkehr man liturgisch feierte. Karls Geburt fiel vielleicht in das Jahr 742, was eine Lebenszeit von 72 Jahren ergäbe, vielleicht in das Jahr 747: in jedem Fall war Karl ein langes Leben beschieden, denn die durchschnittliche Lebenserwartung lag bei wenig über dreißig Jahren, bei den aristokratischen Schichten höher, bei den Unterschichten niedriger.

Und wie sah Karl der Große aus? Bis in das 12. und 13. Jahrhundert hinein geben Bilder die Menschen selten porträthaft wieder; sie stellen meist einen Typ dar: der König sieht aus, wie eben ein König auszusehen hat, der Papst wie ein Papst, der Bischof wie ein Bischof. Individualität ist kaum erkennbar und wird auch nicht unbedingt angestrebt.

Immerhin gibt es einige bemerkenswerte Versuche, bei einer bildlichen Darstellung etwas von dem persönlichen Aussehen anzudeuten. Von Karl dem Großen sind Münzbilder und Mosaiken erhalten, vor allem eine Reiterstatuette von knapp einem Viertelmeter Höhe, die heute im Pariser Louvre aufbewahrt wird. Wir sehen einen hünenhaften und doch gedrungenen Mann zu Pferde, mit vollem Gesicht und einem Schnurrbart, auf dem Kopf eine Krone, mit einem hängenden tunikaähnlichen Mantel und mit Hosen, die mit einer Art Wickelgamaschen umschlungen sind, wie es fränkische Tracht war. Ohne Steigbügel, sie waren offenbar noch nicht allgemein verbreitet, sitzt der mächtige Leib des Herrschers schlenkernd auf dem Pferd. Vielleicht ist der Reiter Karl der Große, vielleicht aber auch sein Enkel, der Westfrankenkönig Karl der Kahle (840–877), der die Statuette hat herstellen lassen, wobei er sich zugleich als der neue Karl der Große darstellen ließ.

Unbezweifelbar aber ist die Beschreibung Einhards, des Biographen Karls des Großen. Einhard, knapp 30 Jahre jünger als Karl, hatte nicht nur Zugang zum Hof, er war Mitglied der Hofgesellschaft, und das sowohl wegen seiner Rolle im kulturellen Leben als möglicherweise aus Gründen der Verwandtschaft. Denn Einhard, obwohl klein von Wuchs, weshalb er in Hofkreisen als „Männlein", als „Ameise" gehänselt wurde, hatte Emma geheiratet, von der später mancherorts behauptet wurde, sie sei eine Tochter Karls des Großen. Karl hatte außer seinen legitimen Gemahlinnen im Laufe seines Lebens mindestens sechs Nebenfrauen, aus welchen Verbindungen mindestens sieben Kinder hervorgegangen sind. Über Einhard und seine Emma gab es später eine Klatschgeschichte: Einhard war schon vor der Heirat nachts durch das Palastgelände geschlichen, seine geliebte Emma zu besuchen. Es war Winter und Schnee gefallen, und um verräterische Spuren zu vermeiden, trug Emma ihren Einhard huckepack durch den Palasthof, was der Kaiser, der an Schlaflosigkeit litt, beobachtete; Karl soll dann Einhard und Emma zur Ehe zusammengeführt haben, ohne über seinen Schreiber eine Strafe zu verhängen, die „die Schande der Tochter eher vergrößert als verringert" hätte. Wilhelm Busch hat die Geschichte in Verse und Bilder gebracht.

Dieser Einhard, aus einem edlen ostfränkischen Geschlecht, in Fulda und am Hofe unterrichtet und erzogen, beschreibt die äußere Erscheinung des schon im höheren Alter stehenden Kaisers: „Karl hatte einen stattlichen und kräftigen Körper, eine aufragende Gestalt, die jedoch über das rechte Ebenmaß nicht hinausging, denn seine Körpergröße entsprach dem Siebenfachen seines Fußmaßes (aus anderen Quellen vermutet man eine Körpergröße Karls von circa 1,90 m; das ist sehr groß für die damalige und selbst für unsere Zeit). Der Schädel war rund, seine Augen waren groß und lebhaft, die Nase war größer als normal; er besaß schönes graues Haar und ein freundliches heiteres Gesicht [. . .] Obwohl sein Nacken feist und etwas zu kurz und sein Bauch vorquellend erschienen, so wurden diese Unschönheiten doch durch das Ebenmaß der anderen Glieder verdeckt. Er hatte eine helle, hohe Stimme, die freilich nicht recht zu dem (mächtigen) Äußeren des Körpers paßte." Einhard schildert auch Karls Lebensgewohnheiten: Wie er sich kleidete, nach fränkischer Art; daß er wenig trank und Betrunkene aus tiefster Seele verabscheute; daß er sich beim Essen zurückhalten mußte und oft klagte, daß das Fasten seinem Körper nicht bekäme. Von den Plagen des Alters ist die Rede, davon, daß er wohl als Linderung für seinen Rheumatismus die Dämpfe heißer Quellen geschätzt habe; deswegen habe er sich in Aachen einen großen Palast bauen lassen und habe dort seine letzten Lebensjahre zugebracht. Nicht nur seine Söhne habe er zum Baden eingeladen, sondern auch seine Großen und seine Freunde, gelegentlich auch sein Gefolge und die Leibwächter, so daß sich bisweilen hundert und noch mehr Menschen im Wasser tummelten.

Einhards Bild von Karl ist offenbar ein verhalten ehrliches Bild, bei dem Unschönes nicht ausgelassen ist: eine Riesennase, feister und kurzer Hals, Hängebauch usw. Auch in anderen Kapiteln, die von Karls Charakter und Taten handeln, stehen ehrliche Worte: Karl habe bei traurigen Anlässen zuweilen die Fassung verloren, und er habe unablässig geredet, so daß man ihn fast „geschwätzig“ nennen konnte.

Peter Brown

Die korrekte Sprache und der Wille zur Wahrheit: die „karolingische Renaissance“

Obwohl in weltlichen Dingen örtliche Gesetze galten, jedes in seiner Region, war in religiösen Dingen das wahre und allgemein in Karls Reich gültige Gesetz das „christliche Gesetz“. Es verband alle christlichen Untertanen des christlichen Kaisers miteinander und mit diesem. In dem Vertrauen auf die einigende Kraft dieses allgemein verbindlichen „christlichen Gesetzes“ zeigt sich das Selbstvertrauen der klerikalen Elite, die sich seit den Tagen Karl Martells, Pippins und des Bonifatius in Francia ausgebildet hatte. Diese Elite besaß ein neues Medium der Kommunikation in einer klaren, neuen Kleinbuchstabenschrift (der sogenannten karolingischen Minuskel), in welcher Texte in grammatisch „korrektem“, wahrhaft internationalem Latein verbreitet werden konnten. Während die weltlichen Führer in Karls Reich sind durch mündliche Absprachen verständigten, von denen uns kaum Zeugnisse überliefert sind, ist an den erhaltenen Dokumenten des Schriftverkehrs zwischen Mönchen und Geistlichen die schnelle Ausbildung eines vom kaiserlichen Hof abhängigen „Adels der Feder“ abzulesen. Ebenso wie einst die Bischofssitze die politischen Mittelpunkte

Galliens gewesen waren, waren nun die großen Kathedralen und Klöster die Hauptorte des karolingischen Europa. Insbesondere die deutschen Klöster in Fulda, auf der Insel Reichenau und in St. Gallen sind mit römischen Militärlagern an einem neuen *limes* verglichen worden. Karl und sein Thronfolger, Ludwig der Fromme (814–840), hatten die Oberherrschaft über 180 Bischofssitze und 700 große Klöster (unter denen 300 waren, an denen sie unmittelbar Interesse nahmen). Kleriker und Mönche wie Einhard, die eifrig um die Aufrechterhaltung einer kohärenten christlichen Ordnung bemüht waren, dienten Karl in großer Zahl.

An seinem Hof begannen sich die regional beschränkten „Mikro-Christenheiten“ früherer Zeit miteinander zu vereinigen. Wenn auch dem karolingischen Europa eine Reichsverwaltung fehlte, die in einer Hauptstadt von der Bedeutung Konstantinopels zentralisiert war, bildete sich dort doch nach 780 ein Verwaltungsverfahren aus, das der aus sehr unterschiedlichen Regionen zusammengesetzten Gestalt des Reichs Karls des Großen besser entsprach als eine solche byzantinische Bürokratie. Begabte und begeisterte junge Gelehrte und Erzieher wurden an Karls Hof gezogen, dort ausgebildet und dann mit der Leitung der Kirchen und Klöster betraut, die die Knotenpunkte eines ausgedehnten lateralen Netzwerks religiöser Zentren waren. Die Provinzen des oströmischen Reichs standen immer im Schatten Konstantinopels. Es gab dort nicht ein über das ganze Reich ausgedehntes Netz kultureller Zentren, denen in jeder Region etwa gleiche Mittel zur Verfügung standen wie im Europa Karls des Großen.

Als charakteristischer Vertreter der Geistlichkeit am Hofe Karls gilt (obwohl diese Männer höchst verschieden waren) der gelehrte Alcuin von York (735–804). Er war 782 an den Hof gekommen, geprägt von der hohen „römischen Tradition“, die in Northumbrien Beda gepflegt hatte. Alcuin war ein Gelehrter, der sich hauptsächlich zu wissenschaftlichen Studien berufen fühlte. Wie Bonifatius mißbilligte er die Regierung der Diözesen durch hochmütige und ungebildete Adelige. Den Adel, den er höher als den Geburtsadel schätzte, verlieh seines Erachtens etwa die Zugehörigkeit zu einem großen Kloster. Dessen eingedenk zu sein, ermahnte er einen aufsässigen Schüler: „Betrachte die Schätze deiner Bibliothek, die Schönheit deiner Kirchen [. . .] Bedenke, wie glücklich der Mann ist, der aus diesen schönen Gebäuden zu den Freuden des Himmelreichs eingeht [. . .] Bedenke, welche Liebe zu gelehrten Studien Beda schon als Knabe hatte und welche Verehrung er bei den Menschen genießt [. . .] Sitze mit deinem Lehrer, schlage deine Bücher auf, studiere den Text [. . .] Siehe deinen Mitschüler an, der sich immer nahe zu Gott gehalten und jetzt einen hervorragenden Bischofssitz innehat, von allen geliebt, gerühmt und gesucht."

Als Alcuin nach Francia kam, verfügte man dort bereits über eine unabdingbare Voraussetzung für das Gemeinschaftsunternehmen der Verbreitung uniformer, korrekter Texte, nämlich, wie schon erwähnt, eine neue Schrift. Diese später als „karolingische Minuskel" bezeichnete Kleinbuchstabenschrift war regelmäßiger und sehr viel leserlicher als ihre Vorgängerinnen. Angesichts der Eleganz und Solidität der karolingischen Handschriften waren die italienischen Humanisten des 15. Jahrhunderts überzeugt, es mit der Kunst römischer Schreiber des klassischen Altertums zu tun zu haben.

Die „karolingische Minuskel" war das Ergebnis eines jener still sich vollziehenden Entwicklungsprozesse, die von den Erzählern der Geschichte des frühen Mittelalters meist nicht gewürdigt werden. Nicht die Literaten und Gelehrten hatten nämlich die Schrift entwickelt, sondern bescheidene „Techniker des geschriebenen Worts". Seit der Spätzeit des römischen Reichs hatten solche Schreiber in den Gemeinden und an barbarischen Höfen ohne Unterbrechung die Kunst praktiziert, Verträge und andere Rechtsurkunden aufzusetzen. Sie mußten schnell schreiben, Schreibmaterial sparen und dabei Dokumente anfertigen, die für sich selbst sprachen; Dokumente, die zugleich ansprechend aussahen und jederzeit für jeden lesbar waren. An den unter diesen Bedingungen entwickelten Schriftstil knüpften die karolingischen Schreiber an, deren Aufgabe die Verbreitung der wesentlichen Texte des „christlichen Gesetzes" war.

Nicht alle alten Bücher sprachen für sich selbst. So gab es in klassischen römischen Handschriften literarischer Texte so gut wie keine Zeichensetzung. Wörter, Sätze und Absätze folgten einander ohne Punkt und Komma, ja gingen sogar lückenlos ineinander über. Nur wer schon wußte, was der Text sagte, oder mit der Grammatik und Syntax des Lateinischen so vertraut war, daß er instinktiv spürte, was dieser nicht sagen konnte, war imstande, einen solchen Text ohne große Mühe zu lesen. Im *scriptorium* des Sankt-Martins-Klosters in Tours, zu dessen Abt er 797 ernannt worden war, ordnete Alcuin größere Rücksicht auf die Leser an: „Mögen diejenigen, die die Sprüche des heiligen Gesetzes und die geheiligten Worte der Väter kopieren, hier sitzen. Hier mögen sie acht geben, keine eitlen Wörter einzufügen [. . .] mögen sie den rechten Sinn in Sätze teilen [. . .] also daß der Leser nichts Falsches liest oder plötzlich verstummen muß, wenn er den Brüdern in der Kirche vorliest."

Die Entwicklung der „karolingischen Minuskel" und die leichtere Lesbarkeit der in ihr geschriebenen Texte veränderten die Bedeutung des Buches. Das Buch war in Karls neuem Europa nicht mehr, was es in der alten Welt gewesen war. Bücher begannen damals schon, den Büchern ähnlicher zu sehen, die uns vertraut sind. Die Steigerung der Produktion, obwohl durch die neue Schrift erleichtert, war natürlich keine bloße Folge von deren Einführung, sondern resultierte aus der Organisation der Arbeit bei der Herstellung von Büchern in den *scriptoria*. In einer dieser Schreibstuben mochten fünfzehn Schreiber gleichzeitig tätig sein. Ein Kopist bewältigte dreißig Seiten täglich. Die Entwicklung eines von allen Schreibern eines Klosters gleichermaßen praktizierten hauseigenen Stils gestattete es ihnen, bei der Herstellung einer umfangreichen Handschrift zusammenzuarbeiten, so daß jeder einen Abschnitt derselben übernahm. Die korporative Struktur der Klöster im Westen und ihre im Vergleich zu Byzanz meist sehr reiche Dotation begünstigten das langsame, aber sichere Anwachsen der Schätze abendländischer Klosterbibliotheken. Die Bibliothek der Abtei Reichenau enthielt 415 Bände, von denen 138 sich auf die Liturgie bezogen (Meßbücher, Lektionare und Psalter), während viele andere Sammlungen örtlichen Rechts und königlicher Gesetze enthielten. Diese Bibliothek war nicht sonderlich umfangreich und ziemlich streng auf die praktischen Bedürfnisse des Klosters eingerichtet, fast bescheiden zu nennen, wenn man sie etwa mit der 280 Bände starken vergleicht, die der reiche Staatsbeamte und spätere Patriarch Photius (810–893) in Konstantinopel „von allen Seiten zusammenbrachte" und mit Randbemerkungen versah, denn von diesen handelten 147 von weltlichen Gegenständen, ja es waren sogar nicht wenige heidnische griechische Romane darunter; auch verglichen mit den nicht weniger als 600 reich gefüllten Regalen der Bibliothek des muslimischen Geschichtsschreibers al-Wakid (747–823) scheint die Büchersammlung der Abtei nicht sehr bedeutend. Doch handelte es sich bei dieser nicht wie bei den Bibliotheken des Patriarchen und des Geschichtsschreibers um eine Privatsammlung, die beim Tode des Besitzers Gefahr lief, in alle Winde zerstreut zu werden. Die Bibliothek der Reichenau war vielmehr eine dauerhafte Einrichtung. Ihre Schätze waren sorgfältig katalogisiert. Es wurden Werke daraus entliehen. Die zunehmende Verbreitung einer uniformen Schrift und häufige Aufenthaltsveränderungen der Schreiber machten der kulturellen „Selbstversorgung" ein Ende, die früher selbst die bedeutendsten Klöster regional gebunden hatte. Es mögen im Laufe des 9. Jahrhunderts im Abendland an die 50 000 Bücher kopiert worden sein.

Damit war ein Vorrat von Texten geschaffen, der der lateinischen Christenheit in Fragen der Theologie und des kanonischen Gesetzes für das weitere Mittelalter die kulturelle Autonomie sicherte.

Dieser Fortschritt führte freilich auch zu neuen Gefahren. Wenn die „Sprüche des heiligen Gesetzes" in Zukunft aus der Schrift allgemeine Anwendung finden sollten, mußten sie durchaus und zutiefst lesbar sein. Denn wenn Gottes Gesetz verunklärt wurde, sei es durch Mangel an Verständnis, sei es durch elementare Überlieferungsfehler, verursacht durch flüchtiges Kopieren oder mangelhaftes Vorlesen des Texts, war zu befürchten, daß man es mißverstand, wovon dann Häresie die Folge sein würde. Gott würde die Gebete derer, die in verworrener Weise zu ihm beteten, nicht erhören. „Denn oft, wiewohl sie in der rechten Weise zu Gott beten wollen, beten die Leute unrichtig, weil sie unberichtigten Büchern folgen."

Nur erwachsene Männer, ausgebildete Gelehrte und nicht unerfahrene Knaben sollten Evangeliare, Meßbücher und die Psalmen kopieren. Denn Latein, selbst das Latein dieser grundlegenden Texte des Christentums, war der Mehrzahl der Bewohner von Karls Reich bereits nicht mehr ohne weiteres verständlich. Karl und seine Berater machten aus ihrer Besorgnis angesichts dieser Lage keinen Hehl und erließen 789 eine *Admonitio Generalis* oder allgemeine Warnung. Diese erschien im achtzehnten Jahr der Regierung Karls, ebenso wie im achtzehnten Jahr seiner Regierung König Josia (Joschija) das Moses von Gott gegebene Gesetzbuch wieder aufgefunden und dem Volke verlesen hatte. Wie Josia war auch Karl bestrebt „durch Visitation, Maßregelung und Verwarnung das Reich, das Gott ihm gegeben, zur Anbetung Gottes zurückzurufen".

Die Elite der Kleriker war durch die Umstände allmählich genötigt worden, die Grenzen der lateinischen Kultur zu schließen. Die lateinische Geisteswelt Alcuins und seiner Kreise war äußerst gefährdet, wie ein in großer Tiefe fahrendes Unterseeboot, das von den auf ihm lastenden Massen der überwiegend analphabetischen Christenheit gesprengt zu werden droht. Das zeigte sich in jeder Hinsicht. So bestand zum Beispiel die ernste Gefahr, daß ein ungelehrtes Christentum oder ein von Texten verdächtiger Herkunft genährtes Christentum unbeaufsichtigt an Boden gewann. Die *Admonitio Generalis* versäumte denn auch nicht, noch einmal ausdrücklich den berüchtigten *Brief vom Himmel* zu verdammen, der Jesus selbst zugeschrieben wurde. Denn nun, da seit der Verurteilung Aldeberts durch Bonifatius etwas mehr als eine Generation vergangen war, war dieser Brief wieder im Umlauf. Eine weitere Generation später sollte ein irischer Visionär zweifelhaften Rufs sich erneut auf ihn berufen. Ärgerlich war diese Fälschung zumal insofern, da das, was sie sagte, der Orthodoxie eigentlich nicht widersprach. Denn der Brief forderte die Heiligung des Sonntags nicht weniger nachdrücklich als Karl selbst und seine Bischöfe in ihrer Gesetzgebung. Doch die dem Brief fälschlich zugeschriebene Autorität war geeignet, die Autorität der irdischen Obrigkeit zu verkleinern. Allzu viele Leute waren zu der Meinung geneigt, es sei besser, den Feiertag zu heiligen auf Anweisung einer Verordnung, die ein Visionär Jesus eigenhändig hatte schreiben sehen „im dritten Himmel mit goldenen Buchstaben", als den eben das gleiche verfügenden Gesetzen des Reiches zu gehorchen. Wie zu Zeiten des Gregorius von Tours machte nicht das Heidentum den Bischöfen die größten Sorgen, sondern das Christentum der Nichtschriftkundigen, das von der eigenen wesentlichen Orthodoxie überzeugt war. Als später eine heilige Frau in der Gegend von Fulda in der Volkssprache zu predigen begann, wurde sie grausam dafür bestraft, daß sie gewagt hatte, sich anzumaßen, was rechtens die Aufgabe des Bischofs war.

Auch die Schriftkundigen drohten Verwirrung zu stiften. In Gallien, Italien und Spanien wurde unkorrektes Latein geschrieben, weil die Schreiber die Sprache, die sie abschrieben, noch zu beherrschen glaubten, obwohl sie bereits in Formen dachten und sprachen, die denen der modernen romanischen Sprachen schon viel näher waren als denjenigen der alten Römer. Sie hielten sich noch für Römer, waren aber schon eher Franzosen oder Spanier. Das Ergebnis der Arbeit solcher Leute war *rusticitas*, ein „bäurisches" Latein, das so unbekümmert um allgemeingültige Regeln und so idiosynkratisch war, daß Ortsfremde es kaum verstehen, geschweige denn kopieren konnten.

Aber es handelte sich nicht nur um ein linguistisches Problem. Allmählich ging auch die alte Art der Teilnahme am Christentum den Menschen verloren. Wie in Britannien und Irland waren hohe Augenblicke der Berührung durch das Heilige bei Wallfahrten und Kirchenfesten und (trotz der Ermahnungen vieler gewissenhafter Geistlicher) nicht die regelmäßige Anwesenheit bei der Predigt und Teilnahme an den Sakramenten in den meisten Regionen Europas und besonders in denen, die nicht über größere städtische Zentren verfügten, die Höhepunkte des christlichen Lebens. In einem Gebiet romanischer Sprache wie in Gallien durfte bei einem großen Heiligenfest die Erquickung der Gläubigen durch hohe lateinische Worte, die laut aus lateinischen Büchern verlesen wurden, niemals fehlen. Das geschah noch zu Alcuins Zeit. In Ponthieu etwa wurde ein langes und ungehobeltes *Leben Sancti Richiarii* seit den Tagen König Dagoberts (625–639) alljährlich am Feste dieses Heiligen verlesen. Alljährlich tauchten so die ungebildeten Vorleser in eine für sie selbst nur noch ungefähr verständliche heilige Form ihrer eigenen „bäurischen" Sprache ein. Das Lesen brachte sie kraft der alten schon geheimnisvollen Worte in vertraute Berührung mit großen Männern und heiligen Dingen. Wenig hatte sich geändert seit den Tagen Bischof Gregors, da in der großen Basilika Sankt Martins in Tours stets lateinische Lesungen ertönten. Die Lesungen waren das Signal für Heilungswunder. Ihnen antworteten die Schreie der Besessenen. Die Hörer prägten sich die Worte ein, um die eigenen zukünftigen Schicksale aus ihnen zu lesen.

Jetzt wollten die Geistlichen selbst gepflegtere Texte, auf die sie stolz sein konnten. Sie lebten in einer weiteren Welt. Heiligenleben zum örtlichen Gebrauch allein waren ihnen nicht genug. Wenn lateinische Texte in größeren Räumen umlaufen sollten, mußten sie, wenn sie nicht Mißverständnisse herausfordern sollten, einer allgemein verbindlichen „korrekten" Grammatik entsprechend verfaßt sein. Es galt überdies, sie auch „korrekt" zu lesen, gleichen Regeln der Aussprache folgend. Für Alcuin waren diese Regeln die der „klassischen" Aussprache des Lateinischen, die sich auf den britischen Inseln in Kreisen herausgebildet hatte, die Latein als lebende gesprochene Sprache so gut wie überhaupt nicht kannten. Dieses Latein war rein und gehorchte unveränderlichen Regeln, weil es eine tote Sprache war. Die Aussprache dieses grammatisch korrekten Latein hatte wenig gemein mit der, die man aus dem Munde „bäurischer" Sprecher des Idioms in Gallien hörte. In dem neuen korrekten Latein entsprach jeder geschriebenen Silbe eine ausgesprochene. Unter Leuten aber, die *directum* wie *dreit* aussprachen (woraus später *droit* wurde) und, wo sie *monasterium* lasen, *mouster* sagten (oder „Münster"), machte eine solche Ausspracheregel korrekt ausgesprochenes Latein fast unverständlich.

Für die Bewohner vieler romanisch sprechender Teile des fränkischen Reichs wurde durch die Einführung der „korrekten" Aussprache bei den Lesungen während des Gottesdienstes das Latein der Kirche genauso geheimnisvoll, wie es für die Bewohner Irlands, Britanniens und Germaniens von jeher war. Die Sprache der Kirche wurde auch ihnen fremd. Im Jahre 813 erklärte ein in Tours versammeltes Bischofskonzil zum ersten Mal, daß hinfort die Homilien (ausgewählte Predigten früherer Prediger, solche des Caesarius von Arles etwa) zwar wie bisher zunächst im lateinischen Text verlesen werden sollten, sodann aber auch übersetzt *in rusticam Romanam linguam aut Thiotiscam,* „in die bäurische römische Sprache oder deutsche". Den Leuten, die „die bäurische römische Sprache" redeten, mußte also inzwischen die lateinische ebenso übersetzt werden wie denen, die von Hause aus deutsch sprachen. Das „christliche Gesetz" wurde in Karls Reich genau in dem historischen Augenblick zur Allgemeingültigkeit erhoben, da dessen lateinischer Text allen, bis auf eine winzige Minderheit gelehrter Leser, unverständlich wurde. Mehr denn je wurde es nun zur Aufgabe der Prediger, zwischen dem lateinischen Gotteswort und der Mehrheit des „christlichen Volkes" zu vermitteln, denn nur ein Prediger konnte als Übersetzer und Erklärer den Hörern den Sinn des christlichen Gesetzes, dessen lateinischer Text ihnen fremd war oder fremd geworden war, recht einleuchtend machen.

Die Männer um Karl den Großen handelten mit außerordentlich klarem Zielbewußtsein. In ihren Schriften stellen sich viele von ihnen als die ersten Technokraten Europas dar. Sie kannten das christliche Gesetz in seiner majestätischen Gesamtheit. Sie wußten das christliche Volk zur Erfüllung seiner Gebote anzuleiten. Wo ihnen Widerstand begegnete, waren sie geneigt, diesen kurzerhand der Unaufgeklärtheit ihrer Opponenten zuzuschreiben.

Werner Rösener

Grundherrschaft und Feudalismus

Vielfalt und Einheit waren von Anfang an zwei Grundprinzipien Europas. Beide gehen bereits auf das Karolingerreich zurück, und zwar sowohl auf die Zeit seines Aufstiegs wie auf die Periode seines Zerfalls, die im 9. und 10. Jahrhundert zu einer Aufspaltung des Reiches in mehrere Teilbereiche führte. [. . .]

Parallel zur äußeren Expansion wurde die innere Durchdringung vorangetrieben, um dem Reich trotz seiner disparaten Struktur eine innere Einheit zu verschaffen. In diesem Zusammenhang sind die tatkräftigen Bemühungen Karls um die Gemeinsamkeit in Kirche und Religion, in Recht und Bildung, in Münzwesen und Handel und in den Sozial- und Wirtschaftsverhältnissen zu sehen. Auch im bäuerlichen Lebensbereich und in der ländlichen Wirtschaftsordnung wurden im Frankenreich wichtige gemeinsame Strukturelemente geschaffen, die den Zerfall des Reiches überdauerten und das europäische Bauerntum jahrhundertelang prägten. Zu diesen Elementen zählen vor allem die Grundherrschaft, die Hufenverfassung und das Feudalsystem, die gesamteuropäische Züge tragen und in den Kerngebieten des Frankenreiches entstanden sind. Bevor auf die Agrarverfassung und die bäuerlichen Lebensverhältnisse eingegangen wird, sollen einige Bemerkungen zum okzidentalen Feudalismus vorausgeschickt werden.

Mit dem weitgefaßten Feudalismusbegriff werden im allgemeinen das Lehnswesen und die grundherrschaftlichen Verhältnisse in einen engen Zusammenhang gebracht. Gemäß diesem Konzept umfaßt das Feudalsystem nicht nur die rechtlichen Beziehungen zwischen Lehnsherren und Vasallen, sondern betrifft auch die grundherrliche Ordnung für die abhängige bäuerliche Bevölkerung. O. Hintze hat in diesem Sinne den Feudalismus in seiner Dreiheit als militärisches, politisches und ökonomisch-soziales Phänomen analysiert. Es sind nach ihm drei Funktionen, in denen sich der Feudalismus auswirkt: erstens in der Aussonderung eines gutausgebildeten, dem Herrscher in Treue verbundenen berufsmäßigen Kriegerstandes, zweitens in der Ausbildung einer grundherrschaftlichen Wirtschaftsweise, die diesem privilegierten Kriegerstand ein arbeitsfreies Renteneinkommen ermöglicht, und drittens in der lokalen Herrenstellung dieses Kriegeradels mit maßgeblichem Einfluß im übergeordneten politischen Verband, der hierfür durch seine lockere Struktur prädestiniert ist. Vorherrschende Naturalwirtschaft und gering entwickelte Verkehrsverhältnisse, wie sie im Frühmittelalter bestanden, haben die Herausbildung des Feudalsystems begünstigt. Die drei Funktionen des Feudalismus entfalteten sich nach Hintze im vollen Sinne allein im Frankenreich der Karolinger und seinen hochmittelalterlichen Nachfolgestaaten. Dieser Feudalismus, der die grundherrlich-bäuerlichen Verhältnisse mitumfaßt, gehört zusammen mit dem Kapitalismus und der europäischen Stadt zu jenen Potenzen, auf die viele Historiker, Soziologen und Philosophen die welthistorische Einzigartigkeit des Okzidents zurückgeführt haben. Die Eigenart des europäischen Bauerntums ist ebenfalls in diesem Gesamtzusammenhang der okzidentalen Feudalgesellschaft zu sehen.

Der Feudalismus im engeren Sinne, in Gestalt des Lehnswesens, war zweifellos ein wichtiges Strukturelement des Karolingerreiches. Das Lehnswesen hat sich im Zentrum des Fränkischen Reiches ausgebildet und sich von dort her in unterschiedlichem Maße über das Abendland ausgebreitet. In den Randlandschaften hat es die königlichen Amtsbezirke häufig nicht mehr erfaßt, und in den jüngeren Staaten des Ostens, in Polen und Ungarn, ist es nicht durchgedrungen. Skandinavien wurde erst im Hochmittelalter partiell vom Lehnswesen erfaßt. Seit der Mitte des 8. Jahrhunderts war das Reiterkriegertum im Frankenreich immer mehr hervorgetreten und in den Mittelpunkt der fränkischen Heeresorganisation gerückt. Größere Gruppen von gepanzerten Reiterkriegern konnte man nur erhalten, wenn man sie mit Land ausstattete, damit sie für ihre kostspielige Ausrüstung über eine sichere Wirtschaftsbasis verfügten und bei Kriegszügen abkömmlich waren. Aus dieser Situation ergaben sich die Grundformen des Lehnrechts. Der Lehnskrieger begab sich wie der hörige Bauer in den Schutz und Dienst eines Herrn *(commendatio)* und erhielt dafür als Gegenleistung Land *(beneficium)*. Ähnlich wie bei den hörigen Bauern in den Grundherrschaften traten somit beim Lehnswesen ein personales und ein dingliches Moment zusammen.

Das Karolingerreich war in wirtschaftlicher Hinsicht stark agrarisch geprägt, so daß der Grundbesitz auch in der staatlichen Organisation eine große Rolle spielte. Wer sich behaupten oder eine größere Wirksamkeit entfalten wollte, mußte über Land und Leute verfügen. Dies war die Voraussetzung für ein eigenes Gefolge und für den Aufbau einer eigenen Lehnsmannschaft. Die Karolinger benutzten das Lehnswesen, um ihre Helfer bei der Regierung des Reiches möglichst eng an sich zu binden. Unter Karl d. Gr. gab es kaum noch Inhaber von Ämtern, die nicht in einem Lehnsverhältnis zum König standen. Herzöge und Grafen waren andererseits ebenfalls auf Lehnsmannschaften angewiesen, wenn sie sich behaupten und ihre Aufgaben im Reich erfüllen wollten. Das Lehnswesen darf im übrigen nicht einfach als staatszersetzendes Element beurteilt werden. Mit der zunehmenden Regionalisierung und wachsenden Schwäche des Königtums wuchs aber die Selbständigkeit der Vasallen, wodurch die dezentralisierende Wirkung des Lehnswesens stärker zur Geltung kommen konnte.

Neben dem Lehnswesen ist die Grundherrschaft ein weiteres bedeutsames Element, das sich im Kernraum des Frankenreiches ausbildete und auf die Nachbargebiete ausbreitete. Die Grundherrschaft wurde seit dieser Zeit zu einem Faktor, der das soziale und wirtschaftliche Leben der bäuerlichen Bevölkerung in den meisten Ländern Europas stark beeinflußte und fast tausend Jahre lang prägte. Zusammen mit dem Hufensystem ist die Grundherrschaft in ihrer klassischen Ausprägung eine Besonderheit der okzidentalen Agrarverfassung, die wesentlich zur Dynamik der europäischen Agrarwirtschaft beigetragen hat. Mit dem Terminus Grundherrschaft kennzeichnet man eine Grundform der Herrschaft, nämlich „die Herrschaft über Menschen, die auf einem bestimmten Grund und Boden ansässig sind und die darum von der Herrschaft erfaßt werden" (F. Lütge). Die Grundherrschaft ist also eine Herrschaftsform, die im Kern das Verhältnis zwischen dem Grundherrn und den von ihm abhängigen Bauern betrifft. Die Beobachtung, daß diese Relation Elemente einer wechselseitigen Beziehung enthält, wodurch der Grundherr zu Schutz und Schirm, der hörige Bauer zu Rat und Hilfe verpflichtet ist, berechtigt keineswegs zu einer idealisierenden Bewertung des grundherrlich-bäuerlichen Verhältnisses. Es handelt sich hier um ein relativ einseitiges Abhängigkeitsverhältnis, nicht aber um einen Zustand freiwilliger Arbeitsteilung. Der Gegensatz zwischen feudalem Obereigentum und bäuerlichem Nutzungsrecht am Boden mit der Verpflichtung zu Abgaben und Diensten führte immer wieder zu heftigen Konflikten und Auseinandersetzungen zwischen Grundherren und Bauern.

Das grundherrlich-bäuerliche Verhältnis war aber keinesfalls ein Willkürsystem, auch darf die bäuerliche Hörigkeit des Mittelalters nicht mit der Sklaverei der Antike gleichgesetzt werden, wie sie auf den römischen Latifundien existierte. Für die Beziehung zwischen dem Grundherrn und den von ihm abhängigen Bauern galt das Hofrecht; Grundherr und bäuerliche Schöffen entschieden im Hofrecht über einzelne Rechtsfälle. Die Grundherrschaften besaßen in der Regel die Immunität und damit die Gerichtsgewalt über die in ihrem Herrschaftsbereich ansässigen Bauern. Der Besitz von eigenen Hofstellen verlieh den Hufenbauern zudem eine relativ selbständige Stellung und unterschied sie dadurch grundlegend von den Sklaven der Antike. Diese wirtschaftliche Selbständigkeit und deutlich spürbare soziale Aktivität der von der Grundherrschaft erfaßten Bauern ist ein wesentliches Fundament der europäischen Wirtschaftsentwicklung.

Die abendländische Grundherrschaftsordnung ist vor allem aus zwei Wurzeln entstanden: aus einer stark vom Bodeneigentum geprägten römischen und aus einer mehr durch personale Herrschaftsbeziehungen bestimmten germanischen Agrarverfassung. Aus diesen beiden Komponenten ging im wesentlichen die frühmittelalterliche Grundherrschaft hervor, die sich im Fränkischen Reich vom 6. bis zum 9. Jahrhundert zu einer besonderen Wirtschafts- und Herrschaftsordnung ausformte. Sie trat dabei in unterschiedlichen Größenordnungen in Erscheinung und zeigte vielfältige Formen in Organisation, Rechtsordnung und Wirtschaftsverfassung. Ihre charakteristische Ausprägung erhielt die frühmittelalterliche Grundherrschaft in der Villikationsverfassung, dem zweigeteilten Grundherrschaftssystem *(domaine bipartite)*, das häufig auch die klassische Grundherrschaft genannt wird. Sie ist dadurch gekennzeichnet, daß in ihrem Mittelpunkt der Fronhof *(villa)* steht, dessen Salland *(terra salica)* mit Hilfe des Hofgesindes und der auf eigenen Hofstellen *(mansi)* sitzenden Hufenbauern bewirtschaftet wird. Da die Fronhöfe eine unterschiedliche Größe und Wirtschaftsstruktur aufwiesen, war das Ausmaß der bäuerlichen Frondienste sehr verschieden. Die Grundbesitzungen großer Grundherren waren straffer organisiert, ihre Fronhöfe in Haupt- und Nebenhöfe differenziert. Größere Grundherrschaftsbezirke ordnete man nach Fronhofsverbänden, die unter der Leitung von *villici, maiores* oder *iudices* standen. Die Hufenbauern und das unfreie Hofgesinde der Herrenhöfe waren im Verband der Hofgenossenschaft, der *familia*, zusammengeschlossen und standen unter Hofrecht. [...]

Eng verknüpft mit der frühmittelalterlichen Grundherrschaft war die Hufenverfassung, die sich gleichfalls zu einem Charakteristikum der okzidentalen Agrarstruktur entwickelte. Die vom Fronhof abhängigen Bauern saßen auf eigenen Hofstellen, die mit ausreichend Land ausgestattet waren. Als Hufe *(mansus)* definierte man demnach die Normalausstattung einer grundherrlich abhängigen Bauernstelle mit Haus und Hof, Ackerland und Wiesen sowie den dazugehörigen Rechten an der Wald- und Weideallmende. Mansus und Hufe bezeichneten ursprünglich unterschiedliche Größen, glichen sich jedoch im Laufe der Zeit im Grundherrschaftsbereich an. Der Sprachgebrauch war nach Landschaften verschieden, so daß Mansus und Hufe keineswegs immer die gleiche Bedeutung hatten. Hier spielen unterschiedliche Rechtsverhältnisse und die jeweilige Stellung der Hufeninhaber im grundherrlichen Verband eine Rolle, so daß häufig Freihufen *(mansi ingenuiles)* von Knechtshufen *(mansi serviles)* abgehoben werden. Für eine bäuerliche Hufe wird zumeist eine durchschnittliche Größe von etwa 30 Morgen (10 ha) angenommen; man muß dabei aber berücksichtigen, daß die Hufengröße sich nach Bodenbeschaffenheit und Bodengüte richtete und daher von Landschaft zu Landschaft verschieden war.

Entscheidend war die Tatsache, daß die Hufe eine selbständige Hofstelle im Grundherrschaftsbereich darstellte, die den hörigen Bauern mit ausreichend Land ausstattete und ihm zugleich genügend Freiheit bei der Bewirtschaftung gewährte. Der Vollhufner war eine Norm, die zwar nur von einem Teil der Bauernschaft erreicht wurde, aber lange Zeit als Leitbild diente. Das Hufensystem hat sich von seinem karolingischen Ausgangsraum her vor allem nach Osten und Norden allmählich ausgedehnt, wobei es sich in den einzelnen Landschaften bald weniger, bald stärker durchsetzte. Seine Ausdehnung steht in engem Zusammenhang mit der Expansion der Grundherrschaft und wurde offenbar vom fränkischen Königtum gefördert: Angeregt vom Vorbild großer Klöster hat Karl d. Gr. nach Meinung von W. Schlesinger die allgemeine Verhufung des königlichen und kirchlichen Grundbesitzes betrieben.

Aus verschiedenen geistlichen Grundherrschaften erfahren wir von planmäßigen Aufzeichnungen über die Größe des Gesamtbesitzes, die in Hufenzahlen ausgedrückt wird. Vom Bistum Augsburg heißt es z. B. in den *Brevium exempla* aus der Zeit um 810, daß das Bistum insgesamt über 1427 besetzte und 80 unbesetzte Hufen verfügte. Aufzeichnungen dieser Art, wie sie von bedeutenden geistlichen Institutionen des Frankenreiches in Form von Polyptychen und Hufenregistern angefertigt worden sind, gehen möglicherweise zum Teil auf die Initiative Karls d. Gr. zurück. Er war es offenbar, der eine einigermaßen einheitliche Bemessung des an bäuerliche Hintersassen ausgegebenen Ackerlandes forderte, um eine Übersicht über die wirtschaftliche Leistungsfähigkeit des Reiches zu gewinnen. Als Grundmaß dieser Berechnungen diente die Hufe, die Bezeichnung für die durchschnittliche Bauernstelle. Die Hufe sollte nicht nur die Stelle sein, von der Abgaben und Dienste an den Grundherrn zu leisten waren, sondern auch als Grundeinheit für die allgemeine Steuererhebung fungieren. Karl hat ferner versucht, die militärische Einstufung der Freien auf das Hufensystem zu stützen. Wer über drei bis fünf Hufen Eigenbesitz verfügte, sollte selbst zum Krieg ausrücken; diejenigen, die einen geringeren Besitz hatten, sollten Gestellungsverbände bilden und jeweils gemeinsam einen Krieger ausrüsten. [. . .]

Die Dynamik der Grundherrschaft, die sich besonders im Fronhofsystem zeigte, führte zu einer erkennbaren Steigerung der Agrarproduktion und trieb den Aufschwung der Wirtschaft voran. Im Rahmen der okzidentalen Grundherrschaft besaß der Hufenbauer eine relativ große Selbständigkeit und konnte eine intensive wirtschaftliche Aktivität entfalten. Das in der Grundherrschaft vorhandene produktive Spannungsverhältnis von herrschaftlichen und genossenschaftlichen Kräften zeigte sich besonders bei den Fronhofgerichten, in denen Grundherren und Bauern gemeinsam Rechtsstreitigkeiten entschieden.

Die abendländischen Bauern besaßen demnach trotz ihrer grundherrlichen Bindung ein beträchtliches Maß an rechtlicher und ökonomischer Freiheit und unterschieden sich dadurch von der gedrückten Lage der Fellachen in der islamischen Welt. Im Gefüge der frühmittelalterlichen Grundherrschaft entstand so ein selbständiger und wirtschaftlich ausgerichteter Bauerntyp, mit dem ein besonderes Arbeitsethos verbunden war. Die großen Siedlungsleistungen des

Mittelalters, die die europäische Kulturlandschaft geformt haben, wurden im wesentlichen von einem aktiven Bauerntum hervorgebracht. Wie stark das bäuerliche Arbeitsethos vom Christentum beeinflußt war, ist schwer abzuschätzen. Im Christentum des Mittelalters hatte sich ein religiöses Arbeitsethos herausgebildet, so daß die Arbeit nicht nur rein äußerlich geheiligt, sondern als Anteilnahme am Schöpferwerk in sittlicher Hinsicht gewertet wurde. Diese Hochschätzung zeigte sich vor allem beim Mönchtum und in den Grundherrschaften der Klöster, wo die Bauern auch in Kontakt mit den Mönchen kamen. Die Bedeutung der mönchischen Arbeitsethik für die Entfaltung der abendländischen Wirtschaftsgesinnung hat Max Weber pointiert hervorgehoben: der Mönch des Mittelalters ist „der erste in jener Epoche rational lebende Mensch, der methodisch und mit rationalen Mitteln ein Ziel anstrebt, das Jenseits". Der Tagesablauf der Mönche war systematisch in Stunden des Gebets und der Arbeit eingeteilt, und auch die Wirtschaft der Mönchsklöster war planmäßig geordnet. Die rationelle Wirtschaftsführung der Mönche trat im 12. Jahrhundert besonders bei den Zisterziensern in Erscheinung, denen aufgrund ihrer energischen Wirtschaftsaktivität sogar Züge frühkapitalistischer Unternehmergesinnung attestiert worden sind. Dies aber führt uns bereits mitten in die Epoche des Hochmittelalters hinein, die zu einem ersten Höhepunkt des europäischen Bauerntums wurde.

Hans-Werner Goetz

Funktion und Organisation der Grundherrschaft

Träger der Grundherrschaft waren König, Kirche und Adel, die ihren oft umfangreichen Grundbesitz mit Hilfe eines bestimmten Systems nutzten, für das die Trennung von Eigentum und Arbeit charakteristisch ist: Der Grundherr bewirtschaftete sein Gut nicht selbst, sondern mit Hilfe abhängiger Bauern, denen er Land zur Nutzung überließ, für das diese Abgaben und Frondienste leisteten. Die wichtigste Funktion der Grundherrschaft war der Unterhalt des Herrn und seines Hofes. Die Bauern mußten also genügend Überschüsse erwirtschaften, um nicht nur die eigene Familie, sondern zusätzlich (und in erster Linie) den Grundherrn zu ernähren, der ein aufwendiges Leben führte.

Den Mittelpunkt eines solchen Verbandes bildete die *curtis*, der Herren-, Sal- oder *Fronhof*. Über seine Gestalt informiert am besten das Inventar des Königshofs in Annappes (bei Lille), das vielleicht anläßlich eines Besuchs Karls des Großen im Jahre 800 angefertigt wurde. Im Zentrum stand ein Königshaus aus Stein – in dieser Zeit noch eine Ausnahme – mit dem „Königssaal" und drei Zimmern, 11 Kammern, einem Keller und zwei Vorhallen. Innerhalb der umzäunten *curtis* befanden sich 17 weitere, einräumige Holzhäuser, ein Stall, eine Küche, ein Backhaus, zwei Scheuern und drei Geflügelställe. Den Eingang bildete ein Steintor mit Söller, von dem aus die Anweisungen gegeben wurden. Im Königshaus eines anderen Hofes befand sich eine Holzkapelle. Auch die Ausstattung an Tuchen (in der Regel je ein Bettuch, Tischtuch und Handtuch), Geräten (2 Bronzeschüsseln, 2 Trinkbecher, 2 Bronze- und ein Eisenkessel, 1 Pfanne, 1 Kesselhaken, 1 Feuerbock, 1 Kienkorb) und Werkzeuge (Beile, Barte, Bohrer, Messer, Akt, Hobel, Sensen, Sicheln und genügend Holzwerkzeug) wurde genau aufgelistet. Die Höfe waren somit auf den Empfang des Königs und anfallende Arbeiten eingerichtet. Zum Inventar gehörte auch Vieh. Ein Vergleich der verwandten Listen von Annappes und Staffelsee zeigt, daß hier mit Unterschieden zu rechnen ist. Schweine, Schafe, Rinder und Ziegen spielten neben dem Geflügel die größte Rolle; in Annappes waren auch Pferde wichtig, in Staffelsee findet sich dagegen nur ein einziges Pferd.

Fronhof, Salland und Hufen bildeten eine Wirtschaftseinheit, die sich auf einen Ort konzentrieren, aber auch über das Umland erstrecken konnte. Im Werdener Hof Friemersheim am Rhein verteilten sich das Salland auf fünf, die 122½ Hufen auf 20 Orte, die sich aber deutlich in der Gegend zwischen Moers und Friemersheim zentrierten. In weiter abgelegenen Dörfern besaß das Kloster nur noch wenige Hufen.

Das Salland, das sich, meist in mehreren Nutzflächen, um den Fronhof gruppierte oder auch über mehrere Dörfer verteilte, wie auch die einzelnen Hufe bestanden aus Anteilen an verschiedenen und in der Größe von Hof zu Hof variierenden *Wirtschaftsflächen,* vor allem an Ackerland, Weideflächen für das Vieh, gegebenenfalls Weinbergen und nicht zuletzt Waldflächen, die ganz in den Wirtschaftsbetrieb integriert waren. Der Wald ernährte die Schweine – oft wurde er danach bemessen, wieviel Schweinen er Futter bot –, lieferte Bauholz für Haus, Möbel und Werkzeuge sowie Brennstoff und war schließlich Jagdgelände für den Adel, der sich den Wildbann auf Großwild vorbehielt: Die großen Fürsten und Könige besaßen oft ein geschlossenes, exklusives Jagdgebiet, den sog. Forst. An den Hof waren ferner häufig Küchen, Back- und Brauhäuser, Keltern, sodann Gärten, Fischteiche und Mühlen angeschlossen; in den rund 40 Domänen der Prümer Grundherrschaft gab es am Ende des 9. Jh. ca. 50 Mühlen; das Kloster St. Germain-des-Prés bei Paris verfügte über insgesamt 57 Mühlen in 12 seiner 23 Domänen. Anscheinend ist bereits eine gewisse Zentralisierung anzunehmen, weil sich an einzelnen Orten die Mühlen auffällig häuften. Große Höfe verfügten noch über *geniciae,* „Frauenarbeitshäuser“, wo Tuche hergestellt wurden.

In kleineren Grundherrschaften war der Salhof zugleich Wohnsitz des Herrn; größere Grundherrschaften verfügten dagegen über eine ganze Reihe solcher Fronhofsverbände, die jeweils von Amtsträgern, dem *maior* (Meier) oder *villicus*, verwaltet wurden; man spricht deshalb von einer *Villikationsverfassung.* Bei entlegenem Besitz lohnte sich ein Eigenbetrieb nicht, so daß man lediglich Hebestellen zur Entgegennahme der Abgaben einrichtete; bei großem und konzentriertem Besitz kam es andererseits zu mehrstufigen Villikationen mit Haupt- und Nebenhöfen. Die Grundherrschaft des Klosters Prüm war am Ende des 9. Jh. in drei Oberhöfe, Prüm, Münstereifel und St. Goar, eingeteilt, denen insgesamt 42 Herrschaftsgüter mit über 1600 ha Akkerland zu 2118 Hufen angeschlossen waren. Das Kloster St. Germain-des-Prés besaß um 820 mindestens 23 Höfe mit über 4700 ha Salland und 1150 Hufen. Das Bistum Augsburg verfügte um 800 über neun Fronhöfe mit 1507 Hufen, von denen 1427 besetzt waren. Ein Aachener Konzil von 816 zählte erst einen Bestand von mehr als 3000 Hufen als Großbesitz, 200–300 Hufen galten noch als Kleinbesitz.

In seinem berühmten *Capitulare de villis,* das wohl 792/93 entstand, gab Karl der Große Anweisungen für die Verwaltung des Königsgutes im gesamten Reich, um den Unterhalt zu sichern und Mißständen vorzubeugen: Das Reichsgut war danach in Amtsbezirke *(ministeria)* unterteilt, die sich über mehrere *villae* erstreckten und jeweils einem *iudex* unterstanden; ihm oblag die Rechtsprechung über die Hörigen im Namen des Königs sowie die Aufsicht über die Landarbeit und die übrige Produktion, er war verantwortlich für die Erträge und sollte Buch führen über Abgaben, Dienste, Einnahmen, Ausgaben und Überschüsse. Die Anweisungen und Verbote zeigen, daß eine Gefahr der Entfremdung des Reichsgutes auch von seiten dieser Verwalter drohte; die *iudices* selbst bekleideten eine hohe Stellung und kümmerten sich nur gelegentlich – gewissermaßen nebenamtlich – um das Reichsgut; Karl erwartete von ihnen, daß sie ihre Güter drei- bis viermal im Jahr besichtigten; sie waren also keineswegs immer zur Stelle. Die eigentliche Beaufsichtigung der Arbeit lag vielmehr in den Händen ihrer Vertreter, vor allem der *maiores* (Meier) oder *villici* (später im Norden Schulte/Schulze, im Süden Schultheiß), deren *ministeria* nicht größer sein sollten, als sie an einem Tag beaufsichtigen konnten. Der Meier überwachte die Arbeiten der Bauern und Unfreien auf dem Salland und war verantwortlich für das Einsammeln und Abliefern der Abgaben und Zinse. Für weitergehende Befugnisse, etwa die Gerichtsbarkeit über die Hörigen, fehlen in fränkischer Zeit noch alle Belege, später aber wurde das grundherrliche Gericht oft vom Meier abgehalten. [. . .]

Die Grundherrschaft beinhaltet ihrem Wesen nach eine Beziehung zwischen dem Herrn und den von diesem Abhängigen, den Hörigen. „*Herrschaft*" hatte im Mittelalter einen ganz spezifischen Sinn und gilt nach den Untersuchungen von Brunner und Schlesinger als der Inbegriff der politischen und damit staatlichen Ordnung schlechthin: Der mittelalterliche Staat *war* „Herrschaft", Sache des Herrn; Herrschaft und Genossenschaft bildeten die beiden Grundpfeiler mittelalterlicher Staatsordnung. Damit übte auch der Grundherr über seine Hörigen gewissermaßen staatliche Rechte aus, in die der König im allgemeinen nicht eingreifen konnte: Für den hörigen Bauern bildete er meist die Ordnung, Zwangsgewalt und Obrigkeit schlechthin. Schon deshalb konnten die Träger der Grundherrschaft nur den ohnehin herrschenden Schichten, dem Adel, entstammen. Der Grundherr trat zwischen König und Hörige: „Der Bauer war weitgehend ein Höriger, ein Hintersasse, ein ‚Holde', ein Untertan und durch seinen Grundherrn dem Staat gegenüber sozusagen mediatisiert." Der Grundherr bildete somit den normalen und oft einzigen Bezugspunkt des Bauern. Allenfalls blieb die hohe Gerichtsbarkeit über Freie den staatlichen Organen vorbehalten; für die Unfreien aber galt die Herrschaft des Grundherrn uneingeschränkt. Bischof Benno von Osnabrück war nach Aussage seines Biographen streng im Eintreiben der Zinsen und scheute auch vor einer Tracht Prügel nicht zurück, um die Bauern zur Zahlung zu zwingen; „aber" – fügt der Biograph hinzu – „das wird ihm jeder gern verzeihen". Auch solche Zwangsmaßnahmen gehörten offenbar zum gewöhnlichen Herrenrecht.

Im einzelnen flossen verschiedene *Rechte* in der Hand des Grundherrn zusammen. Als Ausfluß der Hausherrschaft beinhaltete die Grundherrschaft neben der Gewere (der Verfügung über den Besitz) die Munt (mit Schutz und Schirm) über die zur Hausgemeinschaft zählenden Personen; es ist immerhin bezeichnend, daß die in der Grundherrschaft zusammengeschlossenen Hörigen als *familia* des Grundherrn bezeichnet wurden; sie bildeten einen eng zusammengehörigen Verband, der sich auf den Herrn konzentrierte. Rechte anderen Ursprungs fügten sich hier ein; das vielerörterte Problem zum Beispiel, wie sich die Herrschaft auch über Freie ausdehnen konnte, löst sich in der Grundherrschaft am leichtesten: Freie Bauern tradierten sich und ihren Besitz einem Herrn, um seinen Schutz zu erlangen. Schutz schuf Herrschaft, wie diese umgekehrt Schutzherrschaft war. (Daß das nicht überall freiwillig geschah, versteht sich von selbst; die „Acta Murensia" aus der 1. Hälfte des 11. Jh. berichten von einem mächtigen Laien in Wohlen, dem andere ihr Gut übergaben, der dann aber die anderen Bauern unterdrückte und Forderungen erhob, „fast als wären sie seine Grundholden *[mansionarii]*".) Die Gegenleistung des Geschützten war, wie beim Lehnswesen, einerseits Dienst, andererseits Hilfe und Rat; beide Parteien waren darüber hinaus durch gegenseitige Treuepflicht aneinander gebunden.

Ausfluß der Grundherrschaft waren zunächst natürlich die wirtschaftlichen Rechte auf *Dienste und Abgaben* der Hörigen, die einen beträchtlichen Anteil der Einkünfte des Grundherrn ausmachten und ihm daher vor allem wichtig waren. Während über die übrigen Rechte nur vereinzelte Nachrichten vorliegen, hat man in den mittelalterlichen Urbaren vielfach die Wirtschaftseinkünfte festgehalten. Sie bestanden im wesentlichen aus einem festen Zins für die Benutzung des grundherrlichen Landes, der im Frühmittelalter meist in Naturalien gezahlt wurde. Dazu kam eine ganze Reihe weiterer Einnahmen aus der Nutzung grundherrlicher Betriebe und Anlagen. Das schon erwähnte „Capitulare de villis" bestimmte: „Jeder Amtmann soll alljährlich über unseren Gesamtertrag berichten: Wieviel er mit den Ochsen, die im Dienst unserer Rinderhirten stehen, (eingebracht hat), was von den Hufen, die Pflugdienst leisten müssen, einkam, was an Schweinezins, an sonstigem (Grund-)Zins, an Bußen und Friedensgeld – (also aus gerichtlichen Einnahmen), für Wild, das ohne unsere Erlaubnis in unseren Forsten gefangen wurde, an verschiedenen Strafgeldern, (an Zöllen) von Mühlen, Forsten, Weiden, Brücken oder Schiffen, (an Abgaben) von freien Menschen und Zentbezirken, die Kronländereien bewirtschaften, was von Märkten, Weinbergen und denen, die Weinzins zahlen, einkam, wieviel Heu, Holz und Fackeln, Schindeln und anderes Bauholz, was von Ödland (?), wieviel Gemüse (Hülsenfrüchte), Hirse, Wolle, Flachs und Hanf, Obst, Nüsse, von gepfröpften Bäumen und Gärten, Rübenäckern und Fischteichen, wieviel Häute, Felle, Hörner, Honig, Wachs, Fett, Talg und Seife, Brombeerwein, Würzwein, Met, Essig, Bier, Most und alter Wein, alte und neue Ernte, Hühner, Eier, Gänse einkamen, was von Fischern, Schmieden, Schildmachern und Schustern, was an Backtrögen, Truhen oder Schreinen, was von Drechslern und Sattlern, aus Eisen- und Bleigruben, von sonstigen Abgabenpflichtigen eingenommen wurde, wieviel Hengst- und Fohlenstuten sie haben, (das alles) sollen sie uns in einer detaillierten, genauen und übersichtlichen Aufstellung bis Weihnachten vorlegen, damit wir wissen, was und wieviel wir von den einzelnen Dingen besitzen."

Christian Lübke

Handel und kultureller Austausch in Ost- und Mitteleuropa

Die Wanderungs- und Siedlungsbewegung, in deren Folge seit dem 6. Jahrhundert die Slaven in den schriftlichen Quellen erscheinen, war für die beteiligten Individuen und Gruppen notwendigerweise mit einer Ausweitung ihrer Lebenswelt verbunden; ihre ursprüngliche lokale Beschränkung mußten sie dabei auch mental überwinden. Die strenge Scheidung in eine vertraute Eigenwelt und in eine bedrohliche Fremdwelt geriet ins Wanken. Das Kennenlernen neuer Lebensräume und die Begegnung mit fremden Nachbarn verlangten zweifellos die Bereitschaft, mit Fremden zu kommunizieren und Formen des Umgangs mit ihnen auszubilden.

Übergangsriten, die in der Regel mit dem Austausch von Gaben verbunden sind, haben dafür eine ganz entscheidende Bedeutung. Hier liegt zugleich die Wurzel des Handels, dessen Weiterentwicklung auf dem Kontakt mit „anderen" basierte. Wenn diese „anderen" aus einem anderen Kulturkreis kamen und daher über außergewöhnliche Güter verfügten, und wenn es zudem bei den Einheimischen Güter gab, die woanders selten und deshalb außerordentlich begehrt waren, dann war der Anreiz um so größer, die einmal angeknüpften Kontakte in regelmäßige Austauschbeziehungen umzuwandeln. Die äußeren Bedingungen dafür steckte in vorstaatlicher Zeit das Gastrecht ab: Jedes Gastgeber-Gast-Verhältnis wird ursprünglich nämlich durch einen typischen Übergangsritus, eben durch den Austausch von Gaben, begründet. Gastfreundschaft ist deshalb häufig zielgerichtet, und sie folgt einem ursprünglich „egoistischen" Motiv, nämlich dem Wunsch nach „Ermöglichung eines gesicherten Handelsverkehrs". In vielem sind die Bestimmungen des Gastrechtes daher als ein Produkt von Handelsinteressen anzusehen. Den Menschen, die unterwegs waren, gaben die sich gewohnheitsrechtlich entwickelnden Regeln der Gastfreundschaft die Gewißheit, daß es nicht nur in der engeren Heimat möglich war, feindliche Begegnungen zu vermeiden, die den Verlust der Ware oder gar des Lebens bedeutet hätten. Das Gastrecht sicherte ihnen darüber hinaus für die Dauer ihres Aufenthaltes in einer fremden Umgebung Unterkunft und Verpflegung.

Wie überaus wichtig die ordnungsgemäße, das heißt dem Übergangsritus entsprechende Ankunft von Fremden gewesen ist, läßt sich aus der Fortdauer eines archaischen Rechtes ablesen, das bis in die frühe Neuzeit gegenüber jenen in Anspruch genommen wurde, die ohne Berücksichtigung der tradierten Rituale die Grenze überschritten. Es war das Strandrecht, das den Küstenbewohnern oder dem Inhaber des Strandregals in weiten Teilen Europas, dabei in krassem Gegensatz zum römischen Recht, grundsätzlich alles übereignete, was das Meer an sein Ufer warf. Das betraf nicht nur das an den Strand gespülte Gut, sondern auch die Schiffbrüchigen, denen das Schicksal der Sklaverei drohte, falls sie ihr Leben retten konnten.

Doch ist auch der Status des Gastes durchaus ambivalent gewesen. Dort, wo sich frühmittelalterliche Gesetze damit beschäftigen, erscheint sein Aufenthalt in der Fremde eher als eine Art Geschäft, das durchaus mit Risiken verbunden war. Die Gewährung von Unterkunft und Verpflegung – rechtlich meistens mit einer Dauer von mindestens drei Tagen verknüpft – bedeutet nämlich die Ausdehnung der Hausherrschaft des Gastgebers über den Gast, für den er, wie für einen abhängigen Unfreien, vor Gericht haftet. Starb ein Kaufmann bei seinem gastgebenden Handelspartner, dann war damit für seine Nachkommen sogar der Verlust des Erbes verbunden. In diesem Fall fiel dem Gastgeber die Habe des Verstorbenen zu.

Für den reisenden Kaufmann war es also ratsam, in der Fremde einen vertrauenswürdigen Gewährsmann zu haben, der ihn in allen Belangen vertrat und beschützte, der als sein „Patron“ auftrat. Die Übereignung eines Gastgeschenkes war der geeignete Übergangsritus für die Anknüpfung persönlicher und bindender Beziehungen zwischen zwei Partnern. [. . .]

Staatliches, das heißt eigentlich herrscherliches Interesse hat sich im Fränkischen Reich ganz allmählich in die profitträchtigen Handelsbeziehungen eingemischt und für günstige Verkehrsbedingungen gesorgt. Der König schlüpfte gewissermaßen in die Rolle des Gastgebers, beanspruchte in der Form des Zolls die Gastgeschenke für sich und garantierte dafür landesweit die persönliche Integrität der fremden Kaufleute. Im Fall des Ablebens seines Gastes fielen sein Hab und Gut an ihn. Solange der Wunsch des Königs nach seltenen und exotischen Waren Vorrang vor ideologischen Bedenken hatte, konnten fremde Händler sogar ihre heidnische Religion in der christlichen Umwelt ausüben. In der zweiten Hälfte des 8. Jahrhunderts wurde beispielsweise die kultische Handlung der Verbrennung und Urnen-Bestattung eines friesischen Kaufmanns direkt vor den Mauern der königlichen Pfalz Ingelheim vollzogen. In England ermöglichte das sogenannte *primsigning*, die vorübergehende Kennzeichnung heidnischer nordischer Händler mit einem auf die Stirn gemalten Kreuz, noch im 10. Jahrhundert den Besuch christlicher Märkte.

Daß man auch im Hinblick auf die Erhebung von Abgaben durchaus flexibel war und wenn nötig auf gewachsene Strukturen Rücksicht nahm, läßt eine Urkunde Karls des Großen erkennen. Friesischen Händlern in Dorestad, die zur *familia* des Bischofs von Utrecht gehörten, sicherte sie zu, daß sie ihre Handelspartner auf ihren außerhalb der Siedlung liegenden Uferstücken empfangen durften, ohne daß diese die ortsüblichen Abgaben zu zahlen hatten. Insgesamt aber haben sich die fränkischen Könige den Handel als eine wichtige Einnahmequelle erschlossen. An den Eingangsorten in ihr Reich organisierten die Karolinger Kontrollen für den grenzüberschreitenden Handel, so gemäß dem Kapitular von Diedenhofen entlang der gesamten Grenze zum Slavenland und gemäß der Zollordnung von Raffelstetten (Ende 9. Jahrhundert) für eine ganze Handelsregion entlang der Donau im Grenzland zum Großmährischen Reich. Eine Duldung oder gar Förderung unabhängiger multiethnischer Handelszentren ist daher mit dem Anspruch der Karolinger auf Kontrolle des Handels in ihrem *regnum* nicht vereinbar gewesen, ganz zu schweigen von den religiösen Vorbehalten, die um so schwerer wogen, als die Bischofsstädte im Marktgeschehen eine führende Rolle spielten.

Eine Ausnahme bildeten aber die Juden; für die christliche Kirche galt deren Erhalt im Hinblick auf die Wiederkunft Christi sogar als „heilsnotwendig". Als Fremde genossen sie den Vorteil, frei von allen Bindungen zu sein, die ihre Bewegungsfreiheit hätten einengen können. Politisch waren sie neutral, weshalb sie ungehindert zwischen dem muselmanischen Spanien und dem heidnischen Slavenland pendeln konnten, ja, für den diplomatischen Verkehr waren ihre Dienste unverzichtbar. Vor allem dominierten Juden den überaus lukrativen Bereich des Sklavenhandels, der Christen verwehrt war, in dem aber großer Gewinn lockte.

Es ist daher kein Wunder, daß die karolingischen Herrscher die Tätigkeit jüdischer Händler durch die Ausstellung von Privilegien förderten. Diese sicherten den Juden über die Handelsvorteile hinaus die Bewahrung ihrer kultischen und sozialen Identität, den Monarchen dagegen die für ihr herrscherliches Selbstverständnis notwendigen exotischen Luxusgüter. Die ihnen verliehenen Privilegien empfanden die gegenüber der heimischen Bevölkerung bevorrechtigten Juden sicher als „Befreiung"; genau genommen war ihre Sonderstellung aber eher Ausdruck von Unfreiheit, nämlich der fehlenden Teilhabe an der schützenden Rechtsgemeinschaft der heimischen Gesellschaft. Auf dieser Basis spielte sich dennoch ein über lange Zeit gültiger *modus vivendi* ein, von dem beide Seiten profitierten, der aber die Fremdheit der Juden und ihre Spezialisierung im Handel festschrieb, die dann in der Formulierung des Raffelstettener Zollweistums *(Mercatores, id est Iudei et ceteri mercatores)* ihren treffenden Ausdruck fand. Als Beschützer ihrer jüdischen Hoflieferanten haben die Herrscher auch über die Grenzen ihrer Reiche hinaus gewirkt. Für den arabischen Schriftsteller des 10. Jahrhunderts Ibrahim al Quarawi war es ein charakteristisches Merkmal der Juden, daß sie „unter dem Schutz der Franken" standen.

Im Gegensatz zu dieser engen Bindung der fremden Fernhändler an den Herrscher stehen die multiethnischen Handelsplätze der Osthälfte Europas. Hier ist zu berücksichtigen, daß weite Gebiete von Gruppen besiedelt wurden, die sich in ihrer Lebensweise und materiellen Kultur nicht sonderlich unterschieden. Deshalb hat der Handel an der Peripherie, wozu vor allem die Seehandelsplätze zu zählen sind, stets eine führende Rolle gespielt, während er im Binnenland auf die stimulierende Wirkung der Transitrouten angewiesen war. An den Austauschplätzen in der Peripherie und an den Transitrouten entwickelten sich dabei nicht nur interethnische Kontakte, sondern es entstanden auch Formen eines frühstädtischen multiethnischen Zusammenlebens.

Vor allem die Handelszentren im Ostseegebiet hatten als *ports of trade* oder als „Freihandelszonen" einen hohen Grad an innerer Autonomie. Die Nachbarmächte verzichteten auf Annexion, solange der dort praktizierte freie Warenaustausch ihnen Nutzen brachte. Mitunter beschränkte sich der nächste Inhaber politischer Gewalt auf die bloße Repräsentanz in der Nähe, um seinen Anspruch auf Oberherrschaft zu demonstrieren. Auf lange Sicht aber war dieser Typ von Austauschplätzen dennoch nicht lebensfähig: Mit dem Schrumpfen von Grenzmarken zu Grenzlinien verschwand der Lebensraum der *ports of trade*, und der Anspruch der Fürsten auf unumschränkte Herrschaft in ihren *regna* war mit der Duldung solcher exterritorialer Gebiete nicht vereinbar. Sobald territoriale Herrschaftsbildungen den engeren Rahmen von Sippe und Stamm sprengten, reklamierten die Fürsten und Könige die Einnahmen aus den Handelsgeschäften in Form von Zöllen für sich, indem sie die Rolle des Gastgebers und damit des Empfängers jener Gastgeschenke übernahmen, die mit dem Akt der Grenzüberschreitung unmittelbar verknüpft waren. Zuvor hatten die Vorsteher der Stämme und Siedlungsgefilde, in Einzelfällen – wie auf Rügen – auch die Priester der lokalen Heiligtümer, vom Transithandel profitiert.

Um so höher mußten die Einnahmen aus dem Zollgeschäft – in der Regel ein Zehntel der mitgeführten Waren – sein, wenn man über einen florierenden Markt für Fernhändler verfügte, an dem die wertvollsten Luxusgüter angeboten wurden. [. . .]

Insgesamt läßt sich feststellen, daß in der zweiten Hälfte des ersten nachchristlichen Jahrtausends die gesellschaftliche Entwicklung vor allem in der östlichen Hälfte Europas in engem Zusammenhang mit der Intensivierung des materiellen und kulturellen Austauschs stand. Sichtbarster Ausdruck dafür waren zunächst die multiethnischen Handelszentren. Zwar haben sie weder als selbständige Gebilde noch als integrale Bestandteile der neu entstehenden Territorialstaaten überlebt, doch hat die in ihnen praktizierte Toleranz gegenüber den Angehörigen anderer Ethnien und Religionen ihre Wirkung hinterlassen. Sie gab den Anstoß zur Aufnahme fremder Spezialisten durch die Fürsten, zunächst im Heer, dann nach der Christianisierung in der Kirche und schließlich in der Wirtschafts- und Fiskalverwaltung. Diese Fremden, die hauptsächlich an den fürstlichen Residenzen und Burgen sowie an den Bischofssitzen tätig waren, wurden durch Ämter entlohnt oder durch Anteile an den fürstlichen Einnahmen. Anders als im Westen gab es zunächst keine Landschenkungen oder -leihen, wodurch eine enge Bindung der Fremden an die Fürsten bestehen blieb. Die fremden Elemente trugen zur Ausprägung einer neuen politischen Elite bei und auf diese Art und Weise, so scheint es, schließlich auch zur Ausbildung eines gemeinsamen Bewußtseins aller Angehörigen des Landes, aller Untertanen des Monarchen.

Michael North

Das Geld

Was Geld ist und war, änderte sich im Laufe der geschichtlichen Entwicklung, und so wurde auch die Frage nach dem „Wesen des Geldes" in jeder Epoche unterschiedlich beantwortet. Während das Geld in den wenig entwickelten Gesellschaften als "Hortgeld" oder „Protzgeld" zur Repräsentation und zur dauerhaften Vermögensanlage Verwendung fand, wird es in den modernen Volkswirtschaften nach seinen drei Grundfunktionen, des Tauschmittels, des Wertaufbewahrungsmittels und der Recheneinheit, definiert.

Die Funktion des Geldes als Tauschmittel resultiert aus der räumlichen und zeitlichen Diskrepanz zwischen dem Kauf und Verkauf von Gütern im Zuge der zunehmenden Arbeitsteilung der Wirtschaft. Man tauscht nicht länger Gut gegen Gut, z. B. nicht mehr Getreide gegen Vieh, sondern wandelt das Gut in das allgemein anerkannte Tauschmittel Geld um, das wiederum auf anderen Märkten zum Wareneinkauf verwendet werden kann. Aufgrund des Zeitunterschiedes zwischen Kauf und Verkauf ist es notwendig, die aus dem Warenverkauf gewonnene Kaufkraft über einen längeren Zeitraum bis zum nächsten Einkauf zu bewahren. Dabei erfüllt das unverderbliche Geld die Funktion des Wertaufbewahrungsmittels. Schließlich ermöglicht die Funktion der Recheneinheit, Warenpreise in festen Geldeinheiten auszudrücken und damit über Räume und Zeiten hinweg zu vergleichen. Welche Funktionen das Geld übernahm und welche Stoffe als Geld verwendet wurden, bestimmte der Entwicklungsstand der Geldwirtschaft, d. h. der Monetarisierungsgrad der Gesellschaft.

Hatte sich das Römische Reich durch ein hochentwickeltes, aus Gold-, Silber- und Kupfermünzen bestehendes Geldwesen ausgezeichnet, so brachen mit seinem Niedergang und den Invasionen der Völkerwanderungszeit Handel und Geldwirtschaft im Mittelmeerraum und Westeuropa weitgehend zusammen. Es sollte Jahrhunderte dauern, bis erneut Ansätze einer staatlichen Münzprägung und eines regelmäßigen inländischen Geldverkehrs festzustellen waren. Zwar wurde im fränkischen Merowingerreich an Rhein, Maas und Mosel im 6. Jahrhundert die Goldmünzenprägung wiederbelebt, und zu Beginn des 8. Jahrhunderts nahm man in Dorestad an den Mündungsarmen des Rheins eine umfangreiche Silberprägung auf, als der friesische Handel seinen Aufschwung nahm. Aber erst mit den Münzreformen der karolingischen Herrscher Pippin und Karl der Große wurden die Grundlagen für die mittelalterliche Geldgeschichte gelegt.

Pippin stellte in den 750er Jahren das Münzwesen unter staatliche Aufsicht und beseitigte die Münzrechte der als Privatunternehmer prägenden Münzer *(monetarii)*. Seit Pippins Sohn Karl beanspruchten die fränkischen Könige die strikte Münzhoheit mit der ausschließlichen Zuständigkeit für Münzprägung, Münzfuß sowie die Errichtung von Münzstätten. Karl sah sich nämlich vor die Aufgabe gestellt, ein einheitliches Münz-, Maß- und Gewichtssystem für das in alle Himmelsrichtungen wachsende Frankenreich zu schaffen. Dies gelang ihm in der Reform der Jahre 793/94, in der das römische Pfund *(libra)* durch das Karlspfund *(pondus Caroli)* als Grundgewicht der Münzen zu 408 g ersetzt wurde. Aus dem Pfund prägte man 240 silberne Denare oder Pfennige zu 1,7 g von denen 12 auf einen Schilling (Solidus) und 20 Schillinge auf das Pfund gerechnet wurden. Damit war in Westeuropa endgültig eine Silberwährung etabliert, die rund 500 Jahre unangefochten gelten sollte. Noch längeren Bestand hatte in den meisten europäischen Staaten – in Großbritannien sogar bis 1971 – das Rechengeldsystem Pfennig – Schilling – Pfund. Dadurch, daß als einzige Münze der Denar ausgeprägt wurde, blieben Schilling und Pfund lange Zeit Rechenmünzen, die nur auf dem Papier standen. In diesen Rechengeldeinheiten drückte man Warenpreise ebenso aus wie den Wert der geprägten und umlaufenden Münzen.

Die Münzprägung wurde an den königlichen Pfalzen zentralisiert, was die Vereinheitlichung des Münzwesens erleichterte. Alle umlaufenden Münzen konnten auf diese Weise von Zeit zu Zeit zentral eingezogen und durch neue ersetzt werden. Dabei konzentrierten sich die karolingischen Münzstätten in dem Gebiet zwischen Seine und Rhein; erst Ludwig der Fromme richtete – möglicherweise in Zusammenhang mit der Reichsteilung 817 – östlich des Rheins in Regensburg eine Münzstätte ein. Wenn man die Geldeigenschaft der Karolingermünzen untersucht und fragt, ob diese die Funktion eines allgemeinen Tauschmittels erfüllten, lautet die Antwort für den größten Teil des Karolingerreiches: nein!

Abgesehen von den friesischen Handelsemporien wie Dorestad oder Domburg auf Walcheren oder den städtischen Sklavenmärkten in Verdun und Mainz war das karolingische Europa durch das Fronhofsystem und damit agrarwirtschaftlich geprägt. Um einen Fron- oder Herrenhof konzentrierten sich zahlreiche Bauernhöfe, deren leibeigene Besitzer auf den Feldern des Fronhofes arbeiteten und gleichzeitig Naturalabgaben leisteten. Die einzelnen Fronhöfe bildeten autarke Wirtschaftseinheiten und traten deshalb auf dem Markt als Käufer ebenso wenig in Erscheinung wie die Bauern als Produzenten.

Dennoch sind in den karolingischen Kerngebieten im Pariser Becken oder zwischen Maas und Rhein – bedingt durch eine wachsende Arbeitsteilung auf den Fronhöfen – im 8. und vor allem im 9. Jahrhundert Marktbeziehungen der Bauern festzustellen. So konnte die reiche Abtei St. Germain-des-Prés bei Paris im frühen 9. Jahrhundert bereits 2 Denare pro Hufe von ihren Bauern fordern, obgleich die Geldeinnahmen der Abtei nicht mehr als 3% der in Form von Naturalien und Arbeitsleistungen erhobenen Renteneinnahmen der Abtei ausmachten. Die Wirtschaft der Abtei war noch immer auf die Selbstversorgung ausgerichtet, da Münzgeld relativ knapp war.

Noch seltener wurden die Münzen, wenn man über die Rheingrenze hinausging. Hier hatte kaum ein Mensch je eine Münze zu Gesicht bekommen, geschweige denn besessen, und selbst das reiche Kloster Fulda bezahlte im Jahre 827 urbar gemachtes Land mit 8 Schwertern, 5 Stücken Tuch, 4 Stück Vieh, einem Pferd und zwei Paar Ohrringen. Aber auch in den hochentwickelten Kernregionen des Karolingerreiches, in denen sich Marktkontakte der bäuerlichen Bevölkerung und Ware-Geld-Beziehungen ausgebildet hatten, brachten die Wikingerüberfälle im späten 9. Jahrhundert einen Rückschritt der Monetarisierung. Indem die Wikinger jeden Hafen zwischen Hamburg und Bordeaux zum Teil mehrfach überfielen und plünderten, zerstörten sie das friesische Handelsnetz und blockierten den Austausch zwischen den Märkten. Außerdem verringerten die Silbertribute des sog. Danegelds, mit denen sich die von den Wikingern eroberten oder bedrohten Gebiete von weiterer Plünderung freikauften, die Silbervorräte des Karolingerreichs, auch wenn die Zahlungen großenteils aus dem Silbergerät von Kirchen und Klöstern stammten. Die Münzprägung pausierte. An eine Ausweitung der Geldwirtschaft war unter diesen Umständen überhaupt nicht zu denken.

Horst Fuhrmann

Guter Tod, schlechter Tod

Jeder der drei klassischen Stände des Mittelalters – der Wehr-, der Lehr- und der Nährstand: Ritterschaft, Geistlichkeit und Bauern – hatte sein eigenes Leben. Doch der Tod machte alle gleich. Tat er das wirklich?

Wenn unter dem alles gleichmachenden Tod verstanden werden soll, daß irgendwann jedes Menschen Leben zu Ende geht, so trifft der Satz zu. Aber wie verschieden können Tote behandelt werden! Sie können – vom Begräbnisaufwand abgesehen – in der Kirche neben den Altarreliquien eines Heiligen bestattet liegen, dessen „Patronat" erhofft wird; sie können aber auch abseits verscharrt sein. Eine reiche Stiftung kann ein dauerndes Gedenken ermöglichen, das dem Toten im Jenseits zugute kommt. Wie stark die Überzeugung war, daß ein Stifter auch eine spirituelle Gegenleistung erhält, zeigen zahlreiche Dotationen. Bischof Benno II. von Osnabrück (†1088) gründete das benachbarte Kloster Iburg und scherzte kurz vor seinem Tod mit den dortigen Mönchen: Er – der Stifter – dürfe doch wohl nach seinem Tod von den Mönchen als Dank für seine Gaben, die sie gerade genössen, jeden Tag eine kleine (geistliche) Mahlzeit erwarten, so daß seine Seele durch Gebet genährt werde. Umgekehrt konnte man einen heiligmäßigen Mann, der sich zum Sterben anschickte, um Fürbitte angehen: Die Mönche von Fulda umstanden das Sterbebett ihres Abtes Sturmi (†779) und baten ihn, nach seinem Tod ihr Fürbitter im Jenseits zu sein und ihrer zu gedenken. Aber es gab auch arme Leute, denen niemand half. Wer mit kirchlichen Strafen geschlagen war, mußte nach seinem Tode mit einem Platz im Fegefeuer oder gar in der Hölle rechnen.

Wichtig war, wie man zu Tode kam, und die „Kunst des Sterbens" (ars moriendi) bildete eine eigene Gattung geistlichen Schrifttums, zunächst für den pastoralen und monastischen Bereich gedacht, später dem Laien an die Hand gegeben und häufig in Volkssprachen abgefaßt. Als „schöner Tod“ gilt heute gemeinhin ein schnelles Sterben. Das Mittelalter hingegen schätzte die Einübung in das Sterben, das plötzliche Verscheiden wurde als schlimmer Tod angesehen. Morgens betete man zum heiligen Christophorus, daß man tagsüber nicht eines „üblen“, eines unvorbereiteten Todes ohne die Sterbesakramente der Kirche sterbe. Ohne Heilsmittel versehen zu sterben, war ein schlechter Eintritt ins Jenseits. Wenn Abt Bern von Reichenau beim Tod jenes Mönches Heinrich so großen liturgischen Aufwand betrieb, so deshalb, weil, wie Bern selbst schrieb, dieser eines plötzlichen Todes gestorben war und man den Übelstand durch besondere Fürbitten ausgleichen wollte.

Der Tod gehörte zum Leben. Ketzer, so erzählte man sich, überfiele ein plötzlicher und grausamer Tod: Arius († 336), der Erzketzer, oder Theoderich der Große († 526), der irrgläubige Gotenkönig, wurden als Beispiele zitiert. Zwar ist es eine Legende, daß sogar ein römischer Bischof namens Leo eines höchst schmählichen und geradewegs zur Hölle führenden Todes gestorben sei, aber sie steht immerhin in der „Goldenen Legende“, einem der Hauptlesebücher des späteren Mittelalters. Dieser Papst, so sagt die Legende, sei ketzerischen Glaubens gewesen und habe den heiligen Hilarius († 367) nicht an einem Konzil teilnehmen lassen wollen, aber da geschah Furchtbares: „Der Papst mußte an einem heimlichen Ort die Notdurft der Natur verrichten; da fuhr die rote Ruhr in ihn und all sein Eingeweide ging ihm zum Leibe heraus; also starb er eines jähen Todes an einer schmählichen Statt.“ Dieser Bericht machte den spätmittelalterlichen Kirchenjuristen schwer zu schaffen, schien er doch die Irrtumsmöglichkeit des Papstes und das auf dem Fuß folgende Gottesurteil zu belegen. Wer heute eine solche Geschichte aufbrächte, würde wegen Religionsfrevels belangt. Nicht so im Mittelalter: Das unerhörte Geschehen mit dem auf dem Abtritt verscheidenden

Papst wurde in aller Drastik in Stein gehauen und frei von Prüderie als Relief über Kirchenportalen angebracht: als Fingerzeig, daß falscher Glaube in einen schlimmen Tod führe und in ein schlimmes Jenseits. Zur „Lebensqualität" gehörte im Mittelalter auch die Sterbequalität.

Einhard

„Knistern im Gebälk": der Tod Karls des Großen im Jahre 814

Gegen Ende seines Lebens, als ihn schon sehr Alter und Krankheit schwächten, berief er seinen Sohn Ludwig, den König von Aquitanien, der von den Söhnen der Hildigard noch allein am Leben war, zu sich und erklärte ihn in feierlicher Versammlung der Großen aus dem ganzen Frankenreich mit aller Bestimmung zum Mitregenten im ganzen Reich und zum Erben des kaiserlichen Namens, setzte ihm das Diadem auf das Haupt und ließ ihn Kaiser und Augustus nennen. Diese seine Absicht wurde von allen Anwesenden mit großem Beifall aufgenommen; schien es doch, als wäre ihm dieser Gedanke zum Besten des Reichs vom Himmel eingegeben worden. Diese Tat hob noch seine überragende Stellung und flößte fremden Völkern keine geringe Furcht ein. Nachdem er hierauf seinen Sohn nach Aquitanien entlassen hatte, zog er, wie es seine Gewohnheit war, obgleich schon sehr entkräftet vom Alter, nicht weit von seiner Pfalz Aachen auf die Jagd. Damit brachte er den Rest des Herbstes hin und kehrte dann um den ersten November nach Aachen zurück. Hier wollte er den Winter über verweilen; aber im Januar mußte er sich, von einem heftigen Fieber ergriffen, zu Bette legen. Er gebot für sich sogleich, wie er es beim Fieber immer tat, ein Fasten, in der Meinung, durch diesen Verzicht die Krankheit bezwingen oder wenigstens lindern zu können; als aber zum Fieber noch Seitenschmerzen (auf griechisch: Pleuresis) hinzutraten, und er immer noch seine Hungerkur fortsetzte und seinen Leib nur durch spärliches Trinken stärkte, so starb er nach Empfang des heiligen Abendmahls, am siebenten Tage nachdem er sich gelegt hatte, im zweiundsiebzigsten Jahre seines Alters, im siebenundvierzigsten seiner Herrschaft, am 28. Januar in der dritten Stunde des Tages.

31. Sein Leichnam wurde in der üblichen Weise gewaschen und besorgt und unter großen Wehklagen des gesamten Volkes nach der Kirche getragen und daselbst bestattet. Man war anfangs uneinig, wo man ihn beisetzen sollte, weil er selbst bei seinen Lebzeiten nichts darüber bestimmt hatte; zuletzt aber vereinigten sich alle dahin, nirgends könne er eine würdigere Grabstätte finden, als in der Kirche, die er selbst aus Liebe zu Gott und zu unserm Herrn Jesu Christo und zu Ehren der heiligen und ewigen Jungfrau der Gottesmutter in Aachen auf eigene Kosten erbaut hat. Hier wurde er nun beigesetzt noch am gleichen Tage, da er gestorben war, und über dem Grab ein vergoldeter Bogen mit seinem Bild und einer Inschrift errichtet. Die Inschrift lautete aber: Hier unten liegt der Leib Karls des großen und rechtgläubigen Kaisers, der das Reich der Franken herrlich vergrößert und siebenundvierzig Jahre hindurch glücklich regiert hat. Er starb ein Siebziger im Jahre des Herrn 814, in der siebenten Indiction, am 28. Januar.

32. Mehrfach hatten Vorzeichen auf das Herannahen seines Todes hingewiesen, so daß nicht bloß andere, sondern auch er selber ihn kommen fühlte. In den drei letzten Jahren seines Lebens gab es sehr viele Sonnen- und Mondfinsternisse und an der Sonne bemerkte man sieben Tage lang einen schwarzen Flecken. Der Säulengang, den er zwischen der Kirche und dem Palast mit großer Mühe hatte aufführen lassen, stürzte am Himmelfahrtstage plötzlich bis auf den Grund zusammen. Die Rheinbrücke bei Mainz, ein herrli-

ches Werk, das er in einem Zeitraum von zehn Jahren mit unendlicher Mühe und wunderbarer Kunst so fest aus Holz gebaut hatte, daß man glaubte, es könnte für die Ewigkeit stehen, wurde durch eine zufällig entstandene Feuersbrunst in drei Stunden so vollständig verzehrt, daß außer dem, was vom Wasser bedeckt war, kein Span übrig blieb. Er selbst sah auf dem letzten Feldzug nach Sachsen, gegen Godofrid den Dänenkönig, eines Tags als er vor Sonnenaufgang das Lager verlassen und den Marsch angetreten hatte, mit einem Male eine Fackel vom Himmel herunterfallen und in hellem Glanze von der rechten auf die linke Seite durch die heitere Luft fliegen, und während sich alle verwunderten, was dieses Zeichen zu bedeuten habe, warf ihn plötzlich das Roß, das er ritt, indem es den Kopf zwischen die Beine nahm, so heftig zur Erde, daß die Spange seines Mantels brach, sein Schwertgurt zerriß und er von der herzueilenden Dienerschaft ohne Waffen und ohne Mantel aufgehoben wurde. Der Speer, den er gerade in der Hand hielt, wurde dabei zwanzig oder noch mehr Fuß weit fortgeschleudert. Zu diesem Unfall kam noch eine häufige Erschütterung seines Palastes zu Aachen und in den Häusern, in welchen er sich aufhielt, ein beständiges Knistern im Gebälk. Auch wurde die Kirche, in der er nachmals seine Grabstätte fand, vom Blitz getroffen und dabei der goldene Apfel, der die Spitze des Daches schmückte, vom Blitzstrahl heruntergerissen und auf den Bischofshof neben der Kirche geschleudert. Auf dem Reif des Kranzes, der zwischen den oberen und unteren Bogen im Innern dieser Kirche herumging, war eine Inschrift in roter Farbe, die besagte, wer der Gründer des Gotteshauses sei, und in deren letzter Zeile die Worte standen: Karolus princeps (der Fürst Karl). In seinem Sterbejahr, wenige Monate vor seinem Tode, wurde, wie das etliche bemerkt haben, das Wort princeps ganz und gar verlöscht. Aber alle diese Vorzeichen ließ er nicht gelten oder verachtete sie, als ginge ihn keines von ihnen irgend etwas an.

Horst Fuhrmann

„[. . .] denn die Welt klagt um das Hinscheiden Karls"

In Aachen auch ist Karl Ende Januar 814 gestorben. Die Trauer über seinen Tod war allgemein und dürfte echt gewesen sein. Es gibt rhythmisch gefaßte Totenklagen, die Karls Tugenden besingen:

> „Vom östlichen Sonnenaufgang bis zu den westlichen Meeresküsten erschüttert Klage die Herzen.
> Ach, ich Armer.
> Unaufhörlich fließen der Tränen Ströme,
> denn die Welt klagt um das Hinscheiden Karls.
> Ach, ich Armer.
> Den erlauchten Kaiser Karl deckt schon der mit dem Grabmal versehene Erdhügel.
> Ach, ich Armer [. . .]"
>
> (und so weiter, insgesamt 20 Strophen).

In Aachen ist Karl in einer Gruft beigesetzt worden, die bald eine besondere Verehrung umgab.

Der Wunsch, Karl nachzueifern, fand vielfachen Ausdruck. Der jugendliche deutsche Kaiser Otto III. (983–1002) ließ um die Jahrtausendwende das Grab öffnen. Ein norditalienischer Chronist war dabei; er berichtet: „Wir traten bei Karl ein. Denn er lag nicht, wie die Körper anderer Verstorbener, sondern er saß auf einem Hochsitz, als lebe er. Er war mit einer goldenen Krone gekrönt, hielt das Zepter in den Händen mit angezogenen Handschuhen, durch die bereits die Fingernägel durchbohrend herausgekommen waren. Über ihm war eine Decke aus Kalk und Marmorstein gefertigt. Als wir sie berührten, brachen wir gleich ein Loch hinein. Als wir dann zu ihm hereinkamen, empfanden wir einen sehr starken Geruch. Wir richteten sofort ein Gebet an ihn mit gebeugten Knien. Dann bekleidete ihn Kaiser Otto mit weißen Gewändern, schnitt ihm die Nägel und stellte alles Fehlende um ihn wieder auf. Von seinen Gliedern war bis dahin nichts durch Verwesung vergangen, außer daß von seiner Nasenspitze ein weniges fehlte, was der Kaiser aus Gold ergänzen ließ. Aus seinem Munde zog er einen Zahn, dann ließ er die Decke wiederherstellen und ging weg."

Autoren- und Quellenverzeichnis

Alle genannten Werke sind im
Verlag C. H. Beck erschienen.

ARNOLD ANGENENDT, geb. 1934, ist o. Professor für Kirchengeschichte an der Universität Münster.
Werke: Heilige und Reliquien. Die Geschichte ihres Kultes vom frühen Christentum bis zur Gegenwart (1994).
Heiligenviten und Mirakel: Typik und Exempel 129
Aus: Heilige und Reliquien, S. 138–45.

HARTMUT BOOCKMANN, geb. 1934, lehrt als Ordinarius für Mittlere und Neuere Geschichte seit 1975 an der Universität Kiel, seit 1982 an der Universität Göttingen, 1992–1995 an der Humboldt-Universität zu Berlin. 1986/87 Historisches Kolleg München.
Werke: (Hg.): Das Mittelalter. Ein Lesebuch aus Texten und Zeugnissen vom 6. bis 16. Jahrhundert (^{2}1989); Einführung in die Geschichte des Mittelalters (^{5}1992); Der Deutsche Orden. Zwölf Kapitel aus seiner Geschichte (^{4}1994); Fürsten, Bürger, Edelleute. Lebensbilder im späten Mittelalter (1994); Die Stadt im späten Mittelalter (^{3}1994).
Abhängigkeitsverhältnisse 172
Aus: Das Mittelalter, S. 40f., S. 44f.

PETER BROWN hat an den Universitäten von Oxford, London und Berkeley gelehrt und ist Rollins Professor für Geschichte an der Universität Princeton. Zahlreiche seiner Bücher sind auch ins Deutsche übersetzt worden.
Werke: Die Entstehung des christlichen Europa (1996).
Christentum und Imperium 48
Severinus von Noricum 63
Die Ablöse der merowingischen Könige 216
Die korrekte Sprache und der Wille zur Wahrheit: die „karolingische Renaissance" 270
Aus: Die Entstehung des christlichen Europa, S. 36–47; S. 95–98; S. 295–99; S. 326–336.

ALEXANDER DEMANDT, geb. 1937, ist o. Professor für Alte Geschichte an der Freien Universität Berlin und war von 1984–94 Vorsitzender der Historischen Gesellschaft zu Berlin.
Werke: Metaphern für Geschichte. Sprachbilder und Gleichnisse im historisch-politischen Denken (1978); Der Fall Roms. Die Auflösung des römischen Reiches im Urteil der Nachwelt (1984); Die Spätantike. Die Römische Geschichte von Diocletian bis Justinian 284–565 n. Chr. (1988); (Hg.): Macht und Recht. Große Prozesse in der Geschichte ([3]1991); (Hg.): Deutschlands Grenzen in der Geschichte ([3]1993); (Hg.): Mit Fremden leben. Eine Kulturgeschichte von der Antike bis zur Gegenwart (1995); Das Privatleben der römischen Kaiser (1996).

Aus: Die Spätantike, S. 470–75; S. 401–413.

EINHARD, mittelalterlicher Autor, um 770–840, war Mitglied des berühmten Gelehrtenkreises am Hof Karls des Großen. Der Kaiser übertrug ihm die Oberaufsicht über die Bauten, vertraute ihm wichtige diplomatische Missionen an und unterstellte ihm mehrere Klöster als Laienabt. Um 833 verfaßte er eine Biographie Karls des Großen, die „Vita Caroli Magni".

Aus: Vita Karoli Magni, in: Ausgewählte Quellen zur karolingischen Reichsgeschichte, Freiherr vom Stein-Gedächtnisausgabe 5, hg. Reinhold Rau (Darmstadt 1968), S. 201–205.

EDITH ENNEN, geb. 1907, hatte vor ihrer Emeritierung den Lehrstuhl für Mittelalterliche und Neuere Geschichte, rheinische Landesgeschichte an der Universität Bonn inne. Ihr zentrales Forschungsgebiet ist die europäische Stadt des Mittelalters und der frühen Neuzeit.
Werke: Frauen im Mittelalter ([5]1994).

Aus: Frauen im Mittelalter, S. 49–52; S. 52–55.

JOSEP FONTANA, geb. 1931, gilt als einer der führenden spanischen Historiker. Er lehrte Zeitgeschichte und Wirtschaftswissenschaften an den Universitäten von Barcelona und Valencia. Er ist lei-

tender Direktor des Institut Universitaria d'Historia Jaume Vicens Vives der Universität Pompeu Fabra in Barcelona.
Werke: Europa im Spiegel. Eine kritische Revision der europäischen Geschichte (1995).
Der Spiegel der Barbaren 23
Aus: Europa im Spiegel, S. 24–30.

Horst Fuhrmann, geb. 1926, ehem. Präsident der „Monumenta Germaniae Historica" und Professor em. für Geschichte an der Universität Regensburg ist Präsident der Bayerischen Akademie der Wissenschaften. Er hat für seine Forschungen zahlreiche in- und ausländische Ehrungen erhalten und ist Ehrendoktor mehrerer Universitäten.
Werke: Von Petrus zu Johannes Paul II. Das Papsttum: Gestalt und Gestalten (^{2}1984); Einladung ins Mittelalter (^{4}1989); „Fern von gebildeten Menschen". Eine oberschlesische Kleinstadt um 1870 (1989); Überall ist Mittelalter. Von der Gegenwart einer vergangenen Zeit (1996); „Sind eben alles Menschen gewesen". Gelehrtenleben im 19. und 20. Jahrhundert (1996).
Das Erscheinungsbild Karls des Großen 267
Guter Tod, schlechter Tod 304
„[. . .] denn die Welt klagt um das Hinscheiden Karls" 309
Aus: Einladung ins Mittelalter, S. 66 ff.; S. 75 f.; S. 48 ff.

Patrick J. Geary, ist Professor für Mittelalterliche Geschichte an der UCLA (University of California – Los Angeles) und Direktor des Center of Medieval and Renaissance Studies.
Werke: Die Merowinger. Europa vor Karl dem Großen (1996).
Franken und Römer 78
Columban und die Entwicklung eines christlichen fränkischen Adels 154
Aus: Die Merowinger, S. 84–89; S. 172–180.

Hans-Werner Goetz, geb. 1947, lehrt an der Universität Hamburg Mittelalterliche Geschichte.
Werke: Leben im Mittelalter. Vom 7. bis zum 13. Jahrhundert (^{5}1994).
Funktion und Organisation der Grundherrschaft 287
Aus: Leben im Mittelalter, S. 117–23.

Gregor von Tours, um 540–94, mittelalterlicher Autor; neben seinen „Zehn Bücher Geschichten“ („Decem libri historiarum“) über die Franken schrieb er auch zahlreiche Lebensbeschreibungen von Heiligen.
Die Großzügigkeit des Königs 185
Aus: Hartmut Boockmann (Hg.), Das Mittelalter, S. 61.

Aaron J. Gurjewitsch, geb. 1924, ist leitender Mitarbeiter am Institut für Allgemeine Geschichte der Akademie der Wissenschaften Rußlands.
Werke: Das Weltbild des mittelalterlichen Menschen ([4]1989); Mittelalterliche Volkskultur ([2]1992); Das Individuum im europäischen Mittelalter (1994).
Klassische Rhetorik und christliche Literatur: Gregor von Tours 135
Libri poenitentiales: Die frühmittelalterlichen Bußbücher . . 209
„Volksheilige“, Heiden und Häretiker 230
Aus: Mittelalterliche Volkskultur, S. 35–42; S. 49–56; S. 108–21.

Joachim Herrmann, Die Welt der Slawen. Geschichte, Gesellschaft, Kultur (1986).
Slawen und Franken: Samo 111
Aus: Die Welt der Slawen, S. 51 ff.

Richard Kieckhefer, geb. 1946, ist Professor für Geschichte des Christentums an der Northwestern University in Evanston. Er hat eine Reihe von Untersuchungen über die spätmittelalterliche Religiosität, die Geschichte des Hexenswesen und der Magie vorgelegt.
Werke: Magie im Mittelalter (1992).
Elemente einer heidnischen Kultur in der bekehrten Gesellschaft 142
Aus: Magie im Mittelalter, S. 56–59.

Gerhard Köbler, geb. 1939, ist Professor für Deutsche Rechtsgeschichte, Bürgerliches Recht und Handelsrecht in Innsbruck. Er hat eine große Zahl erfolgreicher Werke zu verschiedenen Gebieten des Rechts insbesondere zur Rechtsgeschichte und Sprachgeschichte veröffentlicht.

Werke: Bilder aus der deutschen Rechtsgeschichte. Von den Anfängen bis zur Gegenwart (1988); Historisches Lexikon der deutschen Länder. Die deutschen Territorien vom Mittelalter bis zur Gegenwart ([5]1996).
Das Ding auf dem Malberg 204
Aus: Bilder aus der deutschen Rechtsgeschichte, S. 76–79.

ANDREAS KRAUS, geb. 1922, ist Professor für Bayerische Landesgeschichte an der Universität München. Er hat eine Reihe von Werken zur bayerischen Geschichte und Geschichtsschreibung veröffentlicht.
Werke: Die historische Forschung an der Churbayerischen Akademie der Wissenschaften 1759–1806 (1959); (Hg. zus. mit Wolfgang Pfeiffer): Regensburg. Geschichte in Bilddokumenten ([2]1986); Geschichte Bayerns. Von den Anfängen bis zur Gegenwart ([2]1988); (Hg.): Handbuch der bayerischen Geschichte, Bd. 2: Das Alte Bayern. Der Territorialstaat vom Ausgang des 12. Jahrhunderts bis zum Ausgang des 18. Jahrhunderts ([2]1988), Bd. 4: Geschichte der Oberpfalz und des bayerischen Reichskreises bis zum Ausgang des 18. Jahrhunderts ([3]1995).
Herzog Tassilos Glück und Ende 248
Aus: Geschichte Bayerns, S. 37–43.

HANSJÖRG KÜSTER, geb. 1956, ist Biologe und Privatdozent an der Forstwissenschaftlichen Fakultät der Universität München. Seit 1981 ist er am Institut für Vor- und Frühgeschichte an der Universität München tätig, deren Arbeitsgruppe für Vegetationsgeschichte er leitet.
Werke: Wo der Pfeffer wächst. Ein Lexikon zur Kulturgeschichte der Gewürze (1987); Geschichte der Landschaft in Mitteleuropa. Von der Eiszeit bis zur Gegenwart (1995).
Neue Linien in der Landschaft Mitteleuropas 29
Die Landschaft im frühmittelalterlichen Mitteleuropa . . . 162
Aus: Geschichte der Landschaft in Mitteleuropa, S. 152–162; S. 163–175.

CHRISTIAN LÜBKE, geb. 1953, Osteuropahistoriker, Privatdozent an der Freien Universität Berlin, zuvor wissenschaftlicher Mitarbeiter an der Universität Gießen und der Historischen Kommis-

sion zu Berlin; jetzt Projektleiter am Geisteswissenschaftlichen Zentrum Geschichte und Kultur Ostmitteleuropas in Leipzig.
Handel und kultureller Austausch in Ost- und Mitteleuropa 294
Aus: Alexander Demandt (Hg.), Mit Fremden leben, S. 109–121.

MICHEL MOLLAT DU JOURDIN ist Professor für Geschichte des Mittelalters an der Sorbonne.
Werke: Die Armen im Mittelalter (^{2}1987); Der königliche Kaufmann: Jacques Coeur oder der Geist des Unternehmertums (1991); Europa und das Meer (1993).
Der Bischof als Vater der Armen 125
Das Elend der Merowingerzeit 186
Aus: Die Armen im Mittelalter, S. 30–36; S. 42–45.

MASSIMO MONTANARI, geb. 1949, lehrt Mittelalterliche Geschichte an den Universitäten von Catania und Bologna. Seine Hauptarbeitsgebiete sind Agrar- und Ernährungsgeschichte.
Werke: Der Hunger und der Überfluß. Kulturgeschichte der Ernährung in Europa (1993).
Produktion und Konsum bei Römern und Barbaren 35
Das Brot und der Wein Gottes 147
Der Nutzen der Natur 168
Aus: Der Hunger und der Überfluß, S. 11–25; S. 27–31; S. 38–47.

MICHAEL NORTH, geb. 1954, lehrt als Professor Allgemeine Geschichte der Neuzeit an der Ernst-Moritz-Arndt-Universität Greifswald. Zahlreiche Publikationen zur europäischen Wirtschafts-, Sozial- und Kulturgeschichte.
Werke: Das Geld und seine Geschichte. Vom Mittelalter bis zur Gegenwart (1994); (Hg.): Von Aktie bis Zoll. Ein historisches Lexikon des Geldes (1995).
Das Geld 300
Aus: Das Geld und seine Geschichte, S. 10–15.

ELSBETH ORTH, 1937–1991, war akademische Oberrätin am Historischen Seminar der Universität Frankfurt am Main.
Vom Königsschatz zum Kataster. Die Steuer im fränkischen Reich 176
Aus: Uwe Schultz (Hg.), Mit dem Zehnten fing es an. Eine Kulturgeschichte der Steuer (^{3}1986), S. 74–87.

Aus: Uwe Schultz (Hg.), Das Fest. Eine Kulturgeschichte von der Antike bis zur Gegenwart (1988), S. 59–69.

Walter Pohl, geb. 1953, ist Universitätsdozent für mittelalterliche Geschichte in Wien, Mitarbeiter der Kommission für Frühmittelalterforschung der Österreichischen Akademie der Wissenschaften. Als Vertreter der „Wiener Schule" arbeitet er an der Erforschung frühmittelalterlicher Ethnogenesen und Herrschaftsbildungen.
Werke: Die Awaren. Ein Steppenvolk in Mitteleuropa 567–822 n. Chr. (1988).

Aus: Die Awaren, S. 37ff., S. 45–48; S. 315–320, S. 328f).

Friedrich Prinz, geb. 1928, ist Professor für Vergleichende Landesgeschichte an der Universität München.
Werke: Gründungsmythen und Sagenchronologie (1979); Böhmen im mittelalterlichen Europa. Frühzeit, Hochmittelalter, Kolonisationsepoche (1984); (Hg. zusammen mit Marita Krauss): München – Musenstadt mit Hinterhöfen. Die Prinzregentenzeit 1886–1912 (1988); Neue Deutsche Geschichte Bd. 1; Grundlagen und Anfänge. Deutschland bis 1056 (²1993); Szenenwechsel. Eine Jugend in Böhmen und Bayern (1995).

Aus: Grundlagen und Anfänge, S. 60–70; S. 328–334.

Josef Riedmann, geb. 1940, ist Professor für Mittelalterliche Geschichte und Historische Hilfswissenschaften an der Universität Innsbruck.

Aus: Alexander Demandt (Hg.), Deutschlands Grenzen in der Geschichte, S. 166–169.

Werner Rösener, geb. 1944, ist Professor für Mittlere und Neuere Geschichte an der Universität Göttingen und wissenschaftlicher Referent am Max-Planck-Institut für Geschichte in

Göttingen. Er ist vor allem mit Arbeiten zur Sozial- und Verfassungsgeschichte des Hoch- und Spätmittelalters hervorgetreten.
Werke: Bauern im Mittelalter ([4]1991); Die Bauern in der europäischen Geschichte (1993).
Grundherrschaft und Feudalismus 279
Aus: Die Bauern in der europäischen Geschichte, S. 48–63.

Heinrich Schipperges, geb. 1918, Dr. med., Dr. phil., 1960 Facharzt für Neurologie und Psychiatrie, 1961–86 Direktor des Instituts für Geschichte der Medizin in Heidelberg. Hauptarbeitsgebiete: Geschichte der Medizin im arabischen und lateinischen Mittelalter und Geschichte der Psychiatrie.
Werke: Die Kranken im Mittelalter ([3]1993); Gute Besserung! Ein Lesebuch über Gesundheit und Heilkunst (1994); Hildegard von Bingen (1995).
Die Kranken 193
Aus: Die Kranken im Mittelalter, S. 34–37.

Eberhard Schmitt, geb. 1939, ist Professor für Neuere Geschichte an der Otto Friedrich Universität Bamberg und Vorsitzender der Forschungsstiftung für vergleichende europäische Überseegeschichte.
Werke: (Hg.): Dokumente zur Geschichte der europäischen Expansion, Bd. 1: Die mittelalterlichen Ursprünge der europäischen Expansion (zusammen mit Charles Verlinden), (1986), Bd. 2: Die großen Entdeckungen. Entdeckerfahrten, Konquistadorenzüge und Forschungsexpeditionen (zusammen mit v. a.) (1984).
Die Beziehungen Karls des Großen zum Kalifen Harun al Raschid 261
Aus: Die mittelalterlichen Ursprünge der europäischen Expansion, S. 81–84.

Loris Sturlese, geb. 1948, ist ordentlicher Professor für Geschichte der Philosophie im Mittelalter an der Universität Lecce und Honorarprofessor für deutsche Literatur und Geistesgeschichte des Mittelalters an der Universität Eichstätt.
Werke: Die deutsche Philosophie im Mittelalter. Von Bonifatius bis zu Albert dem Großen 748–1280 (1993).
Bonifatius und die „wilden Völker Germaniens“ 227
Aus: Die deutsche Philosophie im Mittelalter, S. 15–18.

Manfred Vasold ist Sozialhistoriker und hat viele Jahre im öffentlichen Gesundheitsdienst gearbeitet.
Werke: Pest, Not und schwere Plagen. Seuchen und Epidemien vom Mittelalter bis heute (1991).

Aus: Pest, Not und schwere Plagen, S. 23 f., S. 27 ff.).

Herwig Wolfram, geb. 1934, Professor für Mittelalterliche Geschichte und Historische Hilfswissenschaften an der Universität Wien, Direktor des Instituts für Österreichische Geschichtsforschung, Mitglied der Österreichischen Akademie der Wissenschaften, der British Academy, der Royal Historical Society und der Monumenta Germaniae Historica. Schwerpunkte seiner Forschungstätigkeit sind u. a. die historische Ethnographie der Völkerwanderungszeit, Institutionengeschichte und Quellenkunde des Mittelalters. Im Verlag C. H. Beck gibt er die Reihe „Frühe Völker" heraus.
Werke: Die Goten. Von den Anfängen bis zur Mitte des sechsten Jahrhunderts ([3]1990); Die Germanen ([2]1995).

Aus: Die Germanen, S. 86–97.

Aus: Das Reich und die Germanen (Berlin [2]1992), S. 351–363.

Aus: Die Goten, S. 300 f.

Ian Wood, geb. 1950, ist Professor für Mittelalterliche Geschichte an der Universität Leeds.
Werke: The Merovingian Kingdoms 450–451 © Longman (1994).

Aus: Merovingian Kingdoms, S. 160–164; S. 304–309.

Abbildungsverzeichnis